전두환 쿠데타군부가 쏘아올린 바벨탑

왜, 이책을 읽어야 하는가

일러두기

1. 이 책은 지은이 자신이 동 시대를 살아오면서 보고, 듣고, 느끼고 한 역사적 팩트를 그대로 편견 없이 진술하였음을 밝힌다.
2. 본문 중의 호칭에는 문맥에 따라 대통령 또는 대통령 호칭 없이 이름만을, 또는 '그들'로 표기했다.
3. 맞춤법과 외래어 표기는 국립국어원의 용례를 따랐으며, 띄어쓰기는 국립국어원의 용례를 원칙으로 하되 주요사건명, 특수명칭에 한해 본사 편집 방향에 따라 붙여쓰기 했다.
4. 단행본 등 책 표시는 《 》기호를, 주요 사건이나 특수명칭엔「 」표, ' '표시로 했다.
5. 본문 내용 중 특별히 강조하고 싶은 사건에는 그 사건 설명을 위해서 '-〔 〕-'표시로 별도의 설명 없이 그 뜻을 기술하였다.
6. 이 책의 성격상 학술 서적을 지양하였기 때문에 주석 또는 참고문헌을 생략하였다.
7. 사진 자료의 출처는 사진작가의 양해를 구하였음을 밝힌다.

5·18민주화운동진상규명조사위원회가
최종 밝힌 국내 최초의 5·18민주화운동 완결판

전두환 쿠데타군부가 쏘아올린 바벨탑

전용호 이재석 지음

올림사

프롤로그

이 책《전두환 쿠데타군부가 쏘아올린 바벨탑》을 펼쳐 보기 전에…

　5·17쿠데타에 항거하는 5·18민중항쟁은, 4·19혁명과 같이 어떤 과정을 거쳐 어떻게 대한민국의 자유민주적 기본 질서를 확립하는 데 기여했는지 잘 증명해 주고 있습니다. 1980년 5월 17일 비상계엄 확대 조치 이후 공수부대를 증파한 이유, 당시 광주에 투입된 공수부대를 진두 지휘한 자, 광주시민에게 발포 명령을 내린 자는 누구인지에 대한 그 진상 규명을 밝혀내고 있습니다.

　대한민국 현대사는 헌법 전문에서 밝혔듯이 3·1운동으로 건립된 대한민국 임시정부의 법통으로부터 4·19민주 이념과, 이어서 5·18민주화운동의 정신을 계승하여 발전해 왔음을 보여 줍니다.

　이 책 속에 기술된 4·19혁명, 유신헌법, 광주민중항쟁, 6월항쟁 등의 역사적 사건들은 오로지 역사 팩트만을 체크하여 담아낸 역사 교과서로 부족함이 없습니다. 지금까지 이와 유사한 수십 종의 책들이 출간되었지만 올바른 역사관을 기술한 저서는 그다지 많지 않습니다. 역사란 '가람이 자연의 혈관을 따라 바다로 흘러가듯 전달되는 것'이며, 잘못 왜곡되거나 편견으로 기록되거나 전달되면 올바른 역사서의 구실을 할 수 없는 것입니다.

나는 일제 강점기 1940년에 출생하였기 때문에 그 시점부터 오늘에 이르기까지의 사회 정치적 현상에 대해 직접 보고, 듣고, 체험할 수 있는 현장에 있었습니다. 그래서 더욱더 이승만 전 대통령 — 박정희 — 전두환 — 노태우로 이어지는 그들의 통치 행적의 공과에 대해 올바른 평가를 할 수 있다고 사료됩니다.

나는 역사학자도 정치학자는 아니지만, 인문·사회·정치·문학 분야를 전공한 학사로 그만한 자격이 있다고 자부합니다. 더욱이 55여 년 동안 출판사 편집실에서 쌓아 올린 충분한 경험이 이를 뒷받침해 주고 있기도 합니다.

따라서 이 책은 특히 MZ세대들의 눈높이에 맞춰 구성·편집돼 한눈에 보는 5·18민주화운동의 역사 교과서의 구실을 할 수 있도록 꾸며졌습니다.

이 책은 Part 3편으로 구성되었습니다.

Part 1에서는 시대 배경 — 핵심 주제인 1 대한제국과 대한민국의 건국 2 이승만과 4·19혁명 3 박정희와 5·16군사쿠데타 4 전두환과 12·12쿠데타군부, 네 항목으로 나누어 기술했습니다.

　Part 2에서는 전개 과정 ― 핵심 주제인 ①전두환의 5·17군사반란… 5·18민주화운동으로 확대 ②5·18내란 행적… 10일간의 학살 현장 기록 / 〔화보〕 유네스코 세계기록유산, 사진 등재 ③날짜·시간 대별로 보는 5·18민주화운동 일지 ④광주는 말한다… 무엇이 그날의 참상인가, 5·18민주화운동 자료 공개 등으로 세분했습니다.

　Part 3에서는 진상 규명 ― 핵심 주제로 #노태우와 6·29선언 #전두환 백담사 보내다 #전두환·노태우 법정에 서다 #전두환 학살자… 전우원(전두환 손자)의 고백으로 나눠 기술했고, 맺는말로 마쳤습니다.

　이 책 저자이신 전용호 작가는 당시 현장을 직접 목격하고 '투사회보'를 작성하여 배포한 대학생 시민군이었습니다. 전용호 작가는 1998년 소설가로 등단하였고, 최근 5·18민중항쟁에 관련한 집필 활동으로 높은 평가를 받고 있습니다. 저서로는 《죽음을 넘어 시대의 어둠을 넘어(창비, 황석영·이재의 공저)》 외 다수 있습니다. 이번에 '역사 바로 알기'의 계기가 되기를 바라는 충정으로, 특별히 시간을 할애해 주신 전용호 작가님께 심심한 감사 말씀을 드립니다.

2024년 3월 25일
굿북울림사 대표 이재석

머리말

일반 국민이 쉽게 접할 수 있게 꾸민
5·18민주화운동 교과서

대한민국은 아시아의 동쪽에 위치한 작은 나라입니다. 커다란 대륙 중국과 섬나라 일본의 중간에 자리잡고 있습니다. 대한민국 민중들은 근·현대에 들어서면서 서구 유럽의 열강들이 아시아·아프리카의 저개발국가들을 식민지로 삼던 시절, 그 와중에 먼저 근대화된 일본에 의해 35년간의 식민지를 경험하였습니다.

1945년 식민지에서 해방이 되었지만, 한반도는 자본주의와 사회주의로 남북으로 양분되고 말았습니다. 남한은 미국의 군정 체제를 거치면서 단독정부를 구성하여 친미주의자 이승만 대통령, 유신군사독재정권 박정희 대통령 치하에서 35년이 흘러갔습니다.

그동안 이승만 독재체제를 반대한 1960년 4·19명이 일어났지만, 1961년 5·16박정희 군사반란으로 물거품이 되고 말았습니다. 군인 박정희는 이후 1979년 10월 26일, 자신의 핵심 측근인 부하 중앙정보부장의 총격에 죽고 말았습니다. 박정희는 18년간의 통치기간 동안 자신을 반대하는 수많은 국민들을 가두고, 구타하고, 심지어는 죽이기까지 하였습니다.

1979년 10월 26일, 박정희 대통령 저격사건으로 유신독재체제가 사라지자, 국민들은 민주주의 체제가 회복되기를 기대하였습니다. 1980년 3월 유신반대 투쟁을 벌이다가 구속, 제적, 해직되었던 학생들과 교수들이 복적·복직되면서 대학가에 민주화의 바람이 불기 시작하였습니다. 학교에서 학도호국단이 해체되고 학생회가 부활하면서 대학가를 중심으로 민주화를 요구하는 운동이 활기를 띠었습니다. 5월 14일에는 전국 32개 대학, 5월 15일에는 전국 59개 대학에서 수만여 명의 학생들이 참여하는 대규모 시위가 전개되었습니다. 광주에서도 5월 14일부터 전남대와 조선대 등 학생들이 도청 앞 광장에서 민족·민주화성회를 진행하였습니다. 5월 16일에는 도청 앞 집회에 이어 밤에는 횃불시위가 개최되었습니다. 광주지역 9개 대학 학생들이 주도한 횃불시위에 시민들은 물론 고등학생과 청소년 등 3만여 명이 참여하였습니다.

그러나 5월 17일, 전두환 반란군부는 비상계엄령을 전국으로 확대하고 군대를 투입하여 김대중 등 야당 정치인과 재야 인사, 각 대학의 학생운동 지도자들을 체포하였습니다. 이러한 전두환 군부의 쿠데타 상황에 처한 광주의 국민들의 항거가 10일간의 5·18민주화운동으로 전개되었습니다.

1980년 5월 18일, 대한민국 남부의 조용한 도시 광주에 비극적인 사건이 발생했습니다. 국가와 국민을 지켜야 할 군인들이 국민을 향하여 총을 쏘고 연행하여 구타하는 등 무차별적인 살상행위를 한 것입니다.

그러나 광주의 국민들은 군인들의 총격에도 굴하지 않고 맞서 목숨을 걸고 맞서 투쟁을 하였습니다. 5월 18일부터 27일까지 열흘 동안 벌어진 항쟁으로 166명이 죽고, 3천여 명이 부상을 당하거나 투옥되었으며 행방불명이 된 사람도 80여 명이나 되었습니다.

10일간의 항쟁은 '5월 17일 — 전두환 군사반란, 5월 18일 — 살인 면허 공수부대 투입, 5월 19일 — 분노한 시민들, 5월 20일 — 전면적인 시민항쟁, 5월 21일 — 국민을 향해 총을 쏘는 군대, 5월 21~24일 — 광주 봉쇄와 민간인 학살, 5월 22~26일 — 광주시민 대동세상, 5월 27일 — 광주시민 최후 결전'이라는 처절하지만 장엄한 역사의 대하 드라마를 기록하였습니다.

5·18민주화운동은 이후 많은 희생과 투쟁을 통해 민주주의와 인권을 요구하는 운동으로 성장하였으며, 이후에도 이 사건은 대한민국의 정치, 사회, 문화에 큰 변화를 가져왔습니다. 5·18민주화운동은 곧 대한민국의 민주주의 발전과 인권 보호의 중요한 전환점이었으며, 이후에도 그 영향력은 길이 계속되었습니다.

필자는 2017년 황석영, 이재의 작가와 함께 《죽음을 넘어 시대의 어둠을 넘어(이하, '넘어넘어'로 약칭))를 집필하였습니다. 당시 '넘어넘어'는 5·18민주화운동에 참여한 많은 사람들의 목소리와 정부, 군사 기록물 등을 통해 5월항쟁의 실체를 국민들에게 전달하려고 노력하였습니다. 10일간 항쟁에 참여한 그들이 겪은 고통과 희망, 그리고 끈질긴 투쟁의 이야기는 필설로 기록하기에는 벅찬 사건이었습니다. '넘어넘어'는 많은 국민들이 읽고 공감하면서 5·18민주화운동의 진상을 규명하는 기본 자료로 역할을 수행하고, 현재도 여전히 그 자리를 지키고 있습니다.

그러나 '넘어넘어'는 분량이 너무 많아 그 내용을 파악하기가 쉽지 않습니다. 학자나 전문가, 연구자 외에 일반인이 읽어나가기에는 어려움이 있다는 한계를 지니고 있습니다. 그러던 차에 최근 다년간 출판업계에 종사하시는 이재석 선생님께서 일반 국민들이 쉽게 접할 수 있는 분량의 5·18민주화운동의 교과서와 같은 저서를 출간하자는 제의를 받게 되었습니다. 예전부터 그런 생각을 해왔던 필자는 그 제의를 받고 동의를 하여 이 책을 집필하게 되었습니다. 전반적인 내용은 예전에 집필했던 '넘어넘어'의 내용을 검토하고 요약하였으며, 2019년에 출범한 「5·18민주화운동진상규명조사위원회」가 4년 동안 조사하여 2024년 2월 29일 공개한 보고서를 참조하였습니다.

박정희 군부독재정권을 군사반란으로 이어받아 국민들을 학살하고, 대통령이 된 전두환은 자신의 회고록에서 1997년의 사법부의 판결을 무시한채 전적으로 5·18민주화운동을 폭동이라고 주장하였습니다. 또한 전두환은 2021년 죽을 때까지 국민들에게 반성하지 않아 현재도 무덤을 찾지 못하고, 자신의 집에 뼛가루 상태로 놓여 있습니다. '역사의 심판'은 준엄합니다.

이 책 《전두환 쿠테타군부가 쏘아올린 바벨탑》은 5·18민주화운동을 일반 국민들이 한눈에 쉽게 접할 수 있도록 적당한 분량으로 기술하였습니다. 학술 서적을 지양하였기 때문에 꼭 필수적인 부분을 제외한 주석을 모두 생략하였습니다. 독자 여러분들께서는 이 책을 통해 5·18민주화운동에 대한 흥미로운 여정을 함께 걷게 되기를 기대합니다.

2024년 3월 25일
지리산 피아골 집필실에서, 전용호

차례

프롤로그 | 이재석_ 이 책을 펼쳐 보기 전에… ································· 4
머리말 | 전용호_ 일반 국민이 쉽게 접할 수 있게 꾸민 5·18민주화운동 교과서 ········· 7
추천사 | 박경서_ 인권의 본질을 보여 주는 좋은 책 ························· 14
　　　　송선태_ 5월항쟁의 진상을 알리는 계기가 되기를 ·············· 16
　　　　강기정_ ·· 19

Part 1 5·18민중항쟁 발발의 시대 배경 ···················· 23

1 대한제국과 대한민국의 건국 ································· 24
〈개관〉

2 이승만과 4·19 혁명 ··· 28
〈이승만 전 대통령 재임기간〉
#이승만의 생애 ··· 28
#4·19혁명의 배경… 4·19는 왜 일어났는가? ······················· 32
　발췌개헌 / 사사오입개헌 / 3·15부정선거와 4·19혁명

3 박정희와 5·16 군사쿠데타 ··································· 38
〈박정희 전 대통령 재임기간〉
#박정희의 생애 ··· 38
#5·16군사반란의 배경… 유신정권은 왜 종언을 고했는가? ······· 40
　3선개헌과 장기 집권 기틀 마련 / 유신헌법과 통일주체국민회의 /
　유신정권 반대 운동과 부마항쟁 / 박정희의 최후의 만찬

4 전두환과 12·12 쿠데타군부 ································ 51
〈전두환 전 대통령 재임기간〉
#전두환의 생애 ··· 51
#12·12쿠데타군부의 배경… 12·12는 왜 바벨탑이 됐는가? ······ 53
　쿠데타군부 집권과 반대 세력 제거 / 국보위원회와 삼청교육대
#쿠테타군부 시나리오… 5·18민중항쟁의 원인 ···················· 58

Part 2 5·18민주화운동의 전개 과정 ········· 61

1 전두환 5·17군사반란… 5·18민주화운동으로 확대 ········· 62
5·17전군주요지휘관회의 / 8분만에 통과된 비상계엄 전국 확대
전국대학교 점령과 예비 검속 / 7공수… 광주, 전북지역, 대학교 진주

2 5·18내란 행적… 10일간의 학살 현장 기록 ········· 69
5월 18일 | 살인면허 공수부대 투입 / 5월19일 | 분노한 시민들 /
5월20일 | 전면적인 시민 항쟁 / 5월 21일 | 국민을 향해 총을 쏘는 군대 /
5월21일~24일 | 광주 봉쇄와 민간인 학살 / 5월 22일~26일 |
광주시민 함께하는 대동세상 / 5월 27일 | 광주시민 최후 결전
[특별화보] 유네스코 세계기록유산 등재, 5·18기록관 사진 ········· 232

3 날짜·시간대 별로 보는 5·18민주화운동 일지 ········· 252

4 광주는 말한다… 무엇이 그날의 참상인가! ········· 259
〈개관〉
#12·12 쿠테타 체계도 ········· 263
#광주 진압군 지휘 체계도 ········· 264
#5·18기간 동안 투입된 군인들 ········· 265

Part 3 5·18민주화운동의 진상 규명 ········· 267

#노태우와 6·29선언 ········· 268
#전두환 백담사 보내다 ········· 272
#전두환·노태우 법정에 서다 ········· 276
#전두환 학살자… 전우원(전두환 손자)의 고백 ········· 280
 "우리 할아버지는 광주시민 학살자입니다"
■ 맺는말 | 5·18 학살… 역사가 증명해 주고 있지 않은가? ········· 282

추천사

인권의 본질을 보여 주는 좋은 책

저는 이 책의 저자 이재석 님을 오래전부터 알고 있습니다. 그런데 문득 저자께서 예전에 나를 보고 하신 말씀이 기억납니다. 그때 저자께서 자신의 남은 삶을 이 박경서를 모델로 삼겠다는 취지의 말씀을 하였습니다. 그 후 나는 저자께서 나의 어떤 점을 보고 그런 말씀을 했는지 자문해 보았습니다. 그리고 나의 삶을 돌아보았습니다. 잠깐 지난날의 발자취를 돌아보니 감개무량합니다.

저자께서는 제가 서울대 사회학과에서 잠깐 초빙교수로 재직하다가 이후 세계교회협의회 아시아 총책임자로 한눈 팔지 않고 18년 동안 아시아 31개국의 핍박받는 사람들의 인권을 신장하고, 북한을 26차례 방문하면서 당시 김일성 주석을 만나는 등, 질병과 기아로부터 고통받는 북한 동포들을 도와준 일, 또 통일문제를 위하여 반평생을 바쳐온 것을 높이 평가해서 하는 말이 아닌가, 하고 생각했습니다.

2001년 대한민국 초대 인권대사와 국가인권위원회 상임위원을 거쳐 대한적십자사 총재를 거쳐 현재까지 명예고문으로서, 또한 나눔과 평화재단 이사장 등 인권 분야에서 일관되게 봉사하고 있으니 말입니다. 건강이 허락하는 범위 안에서 최선을 다하려고 합니다.

장황하게 본인의 자랑거리처럼 늘어놓았습니다만, 이것은 오늘의 주인공인 이재석 저자의 말처럼 '그의 55년의 출판업에 한눈 팔지 않고 일관되게 바쳐오면서 좋은 책 한 권을 출판하겠다'는 그의 의지를 경하해 마지않는다는 인사말을 드리기 위함입니다.

최근 〈서울의 봄〉이라는 영화가 화젯거리가 되었습니다만, 이 책 《전두환 쿠데타군부가 쏘아올린 바벨탑》은 1980년 당시의 정치 상황을 구체적으로 알기 쉽게 역사적 팩트를 잘 드러내 보여주고 있습니다.

현재 5·18민주화운동이 발발한지 40년이 넘었지만 극우보수세력들은 지금도 '민주화운동'을 '폭동'이라고 주장하고, 소위 '광수'라는 '북한 특수군 침투설' 등을 제기하며 5·18민주화운동 왜곡·폄훼 행위를 그치지 않고 있습니다. 또한 전두환 쿠데타군부세력이 정권을 장악했던 '80년대 10여년 동안 5·18민주화운동 관련 군대와 국가기관 자료를 폐기하고 변조하여 5·18민주화운동 진상 규명이 쉽지 않습니다.

그러나 그동안 선거를 통해 집권한 민주 정권과 시민 사회의 노력으로 진상이 많이 밝혀져 왔습니다. 이번에 발간된 《전두환 쿠데타군부가 쏘아올린 바벨탑》도 진상을 밝히는 데 한몫을 할 것으로 기대합니다.

한 마디로 이 책은 5·18민주화운동의 역사 교과서로서 구실을 할 수 있도록 잘 꾸며졌다고 해도 과언이 아닙니다. 이 책 속에는 지은이 자신의 편견이나 왜곡된 역사적 사실을 기록하지 않아서 더욱더 추천하고 싶은 마음입니다.

이 책을 관심을 가지고 펼쳐 보니, 이 책에 씌어 있는 "천불이지불수(天不貽地不受)"라는 한시가 눈에 띄었습니다. '악한 일을 행한 자는 하늘이 받아주지 않고, 땅도 받아주지 않는다'는 글귀였습니다. 결국 정치군인 전두환이 죽을 때까지 국민들에게 반성하지 않아 현재도 무덤을 찾지 못하고 자신의 집에 뼛가루 상태로 놓여 있다는 말일 것입니다.

여러분! 이 책을 한번 쭉 펼쳐 보시면서 5·18민주화운동의 실체와 진실을 이해하시기 바랍니다. 또한 유네스코 세계기록유산, 사진 속에서 보는 바와 같이 광주… 그날의 참상을 잘 증명해 주는 귀중한 책이라는 걸 알게 되었습니다.

2024년 3월

전, 대한민국 인권대사 박경서

추천사

5월항쟁의 진상을 알리는 계기가 되기를

　5·18민주화운동이 발발한지 어언 44년이 흘러가고 있다. 처음 발발했던 1980년에는 폭동으로 몰렸다가 10년이 지나서야 겨우 민주화운동으로 이름을 찾았다. 그 후 5·18민주화운동의 가해자인 전두환·노태우 등 쿠데타군부의 가해자들이 구금되어 법정에 서서 형사 처벌을 받기도 했지만, 5·18민주화운동의 진상은 제대로 규명되지 못했다. 전두환 군부 세력이 쿠데타로 정권을 장악하고 5·18민주화운동을 폭동으로 몰아붙이는 동안 발포 책임자, 암매장, 행방 불명 등 규명되어야 할 사실들을 감추고 왜곡시켰기 때문이었다. 거기에 북한군이 광주에 투입되어 폭동을 일으켰다는 등의 극우 보수주의자들의 주장까지 횡행하면서 5·18민주화운동의 진상을 규명하는 길이 순탄치 않았다.

　〈5·18민주화운동진상규명조사위원회(이하, 위원회)〉가 출범한 2019년 이전에 정부 차원의 4차례 조사(1988년 국회청문회, 1995년 검찰조사, 2007년 국방부과거사진상규명위원회, 2018년 국방부 특별조사위원회)가 이뤄졌지만 진상이 제대로 밝혀지지 않았다. 본 위원회는 『5·18민주화운동 진상규명을 위한 특별법』에 의해 2019년 12월부터 2023.12월까지 4년 동안 활동하였다. 그동안 위원회는 발포책임, 사망·상해 등 인권 침해, 암매장과 행방 불명, 집단 학살, 성폭력, 북한군 침투 주장 등 여러 쟁점을 조사하였다. 위원회는 당시 광주에 투입된 계엄군, 피해자 및 참고인 등을 대상으로 조사를 진행하였다. 2024년 2월, 4년간의 조사를 마치고 보고서를 공개하였다.

5·18민주화운동의 진상을 밝히는 작업은 그동안 민간에서도 활발하게 전개되었다. 대표적으로는 1990년 500여 명의 증언이 실린 《5월 민중항쟁사료전집》 간행이다. 이후 5·18기념재단, 전남대5·18연구소 등에서 증언 채록 작업을 이어갔다. 5·18관련 저서 간행도 한몫하였다. 1985년 발간된 《죽음을 넘어 시대의 어둠을 넘어(풀빛, 약칭 '넘어넘어')》가 가장 먼저였다. 책을 간행한 출판사 대표는 구속되고 저자로 이름을 올린 황석영 작가는 해외로 추방되었다. 《넘어넘어》는 발간 즉시 판매 금지되어 1980년대 지하의 베스트셀러로 자리잡았다. 그 후 《광주민중항쟁》, 《정사 5.18》, 《2.12 5.18 실록》, 《오월의 사회과학》 등 많은 책들이 간행되었다. 2017년, 《넘어넘어》의 증보판이 황석영, 이재의, 전용호 공저로 간행되었다. 초판이 300여쪽이었다면 증보판은 600여쪽에 달했다. 그만큼 내용이 충실하게 기록되었다. 다만 분량이 많아 일반인들이 읽기에는 부담이 된다는 것이 한계였다.

이번에 전용호, 이재석 작가가 집필한 《전두환 쿠데타군부가 쏘아올린 바벨탑(이하, 바벨탑)》이 출간을 앞두고 있다. 이번에 발간되는 《바벨탑》의 내용은 1980년 5월 17일부터 5월 27일까지 전개되었던 5·18민주화운동 투쟁 과정이 사실 중심으로 날짜 순서대로 서술되었

다. 5월 17일 | 전두환 군사반란으로 시작되어 5월 18일 | 살인 면허 공수부대 투입, 20일 | 전면적인 시민항쟁, 21-24일 | 광주 봉쇄와 민간인 학살, 22-26일 | 광주시민 대동 세상, 5월 27일 | 광주시민 최후 결전 순이다.

    5·18민주화운동이 발발한지 44년이 지나고 있지만 아직도 항쟁을 폄훼하고 왜곡하는 행위가 계속되고 있다.

    이번《바벨탑》의 출간은 5·18민주화운동의 왜곡·폄훼를 바로잡는 작업의 일환이 될 것으로 기대한다. 전용호 작가는 2017년 증보판《넘어넘어》집필에 참여한 저자다. 작가는 저자 서문에서《바벨탑》이 5월항쟁의 진상을 요점만 간추려 집필하였다고 밝혔다. 마침 본 위원회가 공개한 보고서를 참고하여 그동안 잘못 알려진 사실도 바르게 정정되어 기술되었다.《바벨탑》이 5월항쟁의 진상을 보다 많은 국민들에게 알릴 수 있는 계기가 되기를 바란다.

2024년 4월
〈5·18민주화운동진상규명조사위원회〉위원장 송선태

추천사

독자 여러분과 깊은 호흡으로
소통하는 책이 되길

긴 세월이 흘렀습니다.

1980년 5월, 그날 이후로 어느새 44년이라는 시간이 우리를 지나쳐갔습니다. 많은 사람의 피와 땀, 눈물이 있었고, 그날의 진실을 알리고 기억하기 위해 헤아릴 수 없이 많은 머리가 맞닿으며 지혜를 모았습니다.

5·18민주화운동(이하 5·18)은 진상 규명, 책임자 처벌, 배상과 보상, 재발 방지, 기념과 교육이라는 광주 문제 해결의 5원칙을 세워, 한국의 수많은 국가 폭력 사건 해결에 앞장 섰고, 그렇게 광주는 국가폭력 문제 해결의 하나의 모델이 되었습니다. 문제 해결 5원칙이 온전히 이행되지는 못했지만, 방향을 잃지 않고 한 걸음씩 내딛고 있습니다.

5·18의 가치와 유산은 세계도 인정했습니다. 한국 민주화 발전에 큰 전기가 되었을 뿐 아니라, 동아시아 국가들이 민주화를 이루는 데도 큰 기여를 한 것으로 여겨지며, 그 세계사적 중요성을 인정받아 2011년 5·18 관련 기록물이 유네스코 세계기록유산으로 등재된 것입니다.

이러한 진전과는 다르게 5·18을 왜곡하고 폄훼하는 망언도 여전히 이 세계를 떠돌아다닙니다. 망언과 궤변, 또다시 퍼져 나가는 왜곡….

이 악순환의 끝은 어디일까요? 저는 그 초석이 5·18 정신이 헌법전문에 수록되는 것이라고 생각합니다. 우리의 성찰이 미래로, 더 미래로 이어질 수 있도록, 5·18 정신의 헌법전문화를 꼭 이뤄내야 하겠습니다.

황석영, 이재의 선생님과 함께 《죽음을 넘어 시대의 어둠을 넘어》(이하 '넘어넘어')를 집필한 전용호 작가의 새로운 책 《전두환 쿠데타군부가 쏘아올린 바벨탑》의 발간은 5·18 왜곡에 맞서는 또 하나의 교과서입니다. 5·18을 누구나 쉽게 이해할 수 있도록 잘 정리했고, 또 최근 밝혀진 진상 규명의 내용까지 포함되어 있어 더욱더 뜻 깊습니다.

이제 5·18에 대한 폄훼와 왜곡이 사라지고, 5·18이 온 국민이 배우고 기억하는 가치로 남기를 바랍니다. 그 길에 귀한 책을 집필해 주신 전용호 작가님에게 깊은 감사를 드립니다. 독자 여러분과 함께 깊은 호흡으로 소통하는 책이 되었으면 좋겠습니다. 참 감사합니다.

2024년 4월
광주광역시장 강기정

5·18민중항쟁 발발의 시대 배경

Part 1

1. 대한제국과 대한민국의 건국
2. 이승만과 4·19혁명
3. 박정희와 5·16군사쿠데타
4. 전두환과 12·12쿠데타군부

1

대한제국과 대한민국의 건국

한국 민주주의의 역사적 뿌리는 깊다. 한반도의 역사 시대는 기원전 2333년 단군조선의 건립과 더불어 시작되었지만, 이후 삼국시대 — 통일신라시대 — 고려시대 — 조선시대로 변천해 가는 왕조시대로 이어졌다.

조선 왕조는 1392년 태조 이성계가 조선을 건국하고 한양으로 도읍을 옮긴 이래 510여 년 동안 유지해 오면서 조선 말기 제26대 고종의 재위(1897~1907)기간 중 나라 안팎으로 큰 혼란을 겪게 된다. 고종은 청·일전쟁(1894년)과 을미사변(1895년)으로 왕비 명성황후가 피살된 이후 일본의 위협을 느끼고, 러시아에 신변 보호 요청을 하여 러시아 공사관으로 임시 거처를 옮긴 '아관파천'을 단행하였다. 이후 고종은 1896년 경운궁(지금의 덕수궁)으로 귀환하여 새로운 변화를 시도하기 위해 연호를 '광무'로 바꾸고 환구단(황제 즉위식과 제사 드리는 제천단, 지금은 조선호텔 경내에 남아 있음)에서 조선이 황제국임을 선포하였다. 이어 1897년 2월 나라 이름을 조선에서 '대한제국'으로 바꿔 대한제국 초대 황제(2대:순종)로 즉위하였다.

이 과정에서, 일본과 러시아는 한반도에서의 세력 다툼으로 러·일전쟁을 일으켰고, 러·일전쟁에서 승리한 일본은 대한제국의 주권을 침해하기 시작했다. 1905년 을사늑약을 체결하여 외교권을 강탈하였고, 1910년 8월 29일 '한일병합조약'을 강제로 체결·공포함으로써 조선 황제국은 13여년 만에 멸망하고, 대한제국의 칭호는 사라지게 되었다.

그러나 대한제국이란 나라 이름이 사라진 이후에도 일제에 항거하는 민족 운동은 국내외에서 꾸준히 이어졌다. 1919년 고종의 죽음(일본인 독살설)을 계기로 한반도의 독립을 요구하는 3·1운동이 전국적으로 확대되었고, 다른 한편으론 중국 상하이에서 이승만을 임시대통령으로 하는 대한민국 임시정부를 세워 활동하면서 1945년 8월 15일, 광복을 맞이하게 되었다.

이후 이 같은 시대적 배경이 뒷받침되어 1948년 5월, 제헌국회가 탄생하였고 같은 해 7월 17일 제헌의원(198명)들에 의해 대한민국 제헌헌법이 구성, 마침내 남한은 한반도 유일의 합법정부(lawful government)로 인정받게 되었다. 이어 7월 22일, (간접선거에 의해)

이승만이 초대 대통령, 이시영이 부통령으로 선출되어 대한민국 정부가 수립되었다. 이때부터 국호를 대한민국이라고 칭하게 된다.

대한민국 헌법은 그 전문(全文)에서 "유구한 역사와 전통에 빛나는 우리 대한민국은 3·1운동으로 건립된 대한민국 임시정부의 법통과~"로 되어 있어 대한민국의 건국 과정을 잘 보여 주고 있다.*

또한 대한민국 헌법은 1948년 7월 제헌헌법이 제정된 이래 이승만 대통령을 거쳐 박정희(5대~9대) ─ 전두환(11대~12대) ─ 노태우(13대)를 거치는 동안 9차개헌을 하였다.

이들 4인 대통령의 45여 년 동안의 통치 기간 중 현대사의 중심에 선 큰 사건 ─〔이승만과 4·19혁명, 박정희와 5·16군사쿠데타, 전두환과 12·12쿠데타군부〕─ 이 자행되었으며, 곧 이승만 ─ 박정희 ─ 전두환으로 이어지는 1인 독재 집권을 위한 비합법적 집권 방법이 민주주의를 말살하는 기록으로 남게 되었다.

이 책 Part 1 ② ③ ④장에선, 이들 대통령의 임기 중 그들의 정치 행

---

* 최근 일부 보수 진영과 뉴라이트에서 대한민국 건국절 주장에 이의를 제기하고 있지만, 이에 광복회 이종찬 회장(2023년 8·15광복절 기념회)은 다음과 같이 일침을 가하였다. "요즘 뉴라이트에서 대한민국 임시정부는 임의 단체에 불과하다고 주장하고, '우리는 일본의 신민이었다'는 이야기까지 하는데 1948년 건국절 주장은 헌법도 모르고 하는 말"이라고 비판하였다. 또한 이종찬 회장은 이승만 전 대통령은 제헌국회 개회사에서 "대한민국은 오늘 수립된 것이 아니라 29년 전 기미년(1919년)에 시작된 것" 곧 삼일절이 건국절이라고 했다며, 이 전 대통령을 건국 대통령으로 뒤집어 씌우는 건 이승만을 모욕하는 것이라고까지 일축해 버렸다.

적 가운데 어떤 사건들이 왜, 어떻게 잘못 추진되었고, 그들 모두가 한결같이 비참한 최후를 맞이하게 되었는지를 역사를 통해 팩트 체크해 주고 있다.

그럼으로써 이 책의 핵심 주제인 Part 2 민주화운동의 전개 과정을 쉽게 이해하는 데 도움이 될 것이다. 전두환과 그의 군사폭력집단에 의한 '광주학살' 장면의 [화보]를 들여다 볼 때엔 피가 맺히는 분노를 억제할 수 없는 감정을 어찌하겠는가. 또한 전두환의 군사독재시절에 5·18민중항쟁이 없었다면, '5·18민주화운동'은 전두환의 군사독재를 종언시키기는커녕 1987년 범국민적 민주화운동의 민주주의로 가는 '6월항쟁'으로 이어지지 못했을 것이다. 그리고 (Part2)에 수록된 내용은 최근 '5·18민주화운동진상규명조사위원회'에서 결정한 발표 내용을 공개하였으므로 기존 책들과는 구별되는, 국내 최초의 유일한 '5·18민주화운동 교과서'로 손색이 없다는 점을 밝혀 둔다.

2

이승만과 4·19혁명

〈이승만 전 대통령 재임기간〉
초대 : 1948년 7월 24일 ~ 1952년 8월 14일
2 대 : 1952년 8월 15일 ~ 1956년 8월 14일
3 대 : 1956년 8월 15일 ~ 1960년 4월 27일
  * 1960년 4월 26일 하야 성명 발표.
    1965년 7월 19일 하와이에서 사망.

#이승만의 생애

이승만(호:雩南 우남) 전 대통령은 재위 12년 동안 우리나라 근대사 후반기 주역을 맡아온 정치인으로 3·15 부정선거를 계기로 4·19혁명을 불러일으키게 됨으로써 대통령직에서 하야할 수밖에 없었던 비참한 삶으로 마감했다.

이승만은 격변기에 처한 강화도조약 직전 1875년(고종 12년) 황해도 평산(平山)에서 출생. 1895년 배재학당에서 신학문을 수학. 독립협회(1896년), 만민공동회(1898년), YMCA(1903년)에서 활동. 그 후 많은 업적을 남김으로써 대한민국 역사 변천 과정의 기틀을 마련하는데 힘썼다.

학력은 1907년 미국 조지워싱턴대학 학사, 하버드대학 석사, 1910년 프린스턴대학에서 최종 박사학위를 받음. 이후 대한국민의회, 상해임시정부, 한성정부에서 수립된 임시정부 수반을 거쳐 대한민국 임시정부 대통령을 역임하는 한편 구미위원부 위원장, 주미외교위원부 위원장을 지내며 외교 중심의 외교 활동을 하였다. 1932년 11월 국제연맹에 '한국의 독립'을 탄원할 임무를 띠고 전권대사에 임명, 1933년 제네바 국제연맹회의에서 한국의 독립을 청원하는 활동을 펼쳤다. (이 무렵 제네바의 호텔 드뤼시에서 오스트리아인 프란체스카 도너(Francesca Donner)를 만나 1934년 59세 나이로 그녀(33세)와 결혼 후 귀국했다)

광복 이후에는 김구와 함께 신탁통치 반대 운동을 주도하면서 대한민국 정부 수립을 촉구했고, 1948년 대한민국 초대 대통령에 당선되었다. 이후 초등학교 의무교육, 농지개혁법 제정, 한미상호방위조약 등 대한민국 발전의 기초 마련에 업적을 남겼지만, 1952년 제2대 대통령, 1956년 제3대 대통령을 역임하면서 발췌개헌안, 사사오입개헌을 통해 갖은 폭압정치로 국민들의 반감을 샀다. 급기야 1960년 3월 15일, 부정선거에서 대통령 4선까지 되었으나 4·19혁명에 대한 책임을 지고 대통령직에서 물러나게 된다.

1960년 4월 26일 하야성명 발표 이후 하와이로 망명, 하와이 호놀룰루 요양원에서 향년 90세로 사망. 유해는 개인 사저 이화장(梨花莊)으로 운구되어 1965년 7월 27일 가족장으로 국립서울현충원 국립묘지에 안장되었다. 프란체스카 도너는 이승만 임종 후 이화장으로 돌아와 양자 이인수 부부*와 함께 여생을 보내다 1992년 3월 22일 향년 92세로 사망. 이승만 전 대통령 묘소에 합장되었다.

　이승만 사후, 4·19혁명 63년이 흐른 이 시점(2023년)에서 이승만 전 대통령에 대한 평가 기준이 달라지고 있다. 그것은 아이러니하게도 이승만을 독재자로만 폄훼해 온 4·19세대에 의해 재평가되고 있기 때문이다. 그들 4·19세대의 일부는 이승만은 "구한말 일제 강점기를 거쳐 8·15해방과 대한민국 건국, 6·25전쟁 등 가장 격동이 심했던 한국사의 현장을 맨 앞에서 헤쳐 나간 리더"였다고 미화하는 한편 그가 선택한 민주주의와 한미동맹이 없었다면, 대한민국의 정체성과 건국 이념을 말할 수 있었겠는가, 하고 높이 평가하고 있다는 것이다.

　최근엔 '이승만대통령기념관' 건립을 푸른 하늘을 볼 수 있는 광화문 한복판 시민 쉼터에 자리잡아 추진하고 있는 세력이 있다. 그러나 이와는 별개로 온 국민 화해와 통합 차원에서 전직 대통령들의 아들 4명(박지만, 노재현, 김현철, 김홍업)과 윤상구(윤보선 아들) 외 김황식 이승만기념재단 이사장 등 각계 전문 인력들이 이승만기념관 건축 사업

---

* **이승만 양자 이인수 박사** : 이인수 박사는 전주 이씨(李氏) 문중의 결정으로, 이승만이 하와이에 체류할 때 양자로 입적. 1961년 12월부터 65년 7월까지 하와이를 찾아 아버지의 임종을 지켜 봄. 이후 여생 동안 아버지의 명예회복에 힘쓰며 4·19 희생자들과 화해를 위해 노력했다. 1991년 명지대 법정대학장을 지냈고, 1996년 이승만 기념사업회에서 활동하다가 2023년 11월 1일 향년 92세로 사망. 이승만 건국대통령 기념사업회에 따르면, 이인수 박사는 유언으로 "아버지께서 돌아가신 뒤 대한민국에서 정치인들이 '정치인 지우기'에 골몰했단 점이 항상 마음 아팠다"며 생전에 이승만 기념관을 세우고 싶었지만 못다해서 아쉽다"는 말을 남겼다고 한다.

추진을 위한 국민성금모금운동에 힘쓰고 있는 현실이다. 뿐만 아니라 이승만 다큐 '건국전쟁'이란 영화까지 만들어 상영하는 영화인이 있다. 그들은 독재자로만 폄훼해 온 이승만 대통령을 독립과 건국을 위해 애쓴 자유민주주의 수호자로 재평가하는 이른바 공과가 있는데 '과(過) 때문에 공(功)까지 부정당하는 것'은 잘못된 의견이라고 하는 데 초점을 맞추고 있다.

그럼에도 불구하고, 여기서 간과해서는 안 될 역사적 팩트는 부인할 수 없다는 점이다. 4·19혁명의 원인을 이승만이 아닌 이기붕과 자유당으로 그 책임으로 돌리고, 아무리 이승만의 나이가 많았기 때문에 권력을 이어가고 싶은 자유당 지도자들이 3·15부정선거를 주도했다는 것은 사실이 아닌 것이다. 그것은 고령으로 인한 이승만의 급작스러운 사망을 우려한 나머지 이승만 전 대통령의 지지도가 떨어지고 있었기 때문이다. 또 부산 정치파동과 사사오입개헌 등 제헌헌법이 제정된 이후 장기집권을 위해 온갖 사회적 비리를 덮어 가면서 12년간 대통령으로서 절대 권력을 휘두르다 학생과 시민들의 저항에 부딪혀 불명예 퇴진한 것은 역사가 증명해 주고 있는 사실이 아닌가. 오죽하면 한때 그의 남산에 있는 동상을 끌어내렸겠는가.

한마디로 이승만 정권이 저지른 '권력욕의 죗값'은 역사적 진실 앞에 팩트 체크라는 관점에서 그냥 지나칠 수만 없으며, 그 과오를 정당화시킬 수 없다. 역사가 당대에 무슨 일이 일어났는지, 왜 잘못되었는지를 증명해야 한다는 것이다. 이 점은 이승만 정권의 과(過)를 통해 역사 바로알기의 계기가 될 것이다.

#4·19혁명의 배경 ··· 4·19는 왜 일어났는가?

이승만의 정치 생활의 시작은 1948년 8월 15일, 대한민국 정부가 수립된 이후 73세의 고령으로 초대 대통령에 취임하면서부터라는 견해가 지배적이다. 1948년 수립된 이승만 정권은 소수의 동의만으로 세워진 남한만의 단독정부였기 때문에, 일부 정치세력들로부터 그 정당성을 인정하지 않으려는 끊임없는 도전에 직면해야 했다.

이러한 현실의 분위기 속에서 이승만의 정치 이념은 철저한 반공주의와 배일정책으로 일관되어 이를 대하는 미국의 입장에선 못마땅했다. 실례로 미국은 한·일 수교를 제안했고, 소련과 공산권에 대항하기 위해 한·미·일 삼각 공조의 필요성을 역설했다. 게다가 한국전쟁의 후유증으로 국내의 정치·경제는 더욱 어려워져 이승만 정권에 대한 국민들의 불만이 점점 높아졌다. 그럼에도 불구하고, 이에 이승만 정권은 장기 집권을 누리기 위해 온갖 수단 방법을 가리지 않고 민주당과 민주세력을 탄압하는 데에만 급급했다.

1952년 (전시 임시수도) 부산 정치 파동에서 이승만의 재선을 목적으로 추진된 발췌개헌이 있었고, 1954년 11월 초대 대통령에 한해 중임 제한 철폐라는 사사오입개헌이 물의를 일으켰다.

발췌개헌과 사사오입개헌 — 이 두가지 개헌은 이승만이 대통령에 당선될 가능성이 희박했기 때문에 강압적으로 추진되었던 정략적 사건이었다. 결국 이 두 차례의 개헌은 이승만 정권을 무너뜨리는 그 단초가 되었다.

■ **발췌개헌**

발췌개헌은 한국전쟁(6·25사변) 중 1952년 7월 4일 부산 임시 수도에서 이승만 대통령 재선을 목적으로 추진된 **제1차개헌**을 말한다.

이 개헌안은 자유당 창당 후 개정된 대통령 직선제의 정부안과 내각책임제를 중심으로 하는 야당 국회의원측 안을 절충하여 만든 개헌안이다. 당시 이승만 전 대통령은 경찰과 군대를 동원하여 국회의사당을 포위한 가운데 토론없이 기립투표 방식(출석인원 166명 중 찬성 163, 기권 3)을 채택, 같은 해 7월 7일 제1차개헌 헌법을 공포하게 된다. 이 결과, 이승만은 압도적인 지지로 대통령에 당선되었고, 무소속의 함태영을 러닝메이트로 지지하여 부통령으로 당선시켰다.

■ **사사오입개헌**

사사오입개헌은 1954년 11월, 집권당인 자유당이 사사오입(반올림)의 논리로 정족수 미달의 헌법 개정안을 통과시킨 **제2차개헌**을 말한다.

이 개헌안은 대통령 3선 금지조항 적용 배제, 대통령 유고시 부통령직 승계 제도 등을 담고 있었다. 이승만 초대 대통령에 한하여 횟수에 제한없이 대통령에 출마할 수 있도록 헌법을 바꾸려고 하는데 그 목적이 있었다.

그런데 헌법을 고치기 위해서는 국회 재적의원 2/3 이상인 136명의 찬성이 필요했지만, 표결 결과 찬성 1표가 부족한 135.333…이 되어 헌법 개정안은 통과되지 못했다. 인체는 소수점으로 나눌 수 없다는 '국회 개헌안 결정 정족수에 1인 이하의 수는 계산하지 않는다'는 해석 하에 소수점 이하는 사사오입을 해야 한다는 논리였다. 곧 0.333…이하는 빼고 135명만 찬성하면 된다고 주장하여 이 개정안을 통과시킨 것이다. 이런 논리를 거쳐 이승만을 **제3대 대통령**으로 뽑았다. 그러나 권력 연장을 위해 사사오입까지 자행한 이승만에게 민심은 등을 돌렸다.

이와 같이 발췌개헌에 이어 사사오입개헌으로 빚어진 후폭풍은 우리 역사상 '헌법 정신에 위배'되는 큰 오점을 남겼다. 뿐만 아니라 국회 야당은 물론 이승만 정권을 반대하는 시민과 학생들 등 모든 세력을 결집시키는 중요한 계기가 되었다. 이에 한국전쟁의 후유증으로 경기 침체와 높은 실업률까지 겹쳐 한국 경제는 더욱더 큰 어려움을 겪을 수밖에 없었다.

이런 상황에서 **제4대 대통령** 선거를 실시하게 되었으니, 이 선거가 곧 '종신 대통령'의 길로 가는 3·15부정선거였다.

■ 3·15부정선거와 4·19혁명

3·15부정선거는 1960년 3월 15일 실시된 정부통령 선거(제4대 대

통령, 제5대 부통령)에서 이승만 정권이 부정과 폭력으로써 재집권을 위해 자행한 선거였다. 이 선거에서 이승만 정권은 12년간 지속된 장기집권을 연장하고 승계권을 가진 부통령에 이기붕을 당선시키기 위해 대대적인 부정과 폭력 ― 〔유령 유권자 조작, 4할 사전투표, 관권 총동원 유권자 협박, 투표권 강탈, 3인조 공개투표, 야당 참관인 축출, 부정개표 등〕― 으로 온갖 만행을 저질렀다.

이를 계기로, 마산에서 3월 15일(마산 3·15의거) 대규모 시위가 일어나 김주열(마산상업고 1학년) 학생이 사망했고, 대규모 시위는 부산, 대구, 광주, 서울 등 전국적으로 확대되어 **4·19혁명이 발발**하였다. 4·19혁명은 곧 3·15부정선거에 항거하여 학생과 시민들이 중심이 되어 일으킨 반부패 항쟁이자 민주화운동이었다. 이 운동으로 인하여 같은 해 4월 26일, 대통령 이승만이 하야 성명을 발표함으로써 자유당 정권은 무너지게 되었다.

당시의 정치 상황은 이러하다.

1956년 5월 15일 선거에서 자유당은 이승만과 이기붕을 정부통령 후보로, 민주당은 신익희(3선 국회의장, 장면·조병옥 등과 민주당 창당)와 장면을 정부통령 후보로 지명하였다.

그런데 당시 절대적 지지를 받던 신익희 후보가 호남행 유세 열차에서 심장마비로 사망하면서, 대통령 선거는 이승만과 조봉암(진보당 당수, 후일 국가보안법 적용으로 사형됨)으로 압축되었다. 이승만이 70%,

조봉암이 30%를 얻어 이승만이 당선되었다. 또 부통령 선거에서 장면이 46%, 이기붕이 44%를 얻어 장면이 부통령에 선출되었다. 이후 이기붕(이승만 수석비서)은 당시 이승만의 나이가 81세의 고령이었으므로 그의 건강상 이유를 들어 대통령직을 승계할 만약의 경우를 대비, 다음 선거 준비를 위한 선거 부정 대책 방안을 강구하게 된다.

또 1960년 3월 15일 선거에서 또다시 민주당 대통령 후보인 조병옥이 병사하면서, 이승만 후보는 자동으로 대통령이 되었지만, 이기붕은 민주당 후보인 장면을 이길 수 없었기 때문에 온갖 선거 부정을 강행했다. 그러나 이승만 963만 표(85%), 이기붕 833만 표(73%)로 투표 득표율을 조정하게 되어 이기붕은 부통령으로 당선된다. 하지만 당시 선거 부정이 워낙 노골적이었으므로, 민주당은 투표 참관을 포기하고 "3·15선거는 부정선거의 이름 아래 이뤄진 국민 주권에 대한 강도행위"라는 성명을 발표했다. 이 발표에 촉발되어 마침내 대학 교수들의 시위까지 전국적으로 들고 일어나게 된 사회 분위기였다.

다른 한편, 고령인 이승만을 둘러싼 '인의 장막'은 권력욕에 도취한 인사들로 경무대(지금의 청와대) 안팎에서 활개를 치고 있었다. 이승만 경호 책임자 곽영주를 비롯한 임화수, 이정재, 유자광 등 정치 깡패들과 최인규 내무장관이 모든 권력을 휘두르는 안하무인의 무질서한 세계가 지속되었다.―〔4·19직후, 3·15부정선거 핵심이자 4·19시위대에 발포 명령을 내린 최인규는 장면 정부 아래서 사형을 선고받고, 이듬해 5·16군사반란 뒤 혁명재판에 넘겨져 1961년 12월 21일 사형이 집행됐다〕

이승만 대통령과 이기붕은 더 이상 사태를 수습할 힘이 없었다. 이승만 대통령은 1960년 4월 26일, 국회에 대통령직 사임서를 제출하고 하야를 선언하였다. 선언 후 허정(許政)을 수석 각료인 외무부장관에 임명해서 헌정사 최초로 대통령 권한 대행을 맡게 했다. 그리고 경무대를 나와 이화장으로 떠났다. 같은 해 4월 28일, 이기붕은 아들 이강석(육군 소위, 이승만 양자)이 쏜 권총으로 부인 박마리아, 동생 이강복이 살해되었고, 이강석 자신도 함께 자결하였다. 이기붕은 향년 63세로 사망. 당시 망우리 공동묘지에 묻혔다.

이로써 이승만은 대한민국 정부 수립을 위해 반민족행위처벌법, 농지개혁법, 한·미상호방위조약 등 큰 공을 세웠다 할지라도 민심을 떠난 정치행위를 자행했기 때문에 결국 대통령 자리에서 쫓겨날 수밖에 없었다는 점이 역사의 기록으로 남게 된다.

다음은 이승만이 국회에 제출한 사임서 내용이다.

> "나 리승만은 국회의 결의를 존중하며 대통령직을 사임하고 물러앉아 국민의 한 사람으로서 나의 여생을 국가와 민족을 위하여 바치고자 하는 바이다."

3

박정희와 5·16군사쿠데타

〈박정희 전 대통령 재임기간〉
제5대 : 1963년 12월 17일 ~ 1967년 6월 30일
제6대 : 1967년 7월 1일 ~ 1971년 6월 30일
제7대 : 1971년 7월 1일 ~ 1972년 12월 26일*
제8대 : 1972년 12월 27일 ~ 1978년 12월 26일
제9대 : 1978년 12월 27일 ~ 1979년 10월 26일**

#박정희의 생애

역대 대통령 가운데 박정희만큼 그의 공(功)과 과(過)가 엇갈리는 대통령은 없을 것이다. 그의 국정 능력은 진영 논리에 따라 공칠과삼(功七過三), 공삼과칠(功三過七)식으로 평가되고 있기 때문이다. 박정희는 아무튼 제5대, 6대, 7대, 8대, 9대 대통령으로 무려 18년 5개월 동안의 통치 시대를 마감한 군인 정치가로 군림하였다.

박정희는 1917년 11월 4일, 경상북도 선산군 구미면 상모사곡동

---

* 대통령 임기 4년으로 1975년 6월 30일까지이지만 10월유신으로 임기 전에 끝났다.
** 유신헌법(대통령 임기 6년)으로 대통령 임기는 1984년 12월 26일까지였지만 10·26사건으로 박정희가 10개월만에 사망, 임기를 채우지 못함.

에서 출생. 학력은 대구사범학교를 졸업하고 교사로 재직하다 만주국 육군사관학교 입학, 졸업. 이어 일본 육군사관학교에서 수학했고, 이후 일본제국이 수립한 만주국의 일제 관동군 장교로 근무했다. 1945년 광복 이후 한국광복군에 편입되어 광복군 장교로 활동 중 귀국, 대한민국 국군 장교로 복무하였다. 한때 여·순사건에 연루되어 무기징역을 선고받은 적이 있었지만, 6·25전쟁 때 (백선엽 장군의 배려로) 다시 현역 군인으로 복귀했다.

결혼생활은 1950년 한국전쟁 직전 육영수와 재혼하여 (박근혜, 박근령, 박지만) 3남매를 두었다. 불행하게도 1974년 8·15 광복절 29주년 행사에서 '육영수 여사 피격사건(조총련계 문세광에 의해)'으로 이후 홀로 지내게 된다.

박정희의 정치 시작은 1961년 5·16군사쿠데타를 일으켜 '국가재건최고회의' 의장이 된 후… 제5대 대통령 선거에서 민주당 윤보선 후보를 누르고 당선된 이후 제3공화국 대통령 시절부터라고 해도 과언이 아니다.

업적으로 경부고속도로, 서울지하철, 새마을운동, 중화학공업 육성 등 근대화 추진으로 국가경제 발전의 기반을 마련하였다. 반면에 3선개헌과 유신헌법 등으로 장기집권을 계획한 이래 1979년 10월16일 일어난 부마항쟁으로 박정희 유신체제의 조종(弔鐘)을 울리게 된 것이다. 당시 부마항쟁의 현장을 다녀온 김재규 중앙정보부장이 박정희에게 부마항쟁은 '유신체제에 대한 저항'으로 일어난 시민과 학생들의 반란이므로 그 근본 대책을 강구해야 한다고 보고했다.

그럼에도 불구하고 박정희는 만약 4·19 같은 데모가 일어나면, 자신이 직접 발포 명령을 내리겠다고 화를 냈다고 전한다. 하늘을 나는 별도 떨어뜨린다는 권력 2인자 차지철 경호실장은 "캄보디아에선 300만 명을 죽이고도 까닥 없었는데 데모대원 1,2백만 명 죽인다"고 무슨 일 있겠습니까, 하고 큰소리쳤다고 한다.

김재규는 이 말을 듣고 최악의 '유혈사태'는 막아야겠다는 결심을 하고 '유신의 심장'을 쏘기로 작정했다. 김재규는 10월 26일, 궁정동 만찬석상에서 차지철, 박정희를 차례로 권총을 꺼내 들고 쏘아 이들 두 사람은 결국 비참한 최후를 맞이하게 되었다(p.48참조). 박정희 향년 만 61세 사망. 유해는 1979년 11월 3일 국장으로 치러졌고, 국립현충원 국립묘지에 안장되었다.

#5·16군사반란의 배경 … 유신정권은 왜 종언을 고했는가?

1961년 5월 16일 새벽, 서울을 관할하는 제6관구 사령관 박정희 소장은 군사반란을 일으켰다. 명분은 4·19혁명 후 집권한 책임내각제 하의 민주당 정권인 장면 내각의 무능과 사회적 혼란을 구실 삼았지만, 당시 정치·사회적 분위기로 보아선 위협을 느낄 정도의 불안한 상태는 아니었다. 또한 군부 통치의 위계 질서에서도 쿠데타를 일으킬 만한 인과(因果) 관계를 가졌다고 보기는 어려웠다.

당시 정치 상황은 이러하다.

박정희, 김종필을 주체 세력으로 하는 육군 공수특전단과 해병대 제1여단, 육사 5기, 8기생 등 3,600여 명의 군인들은 한강 육교를 통과하여 바로 정부청사와 방송국, 주요 언론사와 국회를 점령하고 라디오 방송을 통해 쿠데타의 성공을 전국에 알리는 혁명공약 6개항[*]을 발표하였다.

1961년 5월 19일, 권력을 장악한 군부는 국가혁명위원회를 '국가재건최고회의'로 확대 개편하고 계엄령을 선포… 입법·사법·행정 3권을 장악하였다. 쿠데타에 성공한 이들 군부는, 국회 해산과 일체의 정치 활동을 금지시키고, 장면 내각의 국무위원 체포를 밝혔다.

쿠데타 직후 (혜화동 카르텔 수도원으로) 피신했던 장면 총리는 중앙청에 나타나 국무회의를 개최, "우리 내각 일동은 군사 혁명 발생에 대하여 정치적·도의적 책임을 통감하고 총사퇴한다"는 성명을 발표하고 사의를 표했다. 또 윤보선 대통령은 "군부가 독단적으로 내린 계엄령을 추인할 수 없다"고 버티다가 1962년 3월 22일 하야성명을 발표했다. 같은 해 3월 24일, 박정희 국가재건최고회의 의장이 대통령

---

* **혁명공약 6개조** : 1.반공을 제1의 국시(國是)로 한다. 2.미국 및 자유 우방과의 유대를 공고히 한다. 3.부패와 구악을 일소하고 도의와 민족 정기를 바로잡는다. 4.민생고를 해결하고 국가 자주 경제 재건에 총력을 기울인다. 5.통일을 위하여 공산주의와 대결할 실력 배양에 힘쓴다. 6.이와 같은 과업이 성취되면 참신하고도 양심적인 정치인들에게 언제든 정권을 이양하고 우리들 본연의 임무로 복귀할 준비를 갖춘다. 주:6항은 후일 "이와 같은 우리의 과업을 조속히 성취하고 새로운 민주공화국의 굳건한 토대를 이룩하기 위하여 우리는 몸과 마음을 바쳐 최선의 노력을 경주한다"로 바뀌었다.

권한대행으로 취임하고 핵심 권력기구이자 수사기관인 **중앙정보부**를 설치하고 민주공화당을 창당하여 대통령제 복귀 등을 골자로 하는 헌법 개정을 하였다. 후일 박정희는 1963년 전역한 후 같은 해 12월 17일, 중앙정보부 주도 아래 민주공화당 대통령 후보로 출마하여 야당 단일후보로 출마한 윤보선을 꺾고 제5대 대통령(제3공화국)에 선출된다. 이후 제 6, 7대를 거쳐 제8대, 9대(제4공화국) 대통령으로 18년 동안 장기 집권을 할 수 있었다.

박정희는 대통령 재임기간 동안 군사 쿠데타로 정권을 잡았다는 정당성을 확보하기 위해 경제 발전을 최우선 과제로 삼고 각종 경제 정책을 펼쳤다. 그 가운데 경제개발에 필요한 자금을 조달하기 위해 **한·일회담** ─〔중앙정보부장 김종필과 일본 외무장관 오히라 회담에서 축하금 형식으로 무상 3억 달러, 유상 2억 달러, 민간 상업차관 1억 달러〕─ 을 체결시켰다.

그러나 그 협의 과정에서 일본의 식민지 지배에 대한 사과와 배상 없이 이뤄졌다는 사실이 밝혀지자 대학가를 중심으로 한·일회담 반대 시위(1964년 6·3시위)가 전개되었다. 이에 박정희 정부는 비상계엄을 선포하는 등 시위 참가 학생들을 체포하는 등 온갖 사건이 벌어지게 되자 민심은 박정희에게 등을 돌리기 시작했다.

이와 같은 정치 상황 속에서 박정희 정부는 정권 연장의 욕심으로 '혁명공약 6항'의 민정 이양 계획을 실천할 의지가 없었다. 오로지 민정(民政)에 참여하여 권력만을 계속 장악하고자 했다. 무엇보다 권력 연장을 위해서는 장기집권 시도를 위한 선거법 개정이 시급했으므로 개헌을 하게 되었다. 3선개헌이 곧 박정희 1인 권력기구인 유신 체제의 단초가 된 것이다.

■ 3선개헌과 장기 집권 기틀 마련

1967년 5월 3일, 제6대 대통령 선거에서 재선에 성공한 박정희는 지속적인 경제 성장과 국가 안보 ―〔1·21 청와대 김신조 무장공비사건, 울진 삼척사건, 푸에블로호 납치사건 등〕― 를 빌미로 3선개헌을 추진해야 했다.

3선개헌은 1969년 박정희 대통령의 3선을 목적으로 추진되었던 **6차개헌**을 말한다. 3선개헌 추진을 위해서는 같은 해 6월 8일, 국회의원 선거에서 2/3 이상의 의석이 필요했다. 이에 박정희 정권은 대대적인 부정선거를 통해 2/3 이상의 130석을 확보하여 개헌선을 통과할 수 있었다. 다만 야당과 학생들, 재야 세력들의 반발로 국회 별관에서 변칙적으로 개헌을 통과시킬 수밖에 없었다.

3선개헌안의 주요 내용은 "대통령의 계속 재임은 임기 4년 3기로 한다"로 하여 '3선 연임'을 허용했고, 국회의원의 국무총리 및 국무위원 겸직을 허용하고, 대통령에 대한 탄핵소추결의 요건을 강화하여 국회의원 50명 이상의 발의와 재석의원 2/3 이상의 찬성이 있어야 가능하도록 규정하였다.

■ 유신헌법과 통일주체국민회의

유신헌법(제7차 개정)은 대통령 임기 6년 중임 제한 철폐와 국회 해산, 정치활동 금지, 헌법 효력 일부 정지 등을 주요 골자로 하고, 통일주체국민회의에서 **대통령을 뽑는** 간접선거 방식이었다. 이 통일주체국민회의는 1972년 조국의 평화적 통일을 추진하기 위해 유신헌법에서 새로 설치된 국민의 주권적 수임기관이었다.

당시 정치 상황으로 보아 1969년 미국 대통령 리처드 닉슨(Richard M. Nixon)이 밝힌 닉슨 독트린(Nixon Doctrine : 아시아에 대한 외교 정책으로 미군을 베트남에서 단계적으로 철수한다는 내용)은 아시아 반공 완화 정책과 결부되어 박정희 정권의 장기 집권에 걸림돌이 되었고 위기감을 줬다. 그리하여 정상적인 방법으론 정권을 유지하기 어렵다고 판단하고, 그에 따른 대책을 펼쳤다.

이 선언은 한국에도 영향을 미쳐 결국 '주한미군의 일부 철수'라는 위기감 때문에 박정희는 안보에 총력을 기울이는 정책을 펴나갈 수밖에 없었다.

박정희는 1972년 7월, 이후락 중앙정보부장을 평양에 보내어 7·4 남북공동성명을 발표하고, 8월 남북적십자회담을 개막하는 등 남북 화해 분위기를 위해 힘썼다. 경제 난국 극복과 평화통일 대비를 명분으로 1972년 10월 17일, 박정희는 비상계엄을 선포하고, 유신헌법을 제정하고 국민투표로 확정짓는다.

따라서 이 헌법에 따라 통일주체국민회의에서 박정희는 제4공화국 **제8대 대통령**에 취임한다. 이 통일주체국민회의는 그 설치 목적과는 달리 대통령을 선출하는 기구로 이용됨으로써 박정희 유신정권의 산물이라는 오명을 남겼다. 통일주체국민회의는 박정희 사후 1980년 10월 개정된 헌법에 의해 폐지되었다.

■ 유신정권 반대 운동과 부마항쟁

민주화운동은 3선개헌과 유신헌법에 반발하는 반독재민주화투쟁인 부마항쟁으로 이어진다.

박정희는 1972년 유신헌법에 따라 대통령이 되었지만, 그 유신 체제는 한계에 달해 평온한 날이 없었다. 유신 체제는 의회주의와 삼권분립을 무시하였고, 개인의 자유와 민주주의의 기본 원리를 무시한 권위주의 독재 체제였다.

1971년 4월 27일, 제7대 대통령 선거에서 공화당 후보 박정희에게 95만 표 차이로 패배한 김대중과 신민당은 100만 표 이상 조작된 부정선거라고 주장했다. 민주수호국민협의회는 "유례가 없는 행정 조직과 금력에 의해 계획되어 실시된 선거"라고 성명서를 발표까지 했다. 민주수호전국청년연맹 역시 "관권과 금력 선거로 치러진 일당 독재와 박정희 총통제로 가는 음모"라고 평가했다.

박정희 대통령은 결국에는 1973년 자신의 최고 정적인 **'김대중 납**

치사건*'을 벌인다. 이에 장준하, 백기완 등 재야인사들이 주도하는 100만인 서명운동이 일어나자 유신 체제하에서 자행되었던 온갖 부정·부패행위를 비롯한 사건들을 외신들에 알리는 계기가 되었다. 동시에 박정희 정권은 긴급 조치를 잇달아 발동하여 교수·학생·언론인·종교인 등 각계 민주 인사들을 탄압하게 된다. 이후 정치·경제·사회 각 분야에서 민주화운동이 활발히 전개되었다.

1976년 명동 성당에서 재야, 종교계 인사들이 긴급 조치 철회와 박정희 대통령의 퇴진을 요구하는 '3·1민주구국선언'을 발표하게 되었고, 서울대·고려대를 비롯한 전국의 모든 대학으로까지 대규모의 시위로 확산되었다.

이 같은 시기에 제2차 석유파동으로 인해 경제 불황이 한층 더 심화되어 'YH사건'까지 주요 이슈가 되었다.

당시 YH사건은 1979년 8월, 가발 제조업체 YH무역 노동자들이 (생존권 보장을 위한) 회사 폐업에 항의하기 위해 신민당 당사에서 농성한 투쟁이었다. 그런데 이날 경찰은 정·사복 경찰 1,000여명을 신민당사로 난입시켜 174명의 YH여공들을 순식간에 끌어냈다. 이 과정에서 YH무역 노동조합 간부인 김경숙씨가 창문으로 뛰어내려 중태에 빠져 결국 병원에서 숨을 거두었고, 현장에 있던 국회의원과 신문기자들이 구타당하는 사건이 일어났다. 또한 경찰은 총재실 문을 부수고 들어가 당 간부들을 끌어내어 무자비한 폭력을 휘두르는 등 제1야당 총수에까지 과잉 폭력 행위를 저질렀다. 이 YH사건은 처음

[*김대중 납치사건]

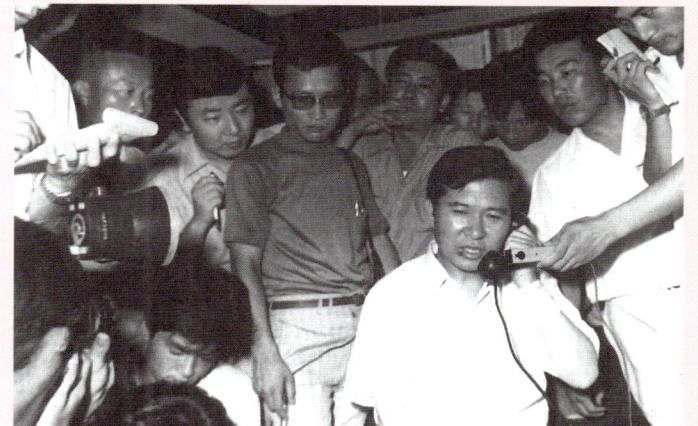

1973년 8월 13일 자택으로 돌아온 후 납치 경위를 설명하고 있는 김대중.

김대중 납치사건은 일본 그랜드팔레스 호텔에서 중앙정보부 요원들이 1973년 8월 8일 오후 1시경, 박정희의 최대 정적인 김대중을 납치한 사건이다. 이 사건으로 박정희 유신 체제의 실체가 드러났으며, 또한 이 사건은 한·일 외교 문제로까지 비화되었다.

김대중은 1971년 지병 치료차 일본에 체류하고 있던 중 유신이 선포되자 귀국을 포기하고, 미국과 일본을 왕래하면서 반유신 활동과 민주화운동을 벌이고 있었다. 이후 73년 7월, 재미교포들의 반정부 단체인 한민통(韓民統, 한국민주회복 통일촉진국민회의의 약칭)의 명예회장으로 일본에서도 도쿄 한민통을 결성할 준비를 했다.

박정희는 이런 활동이 비위에 거슬리어 김대중 납치를 강행했던 것이다. 다행히 중앙정보부 요원들에 의해 태평양에 수장(水葬)직전 구출되었다. ― 미국 중앙정보국(CIA)에게 배의 위치가 탄로되는 바람에 일본 해상 자위대 함정 추격으로 한국 중앙정보부의 계획이 변경되었다. 결국 김대중은 도쿄에서 실종된지 닷새 째 된 8월 13일 밤 10시경, 서울 마포구 동교동 자택 앞에서 풀려났다.

그 후 김대중은 유신정권에 의해 1976년 3·1민주구국선언사건으로 구속되어 대법원에서 5년형이 확정된 바 있다.

엔 노동자들의 생존권에서 비롯되었지만, 결국 인권을 유린한 유신정권의 폭력성을 널리 알리는 데 기여하였다.

신민당 당수 **김영삼** 총재는 YH사건에 관한 기자회견을 갖고 "이번 사건은 명백히 야당의 존재를 무시하고, 정당정치를 부인하는 쿠데타"라고 주장하고, 당사에서 농성으로 맞섰다.… 이에 법원은 신민당 총재단 직무집행정지 가처분 결정을 내렸고, 결국 김영삼은 의원직에서 제명되었다.

이 같은 YH사건은 처음엔 부산 지역에서 반정부 시위로 촉발되었고, 이를 진압하기 위해 비상계엄이 선포되자, 시위는 순식간에 마산, 창원으로 확산되었다. 마침내 부마사태를 일으키게 되었고, 이 **부마항쟁**으로 이어진 불길이 대구를 거쳐 전국으로 확산, 10·26사건이 일어나게 된 계기가 되었다. 이 사건의 처리 방법을 놓고 권력 내 갈등이 생겼는데, 이 과정에서 중앙정보부장 김재규의 총성이 울려 박정희 대통령의 영구집권은 종언을 고했다.

■ **박정희의 최후의 만찬**

1979년 10월 26일 저녁, 박정희 대통령은 궁정동 안가의 만찬석 연회에서 비극적인 최후를 맞이했다.

이 사건의 전모는 이러하다.

박정희는 영부인 육영수를 1974년 8월 15일, 광복절 기념식 행사에서 떠나보낸 이후 정사(政事)보다는 궁정동 안가에 머물러 보내는 시간이 더 많았다. 박정희는 그날 밤, 삽교천 준공행사*를 마치고 청와대에 돌아온 직후 궁정동 안가에서 김재규의 권총에 의해 피살되었다. 이로써 박정희 정권은 하룻저녁에 무너진 것이다.

자료에 의하면, 그날 만찬석상 자리(가수 심씨와 여대생 2명, 김계원 비서실장이 있었다)에서 유흥을 가졌다. 김재규는 연회 도중에 일어나 차지철(대통령 경호실장)을 가리키면서 "각하! 이 버러지 같은 놈을 데리고 정치를 하니 올바로 되겠습니까" 하고 권총으로 먼저 차지철을 쏜 다음에 이어서 박정희를 쏘았다. 사고 직후, 김재규는 (식사 초대받아) 밖에 대기중이었던 육군참모총장 정승화와 함께 남산에 있는 중앙정보부로 가려다가 (계엄령을 발표하려면 육본으로 가야 한다는) 정승화의 요청으로 육본의 육군 본부로 향했다.

실책이었을까? — '대한민국의 운명'이 바뀌는 순간이었다. 관객 1,000만을 돌파한 화젯거리가 된 영화 「서울의 봄」은 사실상 '서울의 봄'이라는 역사적 팩트를 역설적으로 잘 웅변해 주고 있다.

실제 역사 속의 '서울의 봄'은 1979년 10월 26일 박정희 살해 사건에서 시작해서 1980년 5월 17일 사이에 벌어진 민주화운동 시기를

---

* **삽교천 방조제** : 1976년 삽교천 지구 농업종합개발사업의 일환으로 3,360m의 삽교천 방조를 축조하여 당진, 아산, 예산, 홍성의 2만 4,700ha에 대한 농경지 확대, 관개 개선 농업기계화를 위한 관계 시설로 1979년 10월 준공. 서해안 산업도로로 개설되어 서울 ~ 당진간 육로 거리가 40km나 단축돼 서해안 관광명소로 떠오르고 있다.

가리킨다. 이 기간 동안 서울의 봄은 민주화의 꿈에 들떠 있었던 일반 시민들에겐 잠깐 동안 새로운 바람이 불어온 것에 지나지 않았다. 오히려 '신군부의 봄'으로 불리는 쿠데타군부 세력에게 서울의 봄이 찾아온 셈이었다. 여기서 말하는 신군부란 육군 내 사조직인 '하나회'를 중심으로 권력을 장악한 쿠데타 집단을 가리키는 말로, 박정희 정권의 군부세력과 대비하여 부른 이름이다.

하나회는 신군부와 같은 의미로 1963년 전두환, 노태우, 정호영, 김복동 등 육사 11기생들의 주도로 비밀리에 결성했던 군대 내의 불법 사조직으로 육군사관학교 각 기수를 내려오면서 주로 경상도 출신 소장파 장교들을 대상으로 매년 3,4명씩 회원을 계속 모집했던 것이다. 이 조직은 '서울의 봄'을 침몰시킨 5·17쿠데타군부로, 이들 5·17쿠데타군부에 항거하는 전남대생들을 진압하고, 광주 지역을 짓밟아 버린 10일 간의 5·18광주민중항쟁의 탄압을 주도했던 쿠데타군부 세력으로 밝혀졌다.

4

전두환과 12·12쿠데타군부

〈박정희 전 대통령 재임기간〉
제11대(제4공화국) : 1980년 8월 27일 ~ 1981년 2월 25일*
제12대(제5공화국) : 1981년 2월 25일 ~ 1988년 2월 24일**

* 제11대 대통령 임기는 7개월(183일)로 그 기간이 매우 짧다. 최규하 대통령 권한대행에 의해 유신헌법에 따라 1980년 통일주체국민회의에서 대통령으로 선출되었기 때문.
** 제12대는 새 대통령에 따라 대통령 임기를 7년 단임을 골자로 하는 헌법 개정안을 국민투표로 통과시켰다.

#전두환의 생애

전두환 전 대통령은 어떤 사람일까!

1961년 서울대학교 ROTC 교관으로 근무시 5·16 군사쿠데타가 일어나자 육사생도들을 동원하여 이를 지지하는 시가행진을 벌였다. 이로 인해 당시 박정희 소장의 신임을 얻어 국가재건최고회의 비서관이 되었고, 박정희의 비호를 받으며 승승장구하였다. 이후 12·12 쿠데타군부에 의해 실권을 장악하고 대한민국 제11대, 12대 대통령이 되어 무소불위의 전횡을 일삼았다.

이런 전두환을 가리켜 그를 따르는 부역자들은 말한다.

"자신들에게 검은 세단을 타고 다니며, 떵떵거리고 잘살게 해준 통 큰 담대한 대통령이었다"고 극진한 예의를 갖춘다. 반면에 일반 국민들은 피고인 전두환과 노태우가 오랏줄에 묶여 법정에 선 채 선고를 받는 반성 없는 뻣뻣한 태도를 보고 파렴치한(破廉恥漢)이라고 혹평한다. 그러하니 전 재산이 29만 원밖에 없다고 강조하는 전두환의 말을 누가 믿겠는가. 측근들과 어울려 골프를 치고 호텔 고급식당을 드나들면서 노후생활을 만끽하는 그의 삶을 어떻게 이해하겠는가, 해서 하는 말이다.

결론적으로 오롯이 사익(私益)을 위해 권한을 마구 휘둘렀던 전두환을 국민들은 결코 용납하지 않을 것이다. '권력욕에 눈멀어 하늘 높은 줄 모르고 바벨탑 쏘아올리기'에 전력투구했던 전두환이 아니었던가. 만행과 폭거로 광주학살을 저지른 전두화의 죄(罪)는 아직 단죄되지 않았다는 점이다. 이제라도 그의 부역자들은 국민들의 탄식과 분노를 인식하고 제대로 참회해야 하지 않겠는가! '민심은 무섭다'는 것을 절감해야 할 것이다.

전두환은 1931년 경상남도 합천에서 출생. 유년기엔 한학을 수학. 대구로 이사한 이후 대구에서 초·중·고등학교를 졸업 후 대학 진학을 포기하고, 육군사관학교에 진학, 육사 11기로 졸업했다. 이 무렵 육사 시절 육사 참모총장인 이규동 대령의 차녀 이순자와 결혼했다.

주요 육군 경력을 열거하면 이러하다.

1955년 3월 육군 소위로 임관 후 56년 육군 중위, 58년 대위로 진급. 61년 육군본부 특전감실 기획과장 직무대리로 발탁. 이후 ROTC(예비장교 훈련단) 창단 준비위원에서 서울대학교 문리과대학 ROTC 교관으로 활동했고, 곧 육군 중령으로 승진, 63년 육본 인사참모부로 전속되었고, 이어서 65년 6월 육군대학을 수료했다. 70년 육군 대령으로 진급, 육군 참모총장 수석부관이 되어 월남전(베트남 전쟁)에 참전. 71년 11월 귀국, 76년 청와대 경호실 차장보에 임명되었다. 이때 당내 정권의 실세로 통하는 차지철(청와대 경호실장)과의 관계를 맺고 … 79년 3월 국군 보안사령부 사령관에 임명. 이어서 계엄사령부 합동수사본부장이 되었다. 1980년 8월 육군 대장으로 진급 후 8월 26일부로 전역했다.

전역 후 1988년 대통령직에서 퇴임한 뒤 2021년 11월 사망할 때까지 40여 년의 생활은 평탄하지만 않았다. ― 백담사 은둔생활, 사면 복권, 대법원에서 특정범죄가중처벌상 뇌물수수 등 혐의에 의한 선고, 광주지방법원 공소·재판 등 큰 사건이 이어졌다.

향년 91세로 자택에서 사망. 장례는 11월 27일 신촌 세브란스병원에서 가족장으로 치름. 유해는 그의 유언에 따라 북녘이 보이는 최전방 지역에 뿌려 달라고 했지만, 파주지역 주민들의 반대로 무산.

#12·12쿠데타군부의 배경… 12·12는 왜 바벨탑이 됐는가?

전두환의 야심은 중앙정보부장 김재규에 의한 피살 사건으로부터 드러나기 시작했다. 1979년 10·26사태 이후 김재규가 체포된 후 바로 그 다음날 국방부 회의실에서 비상조치를 내려 제주도를 제외한 전국에 비상계엄이 선포되었다.

당시의 사정은 이러하다.

신현확(부총리 겸 경제기획원 장관)은 "대통령이 서거했고, 그 범인은 김재규라는 것을 알리며 대통령 유고시 국무총리가 국가 원수직을 승계하도록 돼 있으니 최규하 국무총리가 대통령 권한대행이 되어야 한다"고 주장하였다. 이 제안을 받아들여 최규하가 대통령 권한대행으로 정승화 육군참모총장을 계엄사령관으로 임명, 이들이 정국을 이끌게 되었다.

그런데 최규하 권한대행이 제주도를 제외한 전국에 비상계엄을 내린 것이 문제가 되었다. 헌법에 일부 지역(제주도)을 제외한 지역에 한해 계엄령이 내려지면, 국방부 장관(당시 노재현)이 총책임을 맡도록 돼 있었다.

이게 실책이었을까? 당시 국방부 장관은 계엄사령부 합동수사본부장으로 10·26 수사 총책을 맡은 전두환을 옹호하는 편에 있었다고 전한다.

자료에 의하면, 이 당시 전두환은 그날 만찬석상 연회에 자리했던 김계원(박정희 비서실장)을 조사하던 중 9억 정도의 수표 뭉치를 발견하자, 이 돈 중 (박근혜에게 6억 원, 국방장관 노재현에 5천만 원)을 전달했다고 한다. 이런 사실을 알게 된 정승화는 공(公)과 사(私)를 구별 못하는 전두환을 처벌해야 한다고 국방부 장관에 건의했다고 한다.

그런데 이런 내용이 사조직인 하나회 인맥을 통해 속속 전두환에게 전해져서 … 결국 '서울의 봄'은 쿠데타군부 세력에 의해 짓밟히게 되자 대한민국의 역사를 바꾸는 계기가 되었다.

따라서 대다수 국민들은 전두환의 공(功)을 논하기 전에 과(過)가 미치는 영향이 보다 크게 대한민국의 민주주의를 말살시키는 원인이 되었다고 질타한다.

■ 쿠데타군부 집권과 반대 세력 제거

12·12쿠데타군부 주역들(1979년 12월 14일 보안사령부 현관 앞에서 기념 촬영 사진)

전두환 정권은 12·12군사반란이 성공한 이후 쿠데타군부 세력에 맞선 진압군 측 반대 세력들을 제거하는 데 대부분의 작전 계획과 시간을 할애했다.

요약하면, 육군 참모총장 정승화는 불명예 제대, 대장에서 이등병으로 강등(나중엔 대장 복권)되었고, 수도경비사령관 장태완은 가택 연금을 당하는 등 부친이 사망하고 아들(서울대 자연대 수석졸업)까지 잃게 되는 일을 겪어야 했다. 이 외 직·간접적으로 진압군에 참여했던 육군 특전사령관 정봉주, 육군본부 헌병감 김준기, 제8공수여단장 윤홍기, 수도경비사 작전참모 박동원, 특전사령관 비서실장 김오랑 등 많은 애국자들이 예편 또는 이직, 사망 등 갖은 학대를 받았음이 밝혀졌다.

반면에 하나회 멤버 내지 부역자들은 이희성, 유학성, 차규헌, 박희도, 최세창, 장세동, 허삼수, 하화평, 이학봉, 정동호 등은 승진 또는 요직을 맡아 승승장구하였다. 이후 이들 세력들은 정권 찬탈에 성공했고, 전두환 정권의 지배 세력으로 군림할 수 있었다.

이들 쿠테타군부 세력들은 12·12군사반란의 명분을 확보하기 위해 사회 정의의 구현을 내세우며 국가보위비상대책위원회(약칭 국보위)를 설치하고, 그 부속기관으로 삼청교육대를 만든다.

■ 국보위원회와 삼청교육대

이와 같은 정치 풍토에서 탄생된 국보위는 1980년 8월 전두환을 국보위의 의장으로 하고, 삼청교육대를 통해 사회 전반의 질서를 관리하게 된다.

삼청교육대는 불량배 소탕 작전을 명분으로 폭력범, 사기범, 사회 풍토문란범 등을 제거하는 것을 목표로 했지만, 그 이면에는 권력형 부정축재자, 정치비리자, 부정부패 공무원 등을 척결하는 것을 그 대상으로 삼았다. 그러나 군·경합동 집행 과정에서 많은 문제점이 드러났다. 범인 색출 할당제 때문에 전혀 상관없는 이들을 끌고 와 참혹한 폭행, 훈련 빙자한 가혹행위 등 인권 유린으로 그 희생자 수가 전국적으로 6만여 명이나 되었다. 심지어는 화투판 구경자, 편싸움 구경자 등 황당한 이유로 끌려온 여자 삼청교육대 피해자까지 생겼다.

또한 이들 쿠데타군부 세력들은 5·18민중항쟁에 참여한 시민들을 총기 소지자, 폭력배로 둔갑시켜 삼청교육대로 보냈고, 후일 광주에 투입된 계엄군이 삼청교육대 교관이었다는 증언도 나왔다.

관련 문건에 의하면, 이들 피해자는 자살, 이혼 등 가정 파탄으로 삶을 잃었고, 정신적 고통으로 인한 트라우마로 평생을 고생하는 피해자의 아픔이 뒤따라 다녔다고 증언한다.

인권 유린의 상징이 된 삼청교육대로 붙잡혀 온 피해자들의 훈련 모습.

결론적으로 삼청교육대는 이러한 정치적 상황 속에서 5·18 군사 쿠데타를 정당화하는 집단 세력으로 후일 5·18민중항쟁의 탄압 과정에도 참가하여 박정희 5·16 때와 같이 인권 유린의 대명사가 되었다.

#쿠데타군부 시나리오 … 5·18민중항쟁의 원인

정권을 장악한 쿠데타군부(신군부)는 집권 시나리오에 따라 보안사령관 전두환을 중심으로 육군참모차장 황영식, 특전사령관 정호영, 핵심 멤버들에 의해 5·18민중항쟁 민주화운동에 대한 강경한 진압 방침을 결정했다.

당시 분위기로 보아선, 전국 군부대에 충정훈련―〔각종 시위와 민주화운동을 진압하기 위해 실시한 진압 훈련〕―이 실시되었고, "1980년 5월 14일부터 제31사단은 광주 지역의 주요 목표를 점거하고, 5월 15일 제7공수여단을 이동할 준비를 마쳤다"는 것이다.

1980년 5월17일 0시를 기해 비상계엄이 전국으로 확대되었고, 동시에 쿠데타 군부는 계엄사령관 이희성 명의로 계엄포고 제10호를 발령하여 정치 활동 금지, 대학교 휴교령, 언론 보도 사전 검열 강화, 집회·시위 금지 등의 조치를 내려 헌정 중단 사태가 발생했다. 주목할 사항으로 김종필은 부정 축재 혐의로, 김대중을 비롯한 정치인 26명이 소요 조종 혐의 등 진압 반대 주동자로 합동 수사본부로 강제 연행되었다. 또한 광주 지역의 2~3천여 명의 학생과 교수·재야인사들 상당수가 검거되었다. 신민당 총재 김영삼은 무장 헌병들에 끌려 가택

연금을 당하는 등 정치 탄압을 당하였다.

　이 같은 상황에서 5월 18일 오전, 전남대학교 학생 200여 명이 모여 전남대 정문 앞에서 '5·17비상계엄은 민주주의에 역행하는 조치이며 또 휴교령은 계획된 일이었다'고 항거하는 집회를 가졌다.
　이에 광주 시내에 사전에 투입되었던 공수부대의 계획된 과격한 진압 작전이 펼쳐졌다. 처음엔 곤봉, 개머리판으로 구타하며 폭력을 썼지만 나중에 총칼로 무차별적인 무력을 사용함으로써 광주시민을 자극, 일반 시민들에게까지 폭력을 휘둘리게 된 것이 시위 확산으로 이어지게 되어 5·18민주화운동의 주요 원인이 되었고, 이 운동은 광주지역을 벗어난 지역으로까지 크게 확대되어 나갔다.
　당시 5·18민주화운동 주체 세력의 말에 의하면, 쿠데타군부의 총책임자였던 전두환이 중앙정보부장과 보안사령관이라는 직위를 이용해 지휘 계통에 개입함으로써 5·18민주화운동을 강경 진압하도록 영향력을 미쳤고, 또한 민간인을 상대로 자행된 계엄군의 실제 발포 지시 책임과 관련해 전두환씨의 핵심 측근들로부터 전씨가 주도적이고 중심적인 역할을 했다는 증언을 확보했다고 밝혔다.

5·18민주화운동의 전개 과정

Part 2

1. 전두환 5·17군사반란… 5·18민주화운동으로 확대
2. 5·18내란 행적… 10일간의 학살 현장 기록
   [특별화보] 유네스코 세계기록유산 등재, 5·18민주화운동기록관 사진
3. 날짜·시간대 별로 보는 5·18민주화운동 일지
4. 광주는 말한다… 무엇이 그날의 참상인가!
   #12·12 쿠테타 체계도
   #광주 진압군 지휘 체계도
   #5·18기간 동안 투입된 군인들

1

전두환 5·17군사반란…
5·18민주화운동으로 확대

#전두환의 5·17군사반란

■ 5·17 전군주요지휘관회의

전두환은 5월 17일, 대통령 권좌에 앉기 위한 본격적인 작전을 시작하였다.

오전 10시, 전두환은 단독으로 청와대에서 최규하 대통령에게 안보 및 국내 치안 상황을 보고했다. 이때부터 '시국수습방안'과 '소요 배후조종자 및 권력형 부정축재 혐의자 체포·조사계획'을 추진할 예정이라고 말했다.

오전 11시, 전날 전두환이 주영복 국방부장관에게 요청한 '전군 주요지휘관회의'가 열렸다. 이날 회의에서 '시국수습방안'으로 '비상계엄 전국 확대', '국회 해산' '국가보위비상대책위 설치', 대학 휴교령과 정치인 예비 검속을 안건으로 상정했다.

오후 4시30분, 주영복 장관은 전군 주요지휘관회의 결과를 가지고 이희성 계엄사령관과 함께 신현확 총리에게 보고했다. 오후 5시10분 신현확, 전두환, 주영복, 이희성 등이 함께 청와대로 들어가 최규하 대통령에게 보고했다.

오후 7시, 대통령은 '헌정중단 사태가 되풀이되어서는 안된다'면서 '국회 해산', '국가보위비상대책위 설치'는 승낙하지 않고 비상계엄 전국 확대는 저녁 국무회의에서 검토할 것을 지시했다.

저녁 9시 42분, 중앙청에서 국무총리 주재로 비상국무회의가 열렸다.

그러나 국무회의가 열리기 전인 오후 6시에 계엄군은 이화여대에서 16일부터 열리고 있는 전국 대학생대표자회의에 난입하여 다수의 학생 대표자들을 체포하였다. 저녁 8시에는 이희성 계엄사령관이 전두환과 보안사에서 사전에 계획한 '비상계엄 전국 확대', '대학 휴교령'과 '학생시위주동자와 정치인 검거'를 지시했다.

■ 8분만에 통과된 비상계엄 전국 확대

1980년 5월 17일 오후 5시, 노태우 수도경비사령관은 중앙청 건물 안에 헌병단 병력을, 건물 밖에는 제30경비단 병력을 배치하라고 지시했다. 저녁 7시35분, 중앙청 외곽에 권총과 M16소총을 휴대한 수도경비사령부(약칭 수경사) 제30경비단 장교 18명, 사병 324명과 장갑차 4대가 배치되었다. 중앙청 내부 현관과 계단, 복도에는 무장한 수경사 헌병단 장교 17명, 사병 236명이 1, 2m 간격으로 도열하였다. 도합 595명이 무장한 채 삼엄하게 중앙청 안과 밖에 배치되었다. 외부와의 연락을 차단하기 위해 중앙청 내 전화선 2,440개를 모두 절단해 버렸다. 국무위원 이외 출입자는 철저히 통제하고 중앙청 내부 공무원들을 모두 5층으로 모이게 하여 억류시켰다. 밤 9시 42분, 살벌한 분위기의 중앙청에서 신현확 국무총리 주재로 제42회 비상국무회의가 열렸다. 주영복 국방부장관이 비상계엄 전국 확대 선포안을 제안하였다. 국무위원들은 누구도 입을 열지 않았고, 찬반 토론 없이 8분 만에 '비상계엄 전국 확대'안이 의결됐다. 600여 명의 무장한 계엄군들이 국무위원들에게 강압적인 공포 분위기를 조성하여 비상계엄 전국 확대를 의결시킨 것이다.

5월 18일 새벽 1시, 이희성 계엄사령관은 「계엄포고령 제10호」를 발령했다. 계엄포고 원안도 보안사에서 입안하여 계엄사령부로 보내졌다. 계엄포고령은 정치 활동 중지, 집회 및 시위 금지, 대학 휴교, 언론 보도 사전 검열, 파업 및 유언비어 유포를 금지시켰다. 포고령을 앞세워 일부 야당 정치인 강제 연행, 국회 점거로 사실상 '국회 해산'과 다름없는 상황을 만들어버렸다. 반란군부는 '국회 해산'에 대한 대통령 재가가 어렵다는 점을 알고 '계엄포고령'이라는 변칙적인 방법을 통해 사실상 정치활동을 금지시켰던 것이다.

반란군부는 계엄포고령 발령 이전인 18일 새벽 0시 20분부터 이미 경장갑차 8대, 전차 4대를 앞세워 국회의사당을 점거하였다. 수도군

단인 33사단 101연대 1대대 3중대가 국회의사당을 점령하고 국회의원들의 출입을 봉쇄했다. 포고령 10호는 국회 활동을 정지시켰다. 18일 오전 10시40분 계엄사 보도처는 22개 언론사 편집부장들을 불러 보도검열지침을 통보하였다.

이희성 참모총장은 18일 오전 8시30분부터 계엄처 주관 계엄회의를 주재했다. 보안사, 중앙정보부, 치안본부, 내무부 등 치안 관계자 모두가 참석하여 주요 현안을 보고하고 점검하는 회의였다. 이 회의에서 국가적 위기 상황을 국민들에게 홍보하여 군이 나서서 사회 질서를 유지할 수밖에 없다는 논리를 확산시키라고 지시했다.

<u>오전 11시30분~12시55분</u>, 계엄사령관은 사무실에서 글라이스틴 주한 미 대사와 한미연합사령부 참모장을 접견했다. 글라이스틴은 '미국은 법과 질서를 유지하려는 한국정부의 노력에 반대하지 않는다'며 계엄 확대 조치에 대해 원칙적인 동의를 표명했다.

■ 전국 대학교 점령과 예비 검속

<u>5월 17일 낮 12시경</u>, 보안사 대공처장 이학봉은 전두환의 지시에 따라 전국 각 지역 보안부대에 전언 통신문을 보내 이날 밤 10시를 기하여 김대중, 김종필을 비롯한 정치인들과 재야민주인사 26인, 전국 각 대학의 학생회장단 및 운동권 학생 등 사전에 작성된 명단 2,699명을 일제히 검거하라고 통보하였다. 17일 밤 11시 무렵, 김대중 국민연합 공동의장은 동교동 자택에서 수경사 헌병 19명에 의해 연행되고, 김종

필 공화당 총재는 같은 시각 보안사 수사관들에 의해 신당동 자택에서 연행되었다.

자정을 기하여 공수부대와 20사단을 비롯, 해병대 출신 군인들이 전국 각 대학을 점령하고 학교에 있던 학생들을 체포하였다. 연세대를 비롯 서강대와 홍익대는 1공수여단, 고려대는 5공수여단, 동국대는 11공수여단, 성균관대는 13공수여단, 국민대·산업대·경희대·한양대·외국어대는 20사단, 서울대·중앙대·숭전대는 9공수여단, 대구의 경북대·부산의 부산대와 경남대는 해병 1사단, 그리고 광주의 전남대·조선대와 전주의 전북대, 대전의 충남대는 7공수여단이 점령하였다. 그 외 각 지역의 교육대, 전문대 등은 그 지역의 향토사단이 점령하였다. 대학교 점령과 동시에 전국 도시의 방송국 등 136개 장소에 계엄군 25,000여 명을 배치했다.

동시에 전국의 대학교 학생회 간부들과 운동권 학생들에 대한 수배(대상자)와 예비 검속이 시작되었다. 18일부터 밤 사이에 서울에서는 관악경찰서 19명(대상 27명), 노량경찰서 9명(대상 10명), 강서경찰서 4명(대상 12명), 강남경찰서 5명(대상 8명), 강동경찰서 2명(대상 2명), 남부경찰서 14명(대상 14명), 영등포경찰서 2명(대상 5명), 지방에서는 강원대 27명(대상 41명), 관동대학교 24명(대상 30명), 상지대학교 12명(대상 18명), 상지실전 3명(대상 3명), 연세의대 2명(대상 2명), 경북지역 31명, 충남지역 41명, 전교사지역 학생 227명, 민간인 250명 등 전국 총계 549명이 검거되었다. 보안대는 대학생 외에도 사전에 작성한 불순분자로 지목한 사람들까지 총 2,699명을 검거하였다. 그중에서 404명이 기소됐고, 2,295명이 훈방되었다.

■ 7공수… 광주, 전북지역, 대학교 진주

<u>5월 17일 밤 10시,</u> 전북 익산지 금마면을 본부로 한 7공수여단(여단장 신우식 준장) 33대대(45/321), 35대대(39/283) 군인들이 어둠을 뚫고 광주로 향했다. 7공수는 전남대와 조선대를 점령하고 곧바로 교내 수색에 들어갔다. 33대대는 전남대와 광주교대, 35대대는 조선대와 전남대의대를 점령한 공수부대는 대학 건물을 샅샅이 뒤져 학생들을 연행하였다. 공수들은 M16을 착검한 상태에서 연행된 학생들을 포승줄로 묶고 무자비하게 구타했다. 그날밤 각 대학에서 연행된 학생들은 전남대 광주교대 23명, 조선대 전남대의과대학 23명, 전북대 33명, 원광대는 야구부원과 공부하고 있던 일반학생 50여 명이었다.

광주의 대학생 예비 검속 대상자는 전남대 12명, 조선대 10명 등 총 22명이었다. 전남 합동수사단은 505보안부대가 중심이고, 중앙정보부·경찰 등이 보조역할을 했다. 보안사 요원 1명에 형사 1명이 따라붙어 86명의 보안부대 요원 및 경찰들이 22대의 차량을 이용하여 복적생과 학생회 간부들의 집을 급습했다. 그들은 심야에 군화를 신은 채 안방에 들어가 권총을 들이대고 울부짖는 가족들을 팽개치며 끌고 갔다. 전남대 복적생 정동년, 김상윤은 밤 12시경 광주지역 합동수사단 수사관들에게 각각 연행됐다. 조선대 복적생 김운기, 양희승, 유재도

와 약대 여학생 유소영이 예비 검속으로 체포되었다. 검거 대상자 22명 중 집에 있던 12명이 체포되었다. 광주지역 8개 전문대학에는 31사단 96연대 병력이 배치됐다.

2

5·18내란 행적… 10일간의 학살 현장 기록
[특별화보] 유네스코 세계기록유산 등재, 5·18민주화운동기록관 사진

#5월 18일, 살인 면허 공수부대 투입하다

■ **이세종, 첫 사망자이자 의문사**

전북대 캠퍼스에서는 7공수부대가 진입하는 과정에서 전북대 농학과 2학년 이세종 학생의 시신이 학생회관 바깥 바닥에서 발견되었다. 이세종은 5·18민주화운동 기간 발생한 첫 사망자다. 비상계엄 전국확대 조치에 따라 5월 18일, 제7공수여단 31대대가 전북대학교를 점령했다. 목격자에 따르면, 이날 새벽 교내 학생회관에 머물던 이세종은 3층에서 4층 옥상에 이르는 계단에서 2명의 계엄군에게 진압봉과 개머리판으로 머리를 구타당했다.

이세종의 시신은 이날 01:40~01:50경 학생회관 바깥 바닥에 숨진

채 발견됐다. 주요 사인은 두개골 골절에 의한 두개강내출혈, 간장 파열에 의한 후복강내 출혈 등이다. 부검의는 "주요 사인 이외에도 상당한 타박상이 존재했는데, 이것은 옥상에서의 추락이라는 한 가지 이유로 나타날 수 없는 흔적이 분명하다"라고 진술하였다. 이세종의 사인은 공수부대 군인의 폭행에 의해 죽은 후 건물 옥상에서 바닥으로 던져진 것인지, 군인을 피하다가 사고로 떨어져 죽은 것인지 분명하지 않다. 추후 정밀하게 조사해야 할 의문사다.

■ 전남대 정문에서 도청 앞으로

17일 밤 사이에 계엄령이 전국으로 확대되었다는 뉴스가 퍼지자 18일 오전에 학생들은 대학교로 모여들기 시작했다. 16일 도청 앞 광장 횃불시위에서 박관현 전남대 총학생회장이 사자후로 내뿜었던, 계엄령이 확대되면 학교에 모여 시위를 하자는 약속이었다.

18일 오전, 전국 각지에서 대학생들이 자신의 학교로 모여들었지만 대학의 교문을 무장을 한 군인들이 장악하여 출입을 통제하고 있어 접근할 수조차 없었다. 서울 등 도시에 위치한 대부분의 대학 교문은 차량 통행이 빈번한 지역으로 학생들이 모일 수 있는 공간이 없었다. 학생들은 학교 정문 앞에 왔다가 군인들을 보고 발을 돌릴 수밖에 없었다.

그러나 광주의 전남대 상황은 달랐다. 전남대는 광주 도심의 외곽에 자리잡고 있는 데다 조그마한 개천이 정문 앞으로 흐르고 있어 한산한 도로였다. 반면 조선대 정문은 차량 통행이 빈번한 큰 도로로 학생들이 집결하기 힘든 상태였다.

18일 아침 7시경, 도서관에 가기 위해 전남대 정문을 들어가려던 학생들이 교문에서 공수대원들에게 제지당했다. 취직시험이나 고시 공부에 전념하던 학생들이었다. 그 시각 7공수여단 33대대 9지역대 7중대 소속 지역대 11명이 전남대 정문에서 경계를 서고 있었는데 점차 학생들이 불어나자 33대대장 권00 중령은 정문에다 병력을 30명 가량 증강 배치했다.

9시가 넘어가자 상황을 파악하기 위해 모여든 학생들이 '계엄 해제' 구호를 외치면서 군인들이 막고 있는 정문 돌파를 시도했다. 그러나 여의치 않자 구호를 외치며 정문 앞을 빙빙 맴돌았다. 10시쯤 되자 학생 숫자가 1백여 명으로 불어났고 주변에서 구경하던 주민들도 점차 늘었다. 공수부대 장교가 직접 메가폰을 들고 해산을 종용했다. 학생들은 다리 부근에 모여 앉아 노래와 구호를 외치며 농성을 시작했다. 어느덧 학생 숫자가 2백~3백 명 정도로 더 불었다. '계엄령 해제하라' '전두환 물러가라' '계엄군 물러가라' '휴교령 철회하라'는 구호들이 격렬하게 튀어나왔다.

전남대에 진주한 공수부대 최고 책임자 7공수여단 33대대장 권00 중령은 사태가 심상치 않아 보이자 직접 앞으로 나와서, '만약 즉시 해산하지 않으면 무력으로 해산시키겠다'고 위협했다. 학생들은 그 소리에 반발해서 더 큰소리로 구호를 외쳤다. 그러자 공수대원들이 학생들 사이로 파고들면서 곤봉으로 마구 후려치기 시작했다. 학생 몇 명이 순식간에 땅바닥에 나뒹굴었다. 설마 했던 학생들은 공수들의 진압 태도에 경악했다. 학생들은 순간적으로 골목으로 도망쳤다가 다시 모여들면서 돌멩이를 주어서 던지기 시작했다. 공수대원들은 날아오는 돌을 피하지 않고 저돌적으로 달려들었다. 그리고 끝까지 한 사람만 쫓아가서 곤봉으로 머리를 강타한 후 실신하면 질질 끌고 갔다. 30여 분쯤 밀고 밀리는 공방전이 계속되었다. 폭동 진압훈련과 게릴라 특수훈련을 받은 최강의 공수부대와 대학생들이 맨손으로 싸운다는 것은 애당초 무리였다.

10시30분쯤, 학생들과 공수부대원들이 밀고 밀리기를 반복하고 있을 때 누군가가 '여러분, 도청으로 갑시다'라고 외쳤다. 그러자 학생들은 시내로 발길을 돌렸다.

전남대 정문 앞에서 시내로 가기 위해 학생들은 둘 셋씩 짝을 지어 1km 남짓 떨어진 광주역 광장에서 전열을 가다듬었다. 학생들은 금남로 도청 앞 광장을 목표로 시외버스 공용터미널을 거쳐 금남로 가톨릭센터 앞까지 대여섯명 씩 줄을 지어 나아갔다. 금남로에 들어서자 '비상계엄 해제하라!' '김대중 석방하라!' '휴교령 철회하라!' '전두환 물러가라!' '계엄군 물러가라!'는 등의 구호를 외치며 뛰어갔다. 시민들 대부분은 아직 김대중 등 야당 정치인과 재야인사들이 체포된 사실을 모르고 있었다.

금남로 5가 광주일고 사거리에서 2가 가톨릭센터까지 별다른 제지

없이 단숨에 달려갔다. 금남로 가톨릭센터 앞에 도착한 시각이 11시였다. 학생들은 금남로 1가 YMCA 앞으로 나아갔다. 그곳에는 전투경찰대가 방패를 들고 지키고 최루가스차가 대기하고 있었다. 학생들은 전투경찰대를 뚫을 수 없어 오른쪽 충장로로 들어가 우체국 앞에서 도청으로 가려고 했다. 그곳에도 전투경찰대가 방패를 앞세우고 지켰다. 시위대열은 두 가닥으로 쪼개졌다. 한 무리는 광주천 방향으로 직진하고, 다른 하나는 충장로 2가 방향으로 우회하였다. 그 사이 학생 숫자는 계속 불어났다.

　11시 30분쯤, 경찰에 쫓겨 광주천 쪽으로 밀려난 시위대는 광주공원 광장에서 잠시 숨 고르기를 한 후 중앙로를 거쳐 금남로 가톨릭센터 앞으로 진출했다. 잠시 후 2백~3백 명이 연좌 농성을 시작하자 한참 후 5백여 명으로 불어났다. 전투경찰이 그들을 에워싼 후 포물선을 그리며 최루탄을 터트렸다. 경찰이 학생 시위대보다 압도적으로 숫자가 많았다. 여러 명이 체포돼 연행됐지만 학생들은 집요하게 흩어졌다 모이기를 되풀이했다.

　시간이 흐를수록 상황은 학생들에게 불리해졌다. 낮 12시 30분경, 금남로를 중심으로 북쪽과 남쪽 시가지에서도 양상이 비슷하게 바뀌었다. 학생회관 앞, 금남로에서 흩어진 대학생 중 3백여 명이 재집결하여 불로동 다리 방면으로 나아갔다. 그들은 동구청 쪽에서 무리지어 오는 3백여 명의 시위대와 마주치자 거의 동시에 탄성을 내질렀다. 시위대의 사기는 다시 올라갔다. 시위대는 시외버스 공용터미널로 몰려갔다. 경찰이 공용터미널을 포위했다. 대합실에 최루탄이 터졌다. 시위대는 필사적으로 대인시장 쪽으로 탈출을 시도했다. 학생 시위대가 터미널 로터리를 거쳐서 시민관 쪽으로 쫓겨 가는데 공중에서 헬리콥터가 시위대를 추격하기 시작했다. 헬기가 경찰 진압부대에게 무전으로 시위대의 위치를 알리고 있었다. 시위대가 골목으로 숨어도 마치 손금 들여다보듯 곧바로 경찰이 나타나 해산시켰다. 헬기의 도움으로 경찰의 이동도 신속해진 듯보였다.

경찰의 강경 진압에 학생들은 금남로에서 1km쯤 떨어진 계림극장 부근까지 밀렸다. 이 과정에서 많은 학생들이 끌려갔고 나머지 학생들은 거의 흩어져 버렸다. 마지막까지 흩어지지 않고 남았던 학생들은 불과 20여 명에 지나지 않았다. 상공에서는 아직도 헬리콥터가 시위대를 찾기 위해 계속 선회하고 있었다.

학생들은 오후 2시쯤부터 시내 중심가와 광주공원 앞 광장으로 다시 모여들었다. 오후 3시가 되자 5백여 명으로 불어났다. 학생들은 광주공원 광장 시위대와 함께 학생회관 골목으로 몰려갔다. 1천여 명으로 불어난 시위대는 충장로 학생회관 정문 앞에 있는 20~30명의 전투경찰들을 급습하자 혼비백산하여 달아났다. 최루탄을 발사하는 가스차 의자 시트에 불을 붙이고 힘을 합쳐 차체를 옆으로 넘어뜨렸다. 불길과 연기가 치솟아 오르자 시위대는 환호성을 질렀다.

시위대는 학생회관 앞 공격이 성공하자 크게 사기가 올랐다. 맨 선두에 지휘자 한 사람이 앞장서고 그 뒤에 태극기를 치켜든 사람, 이어서 십여 명의 스크럼을 짠 학생들이 노래를 부르며 앞으로 나아가면 흩어졌던 시위 군중들은 신속하고도 자연스럽게 대열에 합세했다.

오후부터는 숫자가 크게 불어나면서 좀 더 조직적이고 과감한 양상으로 바뀌었다. 며칠 전 시위와 달리 경찰의 진압 태도가 매우 격렬하고 강했기 때문에 학생들의 분노 역시 컸다.

■ 공수부대 시내 투입

오후 3시 40분경, 전남대에 주둔한 7공수 33대대와 조선대에 주둔한 35대대 공수부대원들이 광주 시내에 투입되었다. 33대대는 광주 중심 도로인 금남로의 서쪽이 유동삼거리, 35대대는 도청 앞 금남로 1가와 충장로 1가에 투입되었다. 유동삼거리에서 도청 방향 500미터 거리인 광주제일고등학교 앞 금남로에 도착한 33대대 공수부대는 진압봉을 들고 금남로 양쪽으로 흩어져서 수색을 시작했다. 그러다 금남로 도청 방향을 향해 몰려다니던 시위대를 발견하고 빠르게 돌진했다. 깜짝 놀란 시위대가 사방으로 흩어졌다. 공수부대는 시위하는 사람을 끝까지 추격했다. 표적은 시위대만 대상이 아니었다. 주위에서 구경하던 시민들도 남녀 가리지 않고 군홧발로 차고 진압봉으로 두들겨 팼다. 순식간에 벌어진 일이었다.

장성군 교육청 공무원 김정섭(34세)은 광주 시내 결혼식에 참석 후 장성행 버스를 타기 위해 시외버스공용터미널로 가던 중 공수들에게 군홧발에 채이고 진압봉과 M16 총 개머리판으로 구타를 당했다. 김정

섭은 그 자리에 쓰러져 의식을 잃고 말았다.

수창초등학교 옆 건물 2층 동아일보 광주지사에 2명의 공수부대원이 M16 소총을 착검한 채 들어왔다. 공수부대원들은 사무실에 숨어 있던 3명의 청년을 개머리판으로 짓이긴 후 끌고 나갔다. 이어서 신문사 직원 정은철, 박준하(광주공고 1년)를 수없이 때리고 짓밟았다. 정은철은 끌고 가고 박준하는 계단에서 실신하자 그대로 팽개쳐 두고 내려가 버렸다.

금남로 2가 충장로 입구에 투입된 7공수여단 35대대 200여 명도 광주은행 본점, 가톨릭센터 앞을 지나 동구청과 관광호텔 앞으로 가면서 지나가는 버스를 세우거나 행인 중에서 젊은 사람은 무조건 잡아서 옷을 벗겨 팬티만 입힌 채 구타하고 머리를 땅에 처박게 하였다. 금남로는 순식간에 아수라장으로 변해 버렸다. 남자든 여자든 가리지 않았다. 무조건 닥치는 대로 서너 명씩 달려들어 곤봉으로 패고 군홧발로 아무 데나 차고 짓밟았다. 공수부대는 마치 '살인 면허'를 받은 것처럼 잔인했다.

오후 4시가 약간 지난 시각, 공수부대는 지나가는 시내버스를 정차시켜 놓고 차 안을 검문하면서 젊은 사람은 불문곡직하고 끌어내렸다. 약간이라도 반항하면 공수대원 7~8명이 우르르 달려들어 돌려가면서 난타하였다. 말리는 안내양을 곤봉으로 후려갈겼다. 시내버스가 바로 멈추지 않으면 곧장 버스 위로 올라와 운전기사의 뒤통수를 곤봉으로 타격했다.

시내버스에서 내린 청년이 막다른 골목까지 달아나다 공수대원에게 붙잡히자 무릎을 꿇고 살려 달라고 싹싹 빌었다. 옆에서 지켜보던 노인이 그 젊은이를 자신의 몸으로 가리면서 봐달라고 사정했다. 공수대원은 '비켜, 이 새끼!' 하면서 그 노인을 곤봉으로 내리쳤다. 노인은 피를 흘리며 맥없이 꼬꾸라졌다. 쫓기던 학생이 돌을 집어 들었다. 공수대원은 가차 없이 곤봉으로 후려쳤다. 축 처진 청년의 다리를 잡아 질질 끌고 길거리로 나갔다.

북동우체국 옆 좁은 골목의 마지막 집으로 청년이 후다닥 뛰어들었다. 잠시 후 공수대원 2명이 뒤쫓아 오더니 비명소리가 들리고 청년이 붙들려 나갔다. 공수대원들이 사라진 뒤 이런 장면을 목격했던 그 동네 사람들이 그 집 주위로 모여들어 '죽일 놈들'이라며 치를 떨었다.

이날 광주일고 운동장에서는 조선대 의대 동문 체육대회가 열렸는데 행사가 끝날 무렵이었다. 공수부대원들이 일부는 학교 교실로, 일부는 체육대회장으로 들이닥쳤다. 순식간에 쑥대밭이 돼버렸다. 이때 의과대학 4학년 졸업반 학생 이민오(25세)는 체육대회 도중 바로 옆 금남로 쪽으로 구경하러 잠시 나왔다가 공수대원의 표적이 됐다. 자신을 뒤쫓아 오는 공수를 피해 광주일고 교장 관사로 도망쳐 숨었다. 관사 안까지 따라 들어온 공수대원이 숨어 있던 그를 발견하자 군화발로 복부를 걷어찼고 아파서 쓰러진 채 뒹굴자 군홧발로 내리찍듯 밟고 짓이겨댔다. 이민오는 그날 밤 끌려가 국군통합병원에서 복부절개수술을 받았다. 췌장 일부가 끊어졌고, 장 파열로 피가 2천5백cc정도 흘러나왔으며, 췌장 80%와 비장을 적출하는 큰 수술로 인하여 겨우 목숨을 구했다.

오후 4시경, 충장로 1가의 당구장에서 조훈철(20세, 재수생)은 친구들과 막 당구 게임을 끝내고 손을 씻으려던 참이었다. 공수 2명이 진압봉을 들고 험악한 표정으로 들어와서 진압봉으로 후려친 후 광주우체국 앞으로 끌고 갔다.

오후 4시 30분, 이근재(57세)는 금남로 근처를 지나가던 길에 공수대원들이 어린 여학생을 때리는 것을 목격하고 항의하다가 진압봉에 머리를 맞고 기절했다.

오후 4시40분쯤, 분노한 시위대는 주택가인 동명동과 지산동 파출소에 들어가 벽에 걸린 대통령 최규하의 사진을 떼어내고 갖가지 서류와 책상, 의자들을 밖으로 끌어내어 불 속에 집어 던졌다. 시위대는 불타는 집기류 주위에 둥그렇게 둘러서서 애국가를 부르고 만세 삼창을 외치고 산수동 오거리 쪽으로 행진을 계속했다.

시위대가 산수동으로 가는 도중, 전투경찰 차량을 붙잡아 도청 쪽을 향해서 걸어가다 동명로 입구 청산학원 근방에 이르렀을 때 공수대원들이 시위 학생들의 전면으로 짓치며 공격해 왔다. 순식간에 시위대가 흩어지고 아수라장이 됐다.

광주교육대학 교정에도 오전 10시경부터 전남대에 진주했던 7공수 33대대 병력 가운데 30명이 별도로 배치됐다. 공수부대원들이 2~3명씩 도로에서 짝지어 다니며 젊은이들만 쫓아가 붙잡아왔다. 집 뒤쪽 공터로 끌고 와서 일단 꿇어 앉힌 뒤, 군홧발로 차서 피곤죽을 만들어 군용트럭에 실었다.

　오후 5시쯤, 공수부대가 시내에 투입되어 청산학원 앞 진압을 끝으로 금남로 주위의 시위는 완전히 자취를 감췄다. 그러나 공수부대의 진압 작전은 계속됐다. 상점, 다방, 이발관, 음식점, 사무실, 가정집, 당구장 등 시내 중심부 곳곳을 이 잡듯 뒤졌다. 아직까지 숨어 있거나, 미처 빠져나가지 못한 청년들을 색출하여 개처럼 질질 끌고 나왔다.

　오후 6시쯤, 계림동 부근에서는 청년과 학생 3백여 명이 소규모 공수부대와 충돌했다. 이때는 공수부대와 과감히 부딪친 시위대는 좀처럼 물러서려 하지 않았다. 쌍방은 부상자를 계속 내면서 치열한 공방전이 벌어졌다. 아시아자동차공장 노동자 이장의(30세)는 친구의 아기 돌잔치에 갔다가 돌아오던 길에 이리떼처럼 달려든 공수들에게 붙잡혀 진압봉으로 두들겨 맞고 대검으로 네 군데나 찔렸다.

　오후 6시, 전남북 계엄당국은「계엄분소 공고 제4호」를 통하여 광주시내 일원의 통금시간을 9시로 앞당긴다고 발표하면서 각자 빨리 귀가할 것을 종용했다. 그러나 그 후에도 시위는 밤늦게까지 게릴라식으로 이어졌다. 저녁 8시경 가톨릭센터 앞에서 다시 불어난 6백여 명의 시위대가 계엄군과 대치하다 쫓겼다. 수십 명이 연행되고 2천여 명의 젊은이들이 노동청과 한일은행 앞으로 밀렸다가 흩어지는 등 산발적인 시위가 이어졌다. 시위대 연행은 밤늦게까지 계속되었고 곳곳에서 비명소리가 끊이지 않았다. 밤 11시가 돼서야 시위가 겨우 잦아들었다.

그날 저녁 9시 TV 뉴스나 라디오에서는 광주에 대해 단 한마디도 언급하지 않았다. 신문 방송 등 언론은 철저히 광주 상황을 외면했다. 광주는 어둠 속에서 '공포의 도가니'로 변해가고 있었다.

5월 17일 23:00경부터 5월 19일 오후까지 검거 대상자의 약 4분의 3인 약 300여 명이 검거되었으며, 이들은 505보안부대 내무반에 20여 명, 나머지는 전교사 헌병대 임시막사에 각각 수용되었다. 18일 하루 동안 연행자가 대학생 114명, 전문대생 35명, 고교생 6명, 재수생 66명, 일반시민 184명 등 모두 405명이었다. 이 가운데 68명이 두부외상, 타박상, 자상 등을 입었고 12명은 중태라고 기록되어 있다. 그러나 실제 연행자와 부상자는 그보다 훨씬 많았다.

■ 여성과 노약자에 대한 폭행

"… 두부처럼 잘려 나간 어여쁜 너의 젖가슴!"

공수부대 등 계엄군의 강경 진압 행위는 여성, 노인, 어린이 등도 가리지 않고 행해졌다. 전체 2,504명의 상해자 중 여성과 60세 이상의 노인, 중학교에 진학하지 않은 13세 이하의 어린이 피해자 숫자는 모두 208명으로 전체 상해자의 약 10%를 차지하고 있다.

여성에 대한 강경 진압 행위는 폭행을 넘어 성추행까지 일삼았다. 1980년대부터 불려진 '오월의 노래 2' 노랫말— "꽃잎처럼 금남로에 뿌려진 너의 붉은 피/ 두부처럼 잘려 나간 어여쁜 너의 젖가슴/ 왜 쏘았지 왜 찔렀지 트럭에 싣고 어디 갔지/ 망월동에 부릅뜬 눈 수천의 핏

발 서려 있네…"의 "~젖가슴, ~왜 찔렀지" 가사가 쓰여진 배경의 사건이 적지 않았다.

광주일고 앞 충장로 5가 입구 중국집 「제일관」에서 일하던 김범동(33세, 요리사)은 도로변에서 젊은 여자 한 명이 공수부대에게 폭행당하는 것을 목격했다. 3~4명의 공수부대가 여자의 블라우스를 나꿔채자 옷이 찢어지면서 맨살이 드러났고, 군홧발로 차버리자 인도에서 차도로 굴러 떨어졌다. 충장로를 지나가던 수 십명의 사람들이 그 광경을 지켜보면서 발만 동동 구르며 여자를 때리지 말라고 소리를 질렀다. 그 순간 충장로 5가로부터 4가까지 공수부대 30여 명이 우르르 몰려왔다. 철망이 달린 헬멧을 쓰고 진압봉과 함께 총을 맨 상태였다. 구경하던 사람들은 혼비백산해서 도망갔다. 그때 도망가지 않았던 김범동은 공수부대에게 총 개머리판으로 맞고 그 자리에 정신을 잃고 쓰러진 후 주변 사람들에 의해 한일은행 앞 병원에 실려 갔다.

박병률·조기창 등 의과대학 학생들은 일고 운동장에서 축구경기 등 체육행사를 하다가 학교 밖 거리에서 구호를 외치며 시위하는 대학생들의 행렬을 목격하였다. 오후에 그들은 학교 건너편 거리에서 2명의 여자들을 군인들이 옷을 벗기고 진압봉으로 구타하는 것을 목격하고 구하기 위해 밖으로 나갔다가 오히려 군인들의 진압봉에 두들겨 맞고 말았다. 조기창은 복막이 터진 채 연행되어 국군통합병원으로 끌려갔다가 4일 후 석방되었다. 박병률은 정신을 잃고 쓰러지자 일고 재학생들이 교실로 끌고 들어가 응급 조치를 하여 잠시 후 정신을 차렸다.

전남도청 부근 금남로 1가 관광호텔에서 이발관을 운영하는 김후식(39세)은 '경찰'이 공수대원에게 구타당하는 장면을 목격했다. 광주은행 본점 앞에서 1백여 명의 학생들이 데모를 하다 공수들에게 밀려 도망가고 있었다. 뒤쫓아 간 공수들이 30~40명의 시민, 학생을 동구청과 관광호텔 앞으로 붙잡아왔다. 공수들은 붙잡혀 온 시민, 학생의 옷을 벗게 한 후 팬티만 입힌 채 구타하고 머리를 땅에 처박게 했다. 한국은행 부근에서 공수 2명이 여학생을 끌고 왔다. 살려달라고 애원하자 공수들은 욕을 하며 더욱 거세게 발길질했다. 잠시 후 전남도 경찰국 '경비과장'이 그곳에 잡혀 있던 사람들을 모두 풀어줬다. 그것을 보고 득달같이 달려온 공수들은 경비과장을 동구청 뒷골목으로 끌고 갔다.

구례에서 벌목업에 종사하던 이00(1953년생, 남)은 시내버스를 타기 위해 충장로 방면으로 걸어가던 중 공수부대원들이 여학생 두 명의 머리채를 끌고 가는 것을 보고 이를 만류하다가 폭행을 당했다.

다음은 당시 이00의 말을 그대로 옮긴 것이다.

― 그 충장로가 큰길 거기 미처 못 와갖고 그 골목에서 공수부대원, 아 이 이놈들이 아이 그냥 그 여학생 둘을 그냥 머리채를 잡고 질질질 끌고 가고, 또 한 놈은 또 머스매를 남학생을 잡아갖고 막 그 곤봉으로 막 팬단 말이여. 아 이거이, 이것이 말이 아니라고, 그래 내가 그 군인보고, "야, 인마 너 군인이 아이 빨갱이를 지켜야지, 이 새끼야 아이 왜 광주 와갖고 시민을, 그리고 학생들

> 그 젊은 애들 왜 그렇게, 그 기집애들 뭔 힘 있다고, 너그들이 사람이냐 뭐이냐."

이날 이OO은 그 자리에서 정신을 차렸을 때는 전남대병원 응급실 복도였다. 여성과 노약자에 대한 폭행 상황은, 당시 광주시에서 작성한 다음 『상황보고』에도 잘 나타나 있다.

> ― 5월 17일 이전의 학생 가두시위에는 시민들이 냉담한 반응을 나타냈으나, 5월 18일에는 금남로 등 시내 중심가에서 학생으로 보이는 청년이나 여자를 마구 때리고 짓밟고 찌르는 등의 잔인한 행동을 시민들이 보고 놀라움을 금치 못하고 있음. 일부 시민들은 군인들이 경상도 사투리를 쓰기 때문에 경상도 사람들이 난동을 부린다고 격분하였고, 일부 부녀자는 내 자식도 어디 가서 저렇게 맞고 다닐 것이다, 하고 울면서 칼에 찔린 청년들을 노상에서 치료해 주려고 하였음(군인들이 방해). 특전대원들이 전라도 새끼들 씨를 말려버려야 한다면서 청년들을 폭행한다는 소문도 나돌고 있음. 거부장 옥상에서 구경하고 있던 시민들이 군인들에게 투석하자 군인들이 거부장에 들어와 거부장 음식점 종업원 3명을 연행함에 따라 일부 시민 등이 학생 편에 가담할 우려도 있음.*

---

* 광주시, 『상황보고』, 5·18민주화운동진상규명위원회, 「조사보고서, (직가-8) 5·18민주화운동 당시 공권력에 의한 민간인 상해사건 75쪽」 2024. 2. 29.

다음은 보험회사에 다니던 곽O(1954년생, 남)이 친구와 같이 영화를 보고 공용터미널에서 목격한 내용이다.

— 5월 18일, 그러니까 공수부대가 처음 진압을 시작한 날로 기억합니다. 내가 공용터미널 부근에서 시위하는 사람들을 보고 있었는데, 시위대 일부는 공수부대가 몰려오자 터미널 안으로 피신을 했습니다. 그때 어떤 학생이 공수부대의 진압을 피하여 터미널 안으로 뛰어 들어왔는데 나는 그 학생이 남자인줄 알았습니다.

— 공수부대가 그 사람을 쫓아 공용터미널 안으로 몰려와서는 그 학생을 몽둥이로 때리자 그 학생이 팍 꼬꾸라졌습니다. 그 순간 나는 그 학생이 여자라는 것을 알았습니다. 학생이 쓰러지자 터미널 안이 조용해졌습니다. 순간 50대 정도 되는 아주머니가 공수부대원을 가로막고 나서면서 때리지 말라고 했습니다. 하지만 공수부대원은 아주머니에게 욕지거리를 하면서 M16에 착검을 한 상태에서 대검으로 그 아주머니 상의 단추가 있는 부분을 따버렸습니다.

그러자 아주머니의 브래지어가 보였고, 그 공수부대원이 다시 그 아주머니의 브래지어에 후크 부분에 대검을 대더니 위로 치켜 들자 브래지어 끈이 끊어져 버려 가슴이 노출되었습니다. 아주머니는 황급히 두 손으로 상체를 감쌌고, 나는 괜히 공수부대에게 피해를 입을까봐 공용터미널 밖으로 나가버렸습니다. 그러므로

> 그 학생이 이후 어떻게 되었는지는 알지 못합니다. 그런데 그것이 소문이 나서 여학생의 젖가슴을 대검으로 도려냈다는 것으로 와전되지 않았나 하고 저는 생각합니다.*

또 다른 다음 글은 광진교통 승무원 최OO(1956년생, 남)도 5월 18일 오후 4시경 공용터미널에서 목격한 내용이다.

> ─ 그때 여대생으로나 보이는 학생이 요러고 그거 맞고 있었어요, 곤봉으로. 요놈(공수부대원)이 이제 곤봉으로, 그때는 옷을 좀 얇은 옷을 입었었거든요, 사람들이. 긍게 요러고 뒤에서 요렇게 딱 (옷 뒷덜미를) 잡아서 딱 치니까 요 옷이 (등 부위가) 쫙 찢어불더라고요, 여기를. 긍게 이제 브라자 끈이 보일 거 아니에요? 긍게 그 끈을 곤봉으로 (피부와 끈 사이에 넣고) 해갖고 딱 틀어버리니까 떨어질 거 아니에요? 그래서 탁 떨어지니까 그 여자 아가씨가 요러고 (가슴을 감싸면서) 잡더라고요. 긍게 다른 분이 한 분이 얼른 자기 마이 입었던 것을 가져와서 덮어줬어요. 긍게 그랬다고 그거를 때리더라고요.**

계엄군들은 여대생을 보호하던 시민에게마저 폭행을 가했다. 당시

---

* 참고인 곽O 진술조서 8~9쪽(2021. 12. 15.), 5·18민주화운동진상규명위원회, 「조사보고서, (직가-8) 5·18민주화운동 당시 공권력에 의한 민간인 상해사건 75쪽」 2024. 2. 29.
** 참고인 최OO 진술녹취록 11~12쪽, 진술녹화영상 15:10 (2021. 11. 25), 5·18민주화운동진상규명위원회, 「조사보고서, (직가-8) 5·18민주화운동 당시 공권력에 의한 민간인 상해사건 76쪽」 2024. 2. 29.

33대대 7지역대 정보하사관 박00은 당시의 참혹함을 다음과 같이 증언했다.*

> ― 지금도 내가 참! 그런 게 한 분이 나이가 지금 내 나이쯤 됐는가, 하여튼 70 가까이 됐는데. 틀이 참 대학교수 폼으로 흰머리가 나 가지고, 자기 딸하고 딱 손을 잡고, 손을 잡고 있었어. 왜냐? 한 여자를, 그 여자가 공수부대 애들이 옷을 벗기니까. 이 젖가슴을 내가 다 봤어, 젖가슴을. 젖가슴을. 아이! 하얀 젖가슴 보고 막 그 팬티, 옷에 보니까 이제 팬티가 이래 있는데. 하~특수부대 애들도 이제 아까 짐승같이 도사견 같댔잖아요? 거기에 어떤 희열 같은 거. 어? 희열 같은 게 이게 정신분석학적으로 보면 약간 또라이가 되는 증세라. 힘없는 사람을 희롱했을 때 그 희열 같은 거 이런 거.

■ 공수부대 추가 투입

전두환 등 반란군부세력들은 오후 1시부터 2시간 30분 동안 계엄사령관 주재로 오찬 회의를 열고, 광주에 추가로 공수부대 투입을 결정했다. 회의 참석자는 전두환, 노태우, 이희성, 황영시, 정호용 등 반란군부 핵심 인물들과 유병현 합참의장, 해군 및 공군 참모총장 등이었다. 다른 지역은 조용한데 광주에서만 학생들이 반발하고 있으며, 시

---

* 참고인 박00 진술녹취록 30~31쪽(2022. 1. 12), 5·18민주화운동진상규명위원회, 「조사보고서, (직가-8) 5·18민주화운동 당시 공권력에 의한 민간인 상해사건 76쪽」 2024. 2. 29.

위가 확산 조짐을 보인다는 보고가 있었다. 참석자들은 부마사태 경험으로 미루어 '조기 진압'이 필요하다고 입을 모았다. 이 자리에서 광주에 즉각 공수부대를 더 투입하기로 결정했다. 이희성 계엄사령관은 식사 도중 김재명 작전참모부장에게 1개 공수여단의 증파를 곧바로 지시했다. 오후 2시, 김재명은 특전사령관 정호용에게 어느 부대를 보내면 좋겠냐고 물었다. 정호용은 11공수여단(여단장 최웅)을 광주로 보내라고 지명해줬다. 김재명은 11공수여단의 광주 이동을 육본작전명령 19-80호로 시달했다. 광주에서 7공수여단이 시내에 투입된 시각은 오후 4시경이었다.

11공수여단 최웅 여단장과 61대대 260여 명은 대대장 안OO 중령과 함께 선발대로 오후 4시30분경 성남비행장에서 광주행 군용비행기를 탔다. 61대대 잔류 병력과 62, 63대대 병력은 오후 5시 청량리역에서 열차를 타고 광주로 향했다. 오후 5시50분 광주공항에 도착한 11여단 61대대 선발대는 숙영지 조선대로 이동하였다. 아직 어두워지지 않은 광주 시내 중심가를 위협적인 무력 시위를 하며 통과했다. 7공수의 진압 작전이 한판 쓸고 간 뒤였다. 공수대원을 바라보는 시민들의 눈초리는 싸늘했고, 공포에 질려 있었다.

#5월 19일, 분노한 시민들이 들고 일어나다

■ 공수부대의 인간 사냥

　공수부대의 충격적인 진압 장면을 목격한 시민들은 공포에 떨며 제대로 잠들 수 없었다. 고도로 훈련된 진압군은 야음을 틈타 공격 준비를 더욱 강화했다. 제11공수여단 7백98명(장교102/사병696)은 19일 새벽 2시10분 조선대에 도착하였다. 첫날 금남로를 핏빛으로 물들였던 7공수 35대대는 11공수여단의 작전통제 아래로 들어갔고, 31사단 병력도 재편성되었다.

　오전 9시, 조선대 학군단 사무실에 최웅 여단장이 나타나자 11공수 대대장들 3명이 모두 모였다. 여단장은 대대별로 작전지역을 알려주고 시위진압에 나서는 부하들을 격려했다. 최웅 여단장 자신은 상무대 전교사 사령부에 상주하면서 조선대까지 헬기로 왕래하며 작전을 지휘했다.

　오전 9시50분, 사단 예비대로 편성된 제7공수여단 제33대대(59/253, 차량 15대)도 진압작전에 투입됐다. 그리고 11여단에 이어 또다시 1개 공수특전여단을 더 증원해 주도록 사령부에 요청하였다. 이날 아침 아직 시위가 시작도 되기 전인데 공수부대의 추가 증파를 요청한 것이다.

　시민들은 날이 밝자 시내 상황이 어떻게 되어 가는지 궁금해 밖으로 몰려나오기 시작했다. 학생이나 젊은이가 있는 집안에서는 걱정이 태산 같았다. 어제 밤 집에 돌아오지 않은 학생들의 부모들은 밤새 잠을 이룰 수가 없었다. 아직 별 탈이 없는 집안에서도 부모들은 공수부대의 무차별적인 살육을 피하여 시골로 피신할 것을 강하게 권했다. 상당수의 학생들은 시골로 떠나기도 했고, 아직 광주에 남아 있는 사람들은 온 가족이 붙잡고 밖에 나가지 못하게 말렸다.

골목마다 서로 모르는 사람들끼리 어제의 충격을 되살리면서 이야기가 꼬리를 물고 번져 나갔다. 사람들은 서로 분노에 공감하기 시작했다. 시민들은 그냥 이러고 있을 게 아니라 시내로 나가 어떻게 돌아가는지 살펴보자고 하며 금남로를 향하여 사방에서 몰려들기 시작했다.

오전 10시가 되자 금남로에 빽빽이 모여든 군중은 3천~4천 명으로 불어났다. 시민들은 침묵으로 군경의 저지선을 노려보고 있었다. 사람들이 모여들수록 시민들의 심리적 연대감은 강해지고 있었다. 어제와 달리 청년 학생들보다는 자유업에 종사하는 소상인들, 가게 종업원들, 주민들, 부녀자 등이 훨씬 더 많았다. 수천 명으로 불어난 시민들을 보고 있던 군과 경찰은 확성기와 군 헬기를 동원하여 해산을 종용했다. 누구 하나 해산하려는 기미는 보이지 않았으며, 시민들은 공중에 떠서 돌아다니는 헬기를 향해 주먹다짐과 욕설을 퍼부었다.

공수부대와 첫 충돌은 충장로파출소 앞에서 시작됐다. 새벽에 배치된 11공수 61대대 경계 지역이었다. 오전 10시40분부터 경찰은 적극적으로 군중을 해산시키기 위해 최루탄을 쏘기 시작했다. 여기에 맞서 시민들의 투석이 시작되었다. 시민들은 최루탄 가스가 자욱해지면 부근 골목의 주택가나 상가에 숨었다가 잠시 후 다시 몰려들기를 거듭했다. 시민들이 시위대로 변하면서 차츰 격렬해지고 있었다. 도로변의 대형 화분을 넘어뜨리고, 보도블록을 깨서 던졌다. 교통 철책과 공중전화 박스 등 닥치는 대로 바리케이드를 치고 싸우기 시작했다. 시위대 가운데 섞여 있던 학생 청년들은 「애국가」 「정의가」 「우리의 소원은 통일」 등의 노래를 불렀고 시위 양상은 차츰 격렬하게 바뀌어 갔다.

경찰과 시민의 충돌이 시작된 지 30분쯤 지나자 11여단 61, 62, 63대대가 금남로의 양쪽 끝에서 시위 군중을 포위, 압축하기 시작했다. 공수부대의 진압은 어제보다 더 공격적이었다. 공수대원들은 돌멩이가 날아와도 피하지 않고 그대로 맞으면서 돌진했다. 곤봉과 총 개머리판, 대검으로 때리고 휘두르고 찌르면서 시위대의 중심부로 파고든 공수부대는 그들의 군복마저 피로 벌겋게 물들였다. 시민들은 수많은 희생자를 도로 위에 남겨 놓은 채 뿔뿔이 흩어졌다 다시 모여들곤 하였다. 시위대는 골목으로 숨어들었고, 일반 주택가나 다방, 사무실, 상점 등지로 피신했다. 살육은 어제와 마찬가지 양상으로 되풀이되었다. 공수대원은 집에 들이닥쳐 젊은 사람이면 남녀를 불문하고 곤봉으로 난타하고 길바닥으로 질질 끌고 나왔다.

공수대원은 3~4명이 1조가 되어 주변 건물들을 이 잡듯이 뒤졌다. 길가로 끌려 나온 시위대의 포로들은 사람들이 보는 앞에서 발가벗겨졌다. 군대 유격훈련장처럼 가혹한 기합이 이어졌다. 팬티만 입힌 채 알몸으로 화염병 조각과 돌조각이 널려 있는 거리 한복판에서 손을 뒤로 묶인 채 엎드려서 아랫배로만 기어가게 하는 올챙이 포복과 통닭구이, 원산폭격 등 잔인한 방법으로 괴롭혔다. 여자들이 붙잡혀오면 겉옷은 물론 속옷까지 북북 찢고 군홧발로 차며, 머리카락을 휘어잡아 머리를 벽에 쿵쿵 소리가 나도록 찧었다. 그러다 군용 차량이 오면 쓰레기처럼 체포된 사람들을 던져 올렸다. 마치 살육을 즐기는 것 같았다. 성한 포로들은 원산폭격을 시켜 놓고 교대로 트럭에 올라가 두들겨 패다 내려가곤 했다. 폭력 테러가 아니라 생지옥 풍경이었다.

19일 10시경, 금남로 3가에서 시위하던 청년이 공수대원에게 쫓겨 가톨릭센터 건물 뒤쪽 미도장여관으로 도망쳐 들어갔다. 청년이 들어오자 지배인 조건수(27세)는 재빨리 셔터를 내렸다. 그러나 뒤쫓던

★ 계엄군과 시민군중의 충돌지역

1개 소대 병력의 공수들이 셔터 아래 틈을 밀치고 뛰어들어 지배인과 경리주임 손병섭(23세)을 구타한 뒤 거칠게 끌고 갔다. 직원 장익수(23세)가 도망쳐 들어온 청년을 201호 욕실에 데리고 들어가 함께 숨었다. 공수들은 각 층의 객실을 뒤지고 다니다 201호 문을 부수고 들어가 숨어 있던 청년과 장익수를 피가 질질 흐르도록 두들겨 패서 끌고 갔다. 공수대원들은 지하 보일러실에 숨어 있던 보일러공 박필호(20세)까지 대검을 들이대면서 막무가내로 두들겨 팼다. 심지어 지역대장 소령이 들어와서 종업원들을 무릎을 꿇리고 군홧발로 얼굴을 걷어찼다. 눈 뜨고 볼 수 없는 광경이었다. 곧이어 객실을 수색하여 젊은 사람들과 신혼여행 온 젊은 부부까지 무자비하게 구타했다. 사람들을 팬티만 남긴 채 옷을 모두 벗기고 혁대로 손을 묶고 금남로로 끌고 갔다. 금남로 한가운데 30~40명씩 집합시킨 후 트럭 뒤에 2열 종대로 올라타게 했다. 손이 뒤로 묶인 상태에서 차량에 올라가기 어려웠다. 뒤에서 다른 연행자가 머리를 들어서 밀어 올리고, 그 위로 다음 연행자를 짐짝처럼 차곡차곡 쟁였다.

오전 10시 경, YWCA 1층 신협에는 김영철(32세), 박용준(24세) 등 여러 명의 직원들이 있었고, 2층 양서협동조합에는 직원 황일봉(23세) 등이 출근해 있었다. 금남로에서 시위하던 청년학생들이 공수부대에 쫓겨 YWCA 앞길을 거쳐 전남여고 방향으로 내려갔다. 공수부대 군인들이 시위대원을 찾기 위하여 신협 사무실로 들이닥쳤다. 젊은 사람인 박용준을 연행하려고 하자 직원 신분증을 제시하자 대학생이 아니라는 것을 확인하고, 2층에 올라가 양서조합 직원 황일봉을 구타하면서 1층 현관 앞까지 끌고 내려와 진압봉으로 내리치려고 했다. 그때 유리창 너머로 이를 지켜보던 맞은 편 5층 건물 무등고시학원에서 공무원 시험공부를 하던 청년들이 '때리지 마!'라고 소리를 질렀다. 공수들이 무등고시학원 5층까지 뛰어 올라갔다. 공부를 하고 있던 정방남(18세)은 엉겁결에 몽둥이와 개머리판으로 두들겨 맞는 수난을 당했다. 밖에 있던 40여 명의 공수들은 무등고시학원의 셔터문을 내려서 사람이 겨우 빠져나갈 수 있을 정도만 올려놓은 상태에서 5층에서부터 학원생들을 기어 나오게 했다. 나오는 즉시 진압봉으로 머리, 어깨, 허리 등 온몸을 사정없이 두들겨 팼다. 공수들은 쓰러진 학원생들을 군용 트럭에

진압봉으로 후려치는 공수부대. "피를 흘리며 비칠비칠하고 금남로 쪽으로 들어오다가 몇 발짝 움직이다 풀썩 주저앉고 피를 흘리는데, 빨리 응급조치를 취해야 하는데, 군인들은 그냥 내버려 두고 나도 어떻게 하지 못하고…" (윤공희 대주교 증언, 「5·18의 기억과 역사 5-천주교 편」, 2013.) (1980. 5. 19. 사진 나경택)

신고 상무대로 데려갔다. 정방남은 그때 입은 부상 '소뇌변상 및 척추변상'으로 시름시름 앓다가 비쩍 말라진 상태에서 1994년 1월 6일 사망했다.

이 모습을 맞은 편 건물에서 지켜보던 YWCA신협 직원 박용준은 온몸을 부르르 떨며 소리쳤다.

"이 개만도 못한 놈들, 총만 있다면 모두 쏘아 죽여 버려야 해!"

박용준은 그때부터 시위에 가담하였고, 5월 27일 새벽, 계엄군의 최후 진압작전에 총을 들고 맞섰지만, 결국 그때 자신의 직장 YWCA신협 건물 안에서 진압군의 총에 맞아 사망했다. 김영철 역시 도청에 들어가 항쟁지도부 기획실장을 맡았고, 김영철은 도청을 사수하다 27일 새벽 체포됐다.

곳곳에서 부상자가 속출하자 택시기사들은 자진하여 부상자들을 병원으로 운반했다. 만약 공수대가 이런 광경을 목격하거나 택시에 실려 병원으로 가는 부상자를 발견하면, 부상자를 다시 끌어내려 곤봉으로 난타하고 운전사까지 사정없이 구타했다. 부상자 운반을 돕던 경찰에게까지 곤봉을 휘둘렀다. 공수부대 대대장인 모 중령은 부상 시민의 수송을 지휘하던 안수택 전남도경 작전과장에게 '부상 폭도를 빼돌리거나 시위 학생을 피신시키면 너희들도 동조자로 취급하겠다'면서 폭언을 퍼부었다. 공수대의 잔인한 만행을 지켜보던 진압경찰의 간부 한 사람은 충장로 주변 골목길에서 서성이는 시민들에게 '제발 집으로 돌아가라, 공수부대에게 걸리면 다 죽는다'면서 울먹였다.

점심 때쯤 시내는 텅 비워진 채 침통한 정적이 내려앉았다. 금남로는 교통이 완전히 차단되었고, 도청 앞은 다시 기동경찰이 바리케이드를 치고 경계에 들어갔다. 한바탕의 살육이 태풍처럼 휩쓸고 지나간 뒤 군 병력이 시내 주요 지점을 지키는 가운데 거리에서는 외신기자들과 외국 TV 카메라맨들이 뛰어다니는 것만 보일 뿐이었다. 18일 시위를 대학생들이 주도하였다면, 19일 오전 상황은 연행된 사람들 중 일반시민이 절반에 이를 정도였다. 그만큼 시민들의 분노가 커져 갔다.

19일 오전, 조선대 운동장에 진주한 공수부대에게 식수를 공급하기 위해 배관공사를 하던 배관공 황강주(20세)는 군용트럭이 쉴 새 없이 청년들 30~40명씩을 가득 싣고 운동장으로 들어오는 것을 목격했다. 공수부대는 트럭에 있던 청년들을 끌어내린 후 낮은 포복으로 운동장을 몇 바퀴씩 돌리고 무자비한 구타를 한 후 체육관으로 끌고 갔다. 그날 그가 확인한 것만 해도 여덟 차례나 되었다.

■ 시민들, 시위에 합세

오후 3시경, 시외버스 공용터미널 앞, 운집한 시민들이 소방서 부근에 진을 치고 있던 공수들에게 돌을 던졌다. 공수들이 달려오면서 공중을 향해 화염방사기를 쏘자 엄청난 가스가 뿜어져 나왔다. 소방서 뒤쪽에는 장갑차 한 대가 세워져 있었고, 주변에 공수부대와 시민들이 대치하고 있었다. 시민들이 욕설을 퍼붓고 야유를 보내도 반응을 보이지 않던 공수들의 태도가 갑자기 돌변했다. 최루탄을 쏘며 시민들을 무작위로 체포하기 시작했다. 사람들은 주변 민가로 몸을 숨겼다. 잠시 후 그곳으로 들이닥친 공수들에게 구타당하고 트럭에 실려 조선대를 거쳐 상무대로 실려 갔다.

일부 시위대열은 금남로에서 공수부대에 밀려 중앙국민학교 후문으로 밀려간 뒤 화염병을 던지면서 MBC 부근에까지 이르렀다. 시위대는 MBC방송국 안으로 들어가 유리창과 기물을 부수고, 차고에서 취재차 2대와 또 다른 승용차를 포함하여 8대를 끌어내 불을 질렀다. 광주의 엄청난 학살 사태―(광주에 언론은 없었다)―를 철저하게 외면하고 있는 데 대한 응징의 표시였다.

오후 4시15분, 장동로터리 전신전화국에서 중앙로 김정형외과 앞 사거리까지 시민들이 3천여 명으로 늘어나자 공수부대가 몰려왔다. 오후 4시20분 조선대 정문에서도 시민 1천여 명이 몰려들었다. 오후 4시30분 유동삼거리에는 경찰이 5겹 방어벽을 만들어 금남로 쪽으로 사람들이 들어가지 못하도록 도로를 차단했다. 북동사무소 앞에는 공수대원 3백여 명이 가택을 수색하며 젊은 사람들을 붙잡아 구타하고 연행하였다.

오후 4시30분, 공용버스터미널 위쪽의 소방서 사거리에서 어떤 여성이 확성기로 외쳤다.

"나는 공산당도 아닙니다. 난동자도 아닙니다. 단지 선량한 광주시민의 한 사람일 뿐입니다. 아무 죄 없이 우리 학생, 시민들이 죽어가는 것을 더 이상 바라보고 있을 수만은 없습니다. 우리 모두 나섭시다. 학생들을 살립시다. 계엄군을 물리치고 우리 스스로 광주를 지킵시다."

삽시간에 그녀 주위로 시민들이 몰려들었다. 수천 명으로 불어난 시위대열은 시내 진출을 기도했다. 그 시각 공용터미널과 가까운 소방서 부근에 11공수 병력이 장갑차를 몰고 출현했다. 1천여 명의 군중이 집결하여 공중전화 박스와 가드레일을 부수어 공용터미널 후문 소방서 방향으로 바리케이드를 쳤다. 청년 7~8명이 넘어진 공중전화 박스를 엄폐물로 삼아서 밀며 앞으로 나아갔다. 공수부대와의 거리가 50여 미터로 좁혀졌을 때 일제히 돌을 던졌다. 계엄군 뒤쪽에서 대기하고 있던 장갑차가 갑자기 정면으로 뛰쳐나와 바리케이드를 부숴 버리고 길 한복판의 시민들을 양쪽으로 갈라놓았다.

시위대가 3천여 명으로 늘어났다. 공수부대를 실은 군용트럭 10여 대가 들이닥쳤다. 시위대의 후면 공용터미널 로터리 부근을 강타하기 시작했다. 1개 소대 혹은 중대 규모로 열을 지어 전진하던 공수대원들은 방독면을 쓴 채 최루탄을 수없이 쏘아댔다. 시위대는 주변 골목으로 흩어지기도 하고, 바로 옆 공용터미널 빌딩 3층 옥상에 올라가 돌을 던졌다. 붙잡힌 학생들과 청년 15명 정도가 로터리 한가운데서 머리를 땅에 처박은 채 줄지어 엎드려 있었는데, 그 중 고등학생 하나가 갑자기 벌떡 일어나더니 북동 청과물 공판장 쪽 골목으로 혼신을 다해 달아났다. 시민들은 박수를 치며 환호했다. 3명의 공수대원이 곤봉을 휘두르며 달려오자 시민들이 일시에 와락 달려들었다. 공수대원들은 혼비백산하여 다시 쫓겨 갔다. (→ p.102)

다음은 「광주시 상황보고」, 「광주시 5·18사태 상황 및 조치 사항」, 「광주시 동구청 상황일지」, 「광주시 동구청 5·18사태일지」 등의 문건에서 발췌한 내용이다.

광주시 5·18사태 상황 및 조치 사항
(5.19. 광주시내 상황보고 내용)

시각	장소	주요 상황 보고 내용
10:00	금남로	무장군인 5명이 학생을 잡아 구타하려 하자 인도에 운집해있던 시민이 1,000여 명이 야유하자 구타 중지
10:25	상공회의소	미국CBS 기자 3명이 촬영기 마이크 휴대하고 상공회의소 옥상으로 올라갔음. 취재(촬영)
10:30	가톨릭센터	카톨릭센터 앞에 무장군인 20여 명 배치, 시민들 흥분. 야유
10:48	동구청, 광주은행	무장군인 약 25명이 동구청 앞, 광주은행 앞에 있는 시민들을 해산시키고자 곤봉으로 무차별 구타로 달려 도망 다님
10:50	충금지하상가	충금지하상가에서 시민, 학생 200~300명이 무장 공수부대와 투석전 대치
10:52	조선대학교	군 트럭 1대가 학생들을 연행하여 조대로 가면서 차내에서 구타하고 있음
10:55	충금지하상가	시민과 학생 400여 명이 합세. 충금지하상가 바리케이트에 불 지르고 밀면서 도청 쪽으로 향하다 경찰 및 군인과 대치, 공수부대가 무차별 구타 해산시키고 있음
10:57		상공에 헬리곱터 비행 순찰 중
10:59	금남로, 한일은행	금남로가 한일은행 앞에서 공수부대와 학생, 시민 대치(숫자 미상)
11:00	가톨릭센터	탱크 2대, 군용차 15대, 카톨릭센터 앞 배치, 군용차량 1대에 학생·시민 반죽음 싣고 감.
11:00	금남로	금남로 통은 쫓고 쫓기며 현재 금남로 통에는 사람이 별로 없음. 공수부대들이 곤봉으로 때리므로 시민들 없음
11:00	금남로	무장군인 소위가 시민들 돌에 의해 얼굴에 부상, 시민들 무차별 난타로 부상 부지기수
11:15	충금지하상가	일반시민 15명 정도를 충금지하상가 쪽 각처에서 팬티만 입히고 관광호텔 앞에 있으며 등, 어깨, 다리는 곤봉 및 워카발 태죽이 보이며 빨갛게 되었음. 팬티만 착용. 무차별 난타로 살이 빨갛게 되었음

시각	장소	주요 상황 보고 내용
11:25	동구청	무장군인 7~8명이 동구청 민원실에 침입. 민원인 청년 2명을 잡아 구청 빈소 앞에서 무수히 구타한 후 연행해 감 ※민원인 불안감 고조
11:34	동구청	동구청 앞 도로에 머리 길고 젊은 사람은 잡혀 오고 있으며, 허리띠를 빼서 차창 옆에 던지고, 엎드리게 하고 두 손으로 곤봉을 잡아 전부 때리고 있고, 뒹굴게 하여 동작이 늦으면 곤봉으로 무차별 때림. 1차 5분여 동안 기합이 끝나면 무릎을 꿇고 머리를 땅에 대고 곤은 허리에 올려 두 손을 잡게 하여 잘못하면 군홧발로 등을 차고 있으며 일부 시민은 머리에서 피를 흘려 윗옷이 빨갛게 되어 있음. 20명 이상이 되면 군 트럭 및 경찰 미니차(녹색)로 싣고 가고 있음 (숫자 미상)
11:45	한미제과	〈시민전화〉 한미제과 앞 4거리 무장한 군인들이 청년 10여 명을 구타하여 끌고 다니고 있음. 시장님 중재 요망.
11:55	조흥은행	〈시민전화〉 한일은행 앞 4거리, 무장군인들이 학생 32명을 집단구타 연행하여 갔음
12:30	조선대학교	공수부대 탱크 및 차량 조선대학교으로 철수하고 경찰이 도청 앞 3겹으로 인도 차도에 앉아 있음
13:10	제일은행, 한미제과	〈시민전화〉 키가 조그마한 가정부인 옷을 벗기고 때리고 있다. 젊은 사람만 지나가면 무조건 구타한다. 이러다간 광주시민이 다 들고 일어날 것이다. 무슨 조치든 취해야 할 것 아니냐? 〈시민전화〉 한미제과 4거리 청년 10여 명을 물을 끼얹으면서 구타
14:25	대동고교	대동고등학교 학생 전원이 데모 준비, 경찰 150명이 포위
14:25	가톨릭센터, 광주은행	시민과 학생 7~800여 명이 금남로 가톨릭센터와 동구청 도로변 유리창 파손하고, 광주은행 앞 대형 철제 아치를 파손시키고 드럼통에 기름을 부어 노상에서 방화, 특전부대원을 투입 시민해산 조치, 금남로 제일은행 앞에 남학생 1명이 사망 노상에 방치되어 있음
14:30		학생 2,000여 명이 각목 등을 들고 시위(도청 쪽으로 밀리고 있음)
14:40	동구청	광주시민 3,000여 명 군중 데모 중, 드럼통 1개를 점화(구청, 카톨릭센터 유리창 파손)
15:00	가톨릭센터	시민들이 카톨릭센터 6~7층을 완전점령하여 유리창을 파손하였으며 동구청 앞 자가용 1대에 방화
15:14	조선대학교	조대에서 전차 1대, 장갑차 1대, 트럭 22대에 병력을 싣고 도청 쪽으로 내려옴
15:25	제일은행	제일은행 앞 남 대학생으로 보임. 사망 1명
15:25	조선대학교	조대에 대기 중인 수많은 군인(공수부대)을 투입. 시민을 해산시키고 있으며 금남로 제일은행 앞에 남학생 1명이 사망. 노상에 방치돼 있음

시각	장소	주요 상황 보고 내용
15:25	MBC	MBC 앞에서 픽업 1대, 승용차 2대가 불에 탐
15:37	금남로	금남로 1가~5가에는 공수부대만 있고 시민들은 보이지 않고 있음
15:45	한일은행, 중앙극장	시민들이 한일은행 앞과 중앙극장 앞에 바리케이트를 쳐놓고있으며, 현대극장 쪽에서 계엄군 1개 중대, 유동 쪽에서 1개 중대가 금남로 쪽으로 밀고 올라오다 충금지하상가에서 시민과 충돌
15:50	가톨릭센터	가톨릭센터에서 CBS 보도부 차장과 미국인 1명이 부상당한 남자를 단가(들 것)에 싣고 관광호텔 쪽으로 갔음
15:56	대인시장	시민 학생들 각처로 분산. 전남여고 앞, 대림시장 및 대인시장 쪽에서 데모 중
16:05	부동교	부동교 옆에서 군인 1명이 학생을 쫓다가 놓치고, 인근 시민들에게 붙잡혀 구타를 당함. 적십자병원 입원 중
16:15	충장로	충장로 2가, 3가에 시민 약 300명 집결
16:30	유동삼거리	유동삼거리에 경찰 약 50명이 5겹으로 경계 배치, 금남로 교통 차단시킴. 북동사무소 앞에서 계엄군 300명이 가택수색 학생 구타
16:35	광주소방서	광주소방서 앞 네거리에 학생 400여 명 농성 중(바리케이트 치고 있음)
16:40	도청	31사단 11경비대대 병력 배치(11/300). 도청. 노동청. 전신전화국
16:47	광주고교, 대인시장	대인시장 입구에서 광주고 쪽으로 학생, 시민들 쫓기고 있음
16:50	계림동, 북동 삼화약국	광주고등학교와 계림파출소 간 동원빌딩 앞에 고장난 장갑차 1대에 학생 150명이 접근을 시도하자 장갑차에서 발포하여 시민 3명이 중상 병원 후송 신원미상의 남자 1명이 북동 삼화약국 앞에서 공수부대원에게 구타를 당하여 기절해 있으나 생사여부 파악 곤란
17:15	금남로	금남로에서 해산당한 일부 시민과 학생들이 시내 곳곳에서 산발적으로 군경과 대치하고 있으며 소방차 10대 중 4대를 파출소에 1대씩 분산 조치함
17:30	광주기술 공과학원	광주일고 앞 광주기술공과학원에서 2층 유리창으로 내다보는 학원생, 교사, 사무원 등 40명을 계엄군 1개 소대가 연행함
18:30	광주공원	광주공원 입구 광장에 학생 8명을 팬티만 입혀 앉혀놓고 있음. 일명 원산폭격(머리를 땅에 박고 엉덩이는 들고)
19:40	고속터미널	플라스틱을 적재한 경상도 8톤 트럭을 운전기사들이 광주고속 앞에서 잡아 방화

시각	장소	주요 상황 보고 내용
20:20	실내체육관	특전대원들이 운동선수들을 귀가조치하고 10명이 수색을 하면서 유리창 5장을 파손. 숙직자가 항의하자 "죽기 싫으면 가만 있거라" 하면서 운동중인 역도선수 5~6명 중 2명을 연행해 감
20:25	북구청	시민, 학생 500여 명이 북구청사 도로변 유리창을 파괴하고 역 쪽에 있음
20:45	유동삼거리	시민 400여 명이 유동삼거리 선전탑을 불태우고 각종 차량의 헤드라이트를 끄게 한 후 꽃박스로 바리케이드를 설치하고 시위 중
21:10	양동파출소	약 200여 명의 학생들이 각목 및 돌을 가지고 양동파출소 습격 기물 및 유리창 파손
21:20	누문파출소	시민 50여 명이 누문동 파출소에 투석 후 기물 파손
21:30	임동파출소	시위군중 약 200여 명이 임동파출소에 방화 전소
21:50	북구청	북구청 앞에 시위군중이 함성을 지르자 전대 쪽에서 계엄군 약 1개 소대가 와 역 안으로 들어가 페퍼포크를 터뜨리고 있음. 북구청 앞 데모 대원에게도 페퍼포크 3개를 터뜨렸고, 데모대원 잠적
21:50	북구청	22:30까지 계엄군 약 3개 소대가 북구청 주변 골목과 고층빌딩의 옥상, 여관, 다방 등을 수색하고 있음

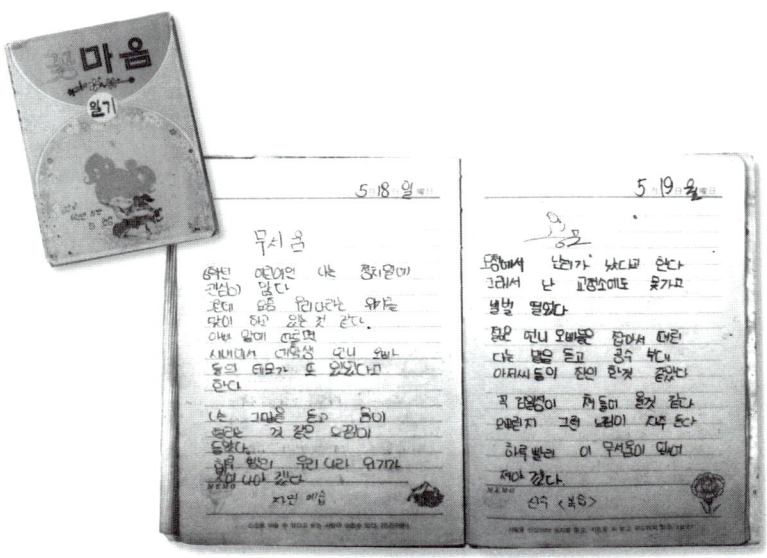

동산초등학교 6학년 김현경(김영택 동아일보 기자 딸)이 금남로에 있는 병원에 가다가 목격한 내용을 쓴 일기.

→ 지하도 속으로 쫓겨 갔던 시민들은 어두컴컴한 지하도 속에서 공수대원들에게 붙들려 진압봉으로 심하게 구타당했다. 부상자 가운데는 대검에 찔려 자상을 입은 사람도 있었다. 김인윤(남, 20세)은 19일 공용터미널 앞에서 착검한 공수에 쫓겨 터미널 안으로 피신했는데 공수가 유리창을 부수며 쫓아 들어와 대검으로 얼굴을 찌르고 개머리판으로 후두부를 구타했으며 이때 대검에 많은 사람이 다쳤다.

공용터미널 사무실까지 몰려 들어간 병사들은 여러 방을 뒤져 안내양의 머리채를 끌고 가는 등 20여분 동안에 진압이 완벽하게 마무리되었다. 이때부터 시외버스 발착이 광주역 앞에서 이루어지게 되었다. 터미널 로터리 부근에서 머리가 깨지고 팔이 부러져 온통 피범벅이 된 부상자를 급히 병원으로 운반하던 택시기사에게 공수대원이 부상자를 내려놓으라고 명령했다. '당신이 보다시피 지금 죽어 가는데 사람을 우선 병원으로 운반해야 되지 않겠느냐'고 호소했다. 공수대원은 차의 유리창을 부수고 운전기사를 끌어내려 개머리판과 진압봉으로 마구 내리쳤다.

운전기사 정영동은 청년 3명을 태우고 시외버스 공용터미널 앞을 지나는데 공수들이 달려들어 차를 세우고 끌어내려 무자비하게 구타했다. 군인들은 정영동에게 '이 자식도 데모하고 다니는 놈들을 실어다 주니 똑같은 놈이다'면서 곤봉으로 후려쳤다. 순간 정신을 잃었다. 깨어보니 시외버스 공용터미널 부근 병원이었다. 응급 치료를 받은 후 다시 공용터미널로 가 보았더니 군인들은 보이지 않고 운전기사들이 한

쪽에 모여 공수들의 만행을 이대로 보아 넘길 수 없으니 힘을 합쳐 시위를 하자고 했다. '내일 무등경기장에서 기사들이 모여 대대적으로 차량시위를 벌이기로 약속했으니 모두 참석하자'고 말했다. 시내 곳곳에서 택시와 버스 운전기사들이 당한 폭행사건들이 운전기사들의 분노를 폭발시켜 20일 오후 '차량 시위'의 직접적 계기가 되었다.

〈고등학생 최초 총격 부상〉

오후 4시50분, 계림동 광주고등학교 앞 도로에서 최초의 발포 상황이 발생했다. 조선대에서 출동한 장갑차가 위협 시위를 하면서 계림동 일대를 돌아다녔다. 시민들은 광주고와 계림파출소 사이 도로에 모여 있다가 돌을 던져 장갑차의 앞쪽 양 옆에 달린 감시경을 깨버렸다. 장갑차가 방향을 잃고 보도 블록 위로 올라서자 시동이 꺼져버렸고 시민들이 다가섰다. 군중 속에 있었던 위성삼(26세, 조선대 4년)이 짚단에다 불을 붙여 장갑차 뚜껑에 올려놓았다. 그때 장갑차 안에서 뚜껑을 열고 M16 총구가 나오더니 군인 한 명이 고개를 내밀며 공중에다 총을 두 발 쏘았다. 총소리에 놀라 순식간에 흩어졌다. 누군가 '공포탄'이라고 외치자 사람들이 다시 모여들었다. 그 순간 다시 총성이 울렸다. 고교생 한 명이 픽 쓰러졌다. 사람들이 순식간에 흩어져 골목에 찰싹 몸을 숨겼다. 잠시 후 장갑차 시동이 걸렸다. 공수들은 총을 겨눈 채 장갑차를 몰고 그곳을 빠져 나갔다. 쓰러진 학생은 김영찬(18세, 조대부고 3년)은 항쟁기간 중 최초의 총상환자로 기록되고 있다.

김영찬은 주위에 있던 시민들에 의해 부근 외과병원으로 옮겨 응급수술을 한 뒤 전남대병원으로 옮겨져 이틀 뒤인 21일에야 혼수상태에서 깨어났다. M16 총알이 복부 오른쪽을 관통하여 좌측 엉덩이로 빠져나간 중상을 입었다. 장 출혈이 심했고, 2미터 이상 장을 잘라냈으며, 5번 이상 수술을 받는 동안 20여 명으로부터 수혈을 받아 겨우 목숨을 보전할 수 있었다.

어두워지면서 시위대열은 고속버스터미널 부근으로 몰렸다. 시위대는 타오르기 시작한 트럭을 몰고 고속버스터미널 쪽으로 몰려가 정부의 선전 구호가 적힌 대형 아치를 불살랐다.

오후 8시20분에는 공수대원들이 광주실내체육관에서 운동 중인 역도 선수 5~6명 중 2명을 연행해갔다. 시내 곳곳에서 1백여 명 정도씩 분산된 시위대는 곡괭이, 삽, 몽둥이 등으로 무장하고 비가 오는데도 아랑곳하지 않고 통금시간인 9시가 훨씬 넘어서 자정에 이르기까지 시위를 계속했다.

19일 밤 시위 현장에서 체포된 숫자만 277명에 이를 만큼 격렬했다. 이날 시민 수십 명이 부상을 입었고, 부상자 가운데 최00(여, 19세) 등 5명은 대검 따위의 날카로운 물체에 찔려 '자상'을 입은 것으로 확인됐다.

〈대검에 찔리고 성추행까지〉

최00는 당시 광주시 동구 학동에 거주하는 학생이었다. 5월 20일 오후 남광주시장 인근의 언니 집에서 공부하고 학동 집으로 향하는 길에 시위대를 추격하는 계엄군에 덩달아 쫓겨 전대병원 방향으로 뛰어가다 막다른 골목길에 이르러 공수부대원 5명으로부터 폭행과 성추행을 당하면서 대검으로 찔렸다며 다음과 같이 증언했다.*

― 마음이 급해서 도망을 가다가 넘어졌는데 어깨랑 발이 너무 많이 아픈 거예요. 그러다 보니까 많이는 못 도망가고 다 인자 내 주위에는 아무도 없어, 어두컴컴하니까. 그리고 골목으로 들어갔죠. 그 당시 골목이 전남대학교 응급실하고 맞은편 대우병원 있었습니다. 그쪽 골목으로 들어갔어요.

― 막다른 골목길에 서서 있는 사람이 아저씨가 한 분이 계셨어요. 그 당시 그 아저씨는 마흔 살 초반인 것 같아요. 제가 봤을 때, 인자 지금에 와서 보니까. 그래서 (공수부대원) 5명이서 들어와가지고 아저씨야 나야 번갈아 가면서 막 때리더라고요. 근데 그 무서운 상황에 맞는지 조차도 몰라요. 어디가 아프단 소리도 '아! 아!' 해 싸면은 소리 지른다고 막 때리고, 끄댕이 잡고 나는 이제 여자니까 머리끄댕이 잡고 그 아저씬 머리가 별로 없더만요. 그래가지고 곤봉으로 막 내리친 것을 봤어요, 제가. 제 눈으로 아저씨 머리를 막 몇 대를 막 때리더라고요, 총으로.

― 아저씨 먼저 딱 쓰러지더만은 그분들(공수부대원)이 이제

---

* 참고인 최00 진술녹취록 3쪽(2022. 3. 15.), 5·18민주화운동진상규명위원회, 「조사보고서, (직가-8) 5·18민주화운동 당시 공권력에 의한 민간인 상해사건 89쪽」에서 재기술.

> 나를 공격을 하면서 나가대요. 5명이서. 나갔다가 다시 5명이 다 들어온 거예요. 그거는 일종의 성추행할라고 온 거예요 인자. 결론은 저한테. 지금인께 성추행이라는 말이 나오지. 난 아직까지 내뱉어본 적이 없어요. 작년 그 작년부터 인자 내가 그런 얘기를 좀 했어요. 나도 성추행당했는데, 왜냐면 5명이 다시 들어와가지고, 제 어깨를 양쪽으로 딱 잡더라고, 두 분이서 한 사람씩 한 사람이, 당시 계엄군들은 막다른 골목길에서 최OO와 성명 미상의 남성 1명을 폭행한 후 재차 최OO를 벽 쪽에 밀쳐 놓고 성추행을 한 후 양쪽 어깨 부위를 대검으로 찌르고는 "발로 차고 밀고" 가 버렸다.

특히 이날 밤 도청에서 북쪽 양동, 유동, 임동, 고속버스터미널, 광주역에 이르는 지역에서는 밤늦도록 치열하게 시위가 펼쳐졌다.

〈계엄군 추가 투입〉

오후 3시, 이희성 계엄사령관은 청와대에 광주사태 전반의 상황과 더불어 3공수여단의 추가 투입, 20사단 증파 등을 보고했다. 오후 6시, 계엄사령부는 3공수여단 5개 대대 1,392명을 광주에 더 증파한다는 지시를 전교사에 내려보냈다. 요청하지 않았지만 계엄사령부가 일방적으로 취한 조치였다.

밤 11시8분, 최세창 여단장이 이끄는 3공수여단은 서울을 출발하여 20일 아침 7시 광주역에 도착, 전남대에 도착했다. 7여단 2개 대대, 11여단 3개 대대와 더불어 3공수 5개 대대가 출동하자 광주시내에는 총 10개 대대 공수부대 병력이 투입된 것이다. 부마항쟁 때도 출동했던 3공수는 공수부대 가운데서도 최정예 부대로 꼽혔다.

이렇게 18일부터 21일까지 매일 새로운 부대들이 투입되었다. 18일에는 7공수여단 2개 대대 688명(84/604), 19일은 11여단 3개 대대 1200명(162/1,038), 20일은 3여단 5개 대대 1,392명(255/1,137)이 투입돼 공수부대만 3,280명(501/2,779)이 투입되었다. 21일에는 정규군인 20사단 4,766명(284/4,482)이 전차 등 중화기로 무장한 채 출동하면서 서울에서 광주에 투입한 병력은 총 8,046명(785/7,261)이고, 여기에다 향토부대 31사단과 전교사까지 3,629명(228/3,401)을 더하면 전체 병력은 11,675명(1,013/10,662)으로 광주시민 70명당 군인 한 명이 배당된 셈이었다.

이날 밤 11시40분, 2군사령부를 통해 전교사에 하달된 충정작전 지침은 '바둑판식' 분할 점령이라는 시위를 해산시키기보다는 퇴로를 차단하여 체포하는 데 중점을 둔 강경한 내용을 담고 있었다. 군복을 갖춘 정규부대가 아니라 민간 복장으로 시위대 속에 위장 침투하여 시위대 가운데서 주동자를 색출, 체포하는 역할을 담당하는 '편의대'를 운용한다는 내용도 있었다.

■ 최초의 사망자 2명 발생

광주에서 두 명의 사망자가 발생했다. 한 명은 계엄군의 구타에 의해, 또 한 명은 총상에 의해 사망했다.

5월 19일 10:30~11:00경, 청각장애자 김경철(남, 26세, 제화공)은 자신이 일하던 광주충장파출소 옆 2층 '코코양화점'에서 밖으로 나왔다가 금남로 3가 가톨릭센터 건너편 제일은행 인근 도로상에서 제11공수여단 62대대에 붙잡혀 진압봉과 군홧발로 머리와 온몸을 구타당했다. 광주경찰서로 연행된 김경철은 폭행으로 인한 뇌출혈로 인해 인근 적십자병원으로 옮겨졌으나 이미 숨진 상태였다. 김경철은 이날 밤 계엄당국에 의해 통합병원으로 이송되었다.

광주지방검찰청과 군 당국이 합동으로 작성한 김경철 시신 검시서에는 '후두부 찰과상 및 열상, 좌안상 검부열상, 우측 상지전박부 타박상, 좌견 갑부 관절부 타박상, 전경골부, 둔부 및 대퇴부 타박상'이라고 적혀 있다. 뒤통수가 깨지고, 왼쪽 눈알이 터지고, 오른쪽 팔과 왼쪽 어깨가 부서졌으며 엉덩이와 허벅지가 으깨졌다는 의미다. 사망진단서에는 후두부 타박상에 의한 뇌출혈이 직접 사인이었다. 당시 국군광주통합병원 원장으로 근무 중이던 김연균은 시신을 검안할 당시의 상황을 다음과 같이 증언했다.*

> ─ 김경철이라는 사람은, 우리한테 아니고 계엄군이 때려가지고 머리가 함몰 골절되고 갈비가 부러지고. 그래서 적십자병원에 들어갔는데, 적십자병원에서는 중환자로 잡았는데 바로 죽었나 봐요.

---

* 2024. 2.29. 김연균,「김연균 국군통합병원장 2차 구술」, 광주광역시의사회, 『5·18의료활동 2』(2018. 10. 10),77쪽, 5·18민주화운동진상규명위원회,「조사보고서, (직가-8) 5·18민주화운동 당시 공권력에 의한 민간인 상해사건 89쪽」에서 재기술.

― 19일 밤에 윤 장군이 저한테 전화를 했어요. '적십자병원에 죽은 사람이 있다는 말이 들어왔는데 직접 데리고 와서, 나보고 검시를 하고, 좀 보고해 주시오.' 그래서 우리 행정부장 이 중령이 데리고 가서요. 거기 갔어요. 그런데 이미 시체에요. 그런데 싣고 와갖고, 영안실 앞에다. 밤인데 19일 날 저녁에, 처음에는 몰랐어요. 어떻게 죽었는가는, 머리부터 다 보거든요. 머리를 본 게 쑥 꺼져요. 머리가 피도 흘려져 있는데 머리카락은. 깜짝 놀랬죠. 쑥 꺼져요.

― 완전히 두정골이 함몰되었어요. 그런게 뭘로 때려도 굉장히 무거운 곤봉이 아니고는 안 될 것 같아요.(…중략…)그래갖고 다 옷을 벗겨보니까, 이쪽에가 얼룩말처럼 한두 개가 자국이 있어요. 그런데 자세히 보니까 뚜걱뚜걱한 것이 갈비가 나갔죠. 놀래가지고 그대로 기록하고, 바로 사령관 대대장한테 갔어요. 저는 영내에서 계속 열흘간 잤으니까요. 가서 제가 그랬죠. '사령관님, 이거는 폭행치사'라고. 누가 때렸는지는 잘 모릅니다. 법령용어는 모릅니다마는 이거 완전히 살인입니다.

두 번째 사망자 김안부(남, 36세, 노동)는 5월 19일 오후 광주공원 근처에서 사망했고, 시신은 다음날 07:00경 인근 (구) 전남양조장 공터에서 발견되었다. 그동안 김안부의 사인은 구타에 의한 사망(타박사)으로 알려져 있었다. 그러나 김안부는 5·18민주화운동 기간 중 최초의 총상 사망자로 확인되었다.

5월 19일, 김안부의 부인은 저녁에 남편이 집에 들어오지 않았지만 통행금지 때문에 밖에 나갈 수 없었다. 그녀는 아침 일찍 남편을 찾아 나섰다가 술 배달하는 아저씨들이 광주공원에서 난리가 났다는 이야기를 듣고 혹시나 하는 생각에 그곳으로 달려갔다. 남편은 회색 티 한 벌에 비를 철철 맞은 채 잠자는 것마냥 눈을 뜨고 누워 있었다. 한이 맺혀서 눈을 감지 못하고 죽은 듯했다.

#5월 20일, 전면적인 시민항쟁으로 전환하다

　　20일 새벽 5시, 전교사는 헬기 500MD 3대를 계엄사령부에 요청하였다. 아침 7시, 서울 청량리역에서 새벽 1시20분에 출발한 제3공수여단 5개 대대가 광주역에 도착하였다. 최세창 3공수여단장과 대대장들은 광주역에 마중 나온 정웅 31사단장의 안내에 따라 차량을 이용하여 숙영지 전남대로 이동했다. 3공수가 들어오자 7공수 33대대는 전남대를 비워주고 조선대로 숙영지를 옮겼다. 3공수여단은 낮에는 금남로 일대에 배치됐다가 어두워지면서 시위가 치열해지자 전남대 입구, 광주역, 광주시청 등 광주의 서북부지역 시위진압을 담당토록 하였다. 11공수여단은 7공수여단 33대대를 추가 배속받아 광주 동부지역을 담당하도록 임무를 조정했다. 11공수 61대대는 금남로 2가 상업은행 부근, 62대대는 충장로 광주우체국 일대, 63대대는 금남로 3가 광주은행 일대, 그리고 7공수 33대대는 광주역에 배치하였다가 오후에 계림파출소 부근으로 이동시켰다.

　　18, 19일 이틀간의 공수부대의 잔인한 살상행위를 생생하게 목격한 시장 상인들은 '이 난리판에 무슨 장사냐'며 아예 장사를 집어치우고 시위에 참가하기 시작했다. 사람들은 광주고교 방면을 돌아 시민관 사거리로 나아갔다. 시위대열은 금남로에 도착하기도 전에 장갑차를 앞세우고 봉쇄하는 공수부대에 의하여 사방으로 흩어졌다.

오전 10시30분 경, 전날처럼 금남로에서는 공수들이 시민들을 잡아서 옷을 벗겨 때리고 기합 주는 모습이 여러 사람 눈에 목격됐다. 7공수여단 35대대는 한국은행 맞은 편 가톨릭센터 앞에 배치됐다. 금남로 3가 가톨릭센터 바로 앞에서 30명이 넘는 젊은 남녀가 팬티와 브래지어만 걸친 알몸으로 붙잡혀 무릎을 꿇린 채 손을 드는 군대식 기합을 받고 있었다. 여자는 10여 명쯤으로 신발은 굽 높은 하이힐이 많았다. 10여 명의 공수부대원들이 손에 방망이를 들고 갖가지 동작을 강제로 하게 했다. 여성들의 곤욕스러움은 눈 뜨고 볼 수가 없었다.

11시30분, 11공수 61대대가 광주우체국, 63대대가 광주은행, 35대대가 한일은행, 33대대가 계림파출소에 출동했다. 이날 오전 시위는 다소 소강상태를 유지했다. 공수부대 진압 태도 역시 다소 누그러진 모습이었다. 하지만 오후가 되면서 상황은 급변했다. 3공수여단 11대대는 황금동 주변, 12대대는 광주시청, 13대대는 광주일고, 15대대는 월산동과 누문동, 16대대는 광주역 로터리, 7공수여단 33대대는 계림파출소와 광주고, 35대대는 한일은행 주변, 11공수여단 61대대는 도청, 62대대는 광주우체국 주변, 63대대는 대인동 파출소 부근에 배치하였다. 3개 여단 10개 대대 공수부대 병력이 총동원돼 합동으로 진압 작전을 펼칠 준비를 마쳤다.

점심시간이 지나면서 시위는 금남로 외곽에서부터 시작됐다. 오후 2시40분, 동명동 부근에서 하교하던 중학생 3백여 명이 길거리에 늘어선 계엄군에게 돌을 던지며 대치하다 최루탄과 페퍼포그 세례를 받고 물러났다. 계림동 동문다리 일대에서도 중고생 2백여 명이 돌을 던지고 도망쳤다. 계림파출소 앞에서는 7백여 명의 시민이 군과 대치하는 등 곳곳에서 산발적인 충돌이 시작됐다.

오후 3시가 지나자 시민들은 변두리에서 다시 금남로로 몰려들기 시작했다. 오후 3시40분, 조흥은행 앞에 2백여 명의 시위대가 모이고, 3시55분, 금남로 4가에 또다시 수천 명의 군중이 집결하였다. 유치원에나 다닐법한 어린 꼬마의 손을 잡고 나온 할머니로부터 술집 여자로 보이는 아가씨들, 점원, 학생, 봉투를 든 회사원, 가정주부, 요식업소의 종업원 등 전 계층, 전 시민이 거리로 쏟아져 나왔다. 경찰의 최루탄이 터지기 시작했다. 시민들은 잠시 물러났다가 다시 몰려왔다. 몇 차례인가 이런 상황이 반복되면서 군중들 숫자는 수 만 명으로 불어나 인산인해가 되었다. 사람들 숫자가 많아지자 청년·학생들이 중심이 되어 금남로와 중앙로의 교차로와 지하상가 공사장 부근에 주저앉아 농성을 시작했다. 농성에 참여하는 사람이 점점 늘어났다. 시민들은 더 이상 피하거나 달아나려 하지 않았다. 지금까지 일방적인 우세를 보였던 공수부대는 점차 수세적인 입장으로 바뀌고 있었다. 청년·학생들이 앞에 나서서 농성을 이끌었다.

공수부대 지휘자는 농성중인 군중들을 향하여 집으로 돌아가라고 명령했다. 시위 군중들이 더욱 목청이 터져라 노래를 불렀다. 그러자 공수대원들이 벌떼처럼 몰려와서 무자비하게 진압봉을 휘둘렀다. 농성장은 일시에 피투성이가 되었고 군중은 어지럽게 흩어졌다. 공수부대가 소규모로 쪼개지면 오히려 군중들에게 역 포위되는 상황이 발생하면서부터 공수의 집요한 추격은 줄었다. 아니 더 이상 시위대를 추격할 수 없는 상황으로 바뀐 것이다. 소수의 공수대원이 추격하면 골목으로 쫓기다가도 시위대가 갑자기 돌아서서 정면으로 맞서는 일이 빈발했다. 비좁은 골목의 앞뒤에서 수많은 시위대에게 포위되면 공수대가 오히려 고립돼 공격을 당하는 처지로 변했다. 이렇게 되자 공수부대는 분산 배치된 병력을 대대 단위로 통합하여 대규모 시위대와 맞서는 대응방식으로 전환했다.

■ 밀물처럼 돌진하는 차량 시위

저녁 7시쯤, 갑자기 유동 쪽에서부터 수많은 차량이 일제히 헤드라이트를 켜고 경적을 울리면서 도청을 향해 돌진해 왔다. 맨 선두에는 짐을 가득 실은 대한통운 소속 12톤 대형트럭과 고속버스, 시외버스 11대가 잇달았고, 그 뒤로 2백여 대의 영업용 택시가 금남로를 가득 메운 채 따라왔다. 선두 트럭 위에는 20여 명의 청년들이 올라서서 태극기를 흔들었으며 버스 속에는 태극기를 든 청년, 각목을 든 아가씨들도 타고 있었다. 차량 행렬은 어마어마한 쓰나미처럼 밀려왔다. 응축되었던 민중적 투쟁 역량이 한꺼번에 분출되어 나왔다. 오후 내내 치열한 공방전에 지쳐 있던 금남로 시위 군중들에게 이 격랑은 새로운 힘이 되었다. 20일 저녁 대규모 차량시위는 강한 폭발력이 응축되어 5월 항쟁의 정점이었다.

20일 오후 2시경, 광주역 부근에 10여 대의 택시가 모여들었다. 택시 기사들은 시내 곳곳을 운행하면서 공수부대의 무자비한 만행을 누구보다도 많이 목격할 수 있었고, 그들 자신 역시 피해가 컸다. 죽어가는 환자를 병원으로 싣고 가는 차를 정지시켜, 폭도를 빼돌린다는 이유로 택시 기사를 진압봉으로 두들겨 패고 대검으로 위협하는 상황이 다반사로 벌어졌다.

기사들은 전부 무등경기장으로 모이자고 결정하고는 서로 연락하기 위하여 시내 전역으로 흩어졌다. 오후 6시까지 무등경기장에 모인 택시는 200대가 넘었다. 무등경기장을 출발한 차량은 두 줄로 갈라져 도청으로 향했다. 한 줄은 임동길과 유동삼거리를 거쳐 금남로로, 다른 한 줄은 신안동 전대사거리를 지나 광주역에서 공용정류장 방향으로 우회하여 금남로에서 시위대와 합류했다. 차량들은 일제히 헤드라이트를 켜고 경적을 울리면서 돌진했다. 차량 행렬의 맨 앞에는 대형 트럭과 고속버스, 시외버스가 서고 그 뒤를 택시들이 뒤따랐다. 트럭과 버스 위에서는 청년들이 대형 태극기를 흔들었다. 차량들은 점점 도청을 향해 돌격해 가고 헤드라이트의 장엄한 불빛은 시민들을 열광케 했다.

차량 행렬이 금남로에 이르자, 저지선 앞에서 대치하고 있던 시민들은 환호성을 지르며 감격의 눈물을 흘렸다. 철통같은 저지선 앞에서 더 이상 어쩌지 못한 채 교착상태였던 시위 군중들은 엄청난 지원군을 만난 듯 열광했다. 곧 그들은 손에 손마다 쇠파이프, 각목, 화염병, 곡괭이, 식칼, 낫 등을 들고 돌멩이를 던지며 차량을 따라 엄호하면서 돌격했다.

돌진하던 선두 차량 '광전교통' 소속 버스 '전남5 아3706'가 헤드라이트를 켜고 시위대의 엄호를 받으면서 군 저지선을 향해 일직선으로 돌진하다 화분대 장애물을 발견하고 가로수를 들이받아 멈췄다. 이 순간 공수특공대 장OO 대위가 몸을 날려 운전석 앞 유리를 진압봉으로 타격했다. 4명의 특공대가 옆 유리를 깨고 가스탄을 차 안에 무더기로 던져 넣었다. 공수대원 수십 명이 몰려나와 차량을 부수고 차 안으로 들어갔다. 운전사와 20대 청년 9명을 끌어내어 곤봉으로 난타했다. 끌려 나온 그들은 이미 모두 축 늘어진 채 거의 실신 상태였다. 하지만 계속해서 군홧발로 짓밟고 곤봉으로 내리쳤다. 붙잡힌 사람들은 경찰에 인계돼 잠시 후 도청으로 옮겨졌다.

자연스럽게 차량 방벽이 쳐지면서 뒤 차들도 더 이상 앞으로 전진할 수 없게 됐다. 주위에서 지켜보던 시민 5백여 명이 그들을 구원해내려고 고함을 지르며 달려들었다. 공수대원들은 이들을 향해 무자비하게 난타했다. 겁에 질린 시민들은 모두 쫓겨 갔다. 어지러움과 질식 상태를 견디지 못한 뒤따르던 운전기사 한 명이 계엄군과 겨우 20여 미터를 남겨 두고 멈추었다. 차에서 내린 사람들은 방향 감각을 잃고서 연기 속에서 사방을 헤맸다. 계엄군이 곤봉으로 기사의 머리를 타격하자 픽 쓰러졌다. 뒤쪽에 있던 기사들은 재빨리 운전석에서 뛰어내려 피신했지만 20여 명 이상의 시민들이 군경에 연행되었다.

　공수들은 2백여 대가 넘는 모든 자동차의 유리와 헤드라이트를 모두 깨 버렸다. 군경은 저항하는 시위대를 차량 대열의 끝까지 밀어붙였다. 시위대는 공수대원들과 육박전을 벌였다. 비명과 함성이 끊이지 않았다. 수십 명의 시민들이 도청 안으로 끌려갔다.

　20여 분간 계속되던 격렬한 충돌이 끝났다. 수십 대의 버스, 트럭, 택시 사이에는 머리가 깨어지거나 어깨가 내려앉아 피투성이가 된 채 실신한 부상자들이 여기저기서 신음소리를 냈다. 공수부대는 멈춰 선 차량에서 자동차 열쇠를 전부 빼내 시동을 껐다. 안내양 차림의 20대 처녀 2명은 운전사 차림의 머리가 깨어진 30대 청년을 부둥켜안고 통곡을 했다. 쓰러진 환자들을 이송하며 "환자가 위독하니 앰블런스를 빨리 보내라"는 절규가 유혈극의 참혹상을 말해 주었다. 금남로에 몰려든 시위차량들은 정면 돌파를 시도하였으나 많은 희생자를 낸 채 끝내 공수부대의 저지선을 뚫지 못했다.

■ 불타는 MBC방송국

　저녁 7시40분경부터 약 50분가량 도청 앞 금남로는 격렬한 충돌 이후 금남로에서 빠져나온 시위대가 제봉로와 충장로 쪽으로 밀려들었다. 시민들은 제봉로에 위치한 MBC방송국으로 향했다. 저녁 7시45분경, MBC를 둘러싼 시위 군중 5천여 명은 저녁 '8시 뉴스' 시간에 광주 상황을 '사실 그대로 지금 밖에서 진행되는 모든 참상을 보도할 것'을 거세게 요구했다. 요구가 받아들여지지 않자 8시30경 방송국 건물에 화염병을 던졌다. MBC 직원들과 31사단 96연대 1대대 소속 경계 병력이 달려들어 소화기로 불을 껐다. 같은 시각 광주역 부근에 있는 KBS방송국도 시위대에 의해 점거되었다. 성난 군중에 의해 방송 기자재가 파손되는 바람에 방송이 완전 중단되었다.

20일 전남매일신문사 기자들은 단체로 사직서를 제출했다. 사직서는 간결하지만, 기자들의 곤혹스러운 심정과 항변이 고스란히 담겨 있다. "우리는 보았다. 사람이 개 끌리듯 끌려가 죽어가는 것을 두 눈으로 똑똑히 보았다. 그러나 신문에는 단 한 줄도 쓰지 못했다. 이에 우리는 부끄러워 붓을 놓는다."

외곽 지역인 학동, 방림동, 산수동, 지산동, 유덕동, 광천동, 화정동 등지에서도 시민들이 몰려들었다. 시내 변두리인 산수동 오거리 부근에도 사람들이 모여들었다. 저녁 식사를 마치고 난 후 시내 상황이 어떻게 돌아가는지 궁금한 사람들이 집 밖으로 쏟아져 나왔다. 변두리 지역 여러 골목에서 모여든 시민들은 도심을 가득 채웠다. 시위대 숫자는 수만 명을 넘어 운집했다. 도청 앞 분수대로 통하는 모든 도로가 시위 군중들로 꽉 차 인산인해를 이루었다.

박기현(14세, 동성중 3학년)은 20일 오후 늦게 책을 사러 계림동 동문다리 부근까지 자전거로 나왔다가 공수대원에게 붙잡혀 진압봉으로 두들겨 맞았다. 다음날 앞머리가 깨지고 온몸이 시퍼렇게 멍이 들고 눈이 튀어나온 채 전남대 병원에서 시체로 발견됐다.

밤 10시경 MBC 건물 안으로 들어간 시위대들이 3층 복도에 겨울 난로용으로 쌓아놓은 여러 개의 석유통을 발견하여 석유를 위층부터 쏟아붓고 불을 질렀다. 건물 안에서 시작된 불길은 순식간에 건물 전체로 번졌다. 온 시가지가 훤하게 밝아졌다. MBC가 불타고 있는 동안 사방에서 시위 군중들이 모여들어 인산인해를 이뤘다. 불길은 새벽 1시쯤 수그러들었고, 4시가 돼서야 완전히 꺼졌다.

밤 10시30분경, 동명동 앞길에서는 공수대와 시위군중이 충돌, 일진일퇴의 공방전을 벌였고 최루탄 가스에 실신해 있다 군인들에게 붙잡혀 폭행을 당한 노랑색 작업복 차림의 30대 청년 1명이 숨진 시체로 발견되었다. 자정이 지나자 광주세무서가 불길에 휩싸였다.

이날 밤 시위대를 독려하는 날카롭고도 애절한 여성의 목소리가 흘러나왔다. 용달차에 매단 스피커를 통해 흘러나오는 목소리는 격렬하면서도 단호했다.

"계엄군 아저씨, 당신들은 피도 눈물도 없습니까? 도대체 어느 나라 군대입니까? 경찰 아저씨, 당신들은 우리 편입니다. 제발 우리를 도와주십시오. 도청 광장을 잠시만 비켜 주면 우리는 평화적으로 시위를 하고 물러나겠습니다. 경찰 아저씨, 최루탄을 쏘지 마십시오. 우리는 맨 주먹입니다. 그러나 우리는 꼭 이깁니다. 시민 여러분, 모두 힘을 합칩시다. 끝까지 물러서지 말고 광주를 지킵시다."

이날 밤 그 목소리의 주인공은 전옥주와 차명숙이었다. 그녀들의 뛰어난 호소력은 시민들의 분노를 행동으로 이끌어냈고 계엄군에게는 심리적인 공포감을 불러일으켰다. 여성 특유의 톤이 높고 맑은 목소리가 남성들 목소리보다 낭랑했다. 주위 사람들이 그때그때 적어서 넘겨준 방송 원고를 자기 감정으로 소화해 교대로 방송했다. 용달차에다 마이크와 스피커를 설치하고 20일 오후부터 21일 오전까지 한숨도 자지 않고 밤새도록 금남로, 광남로, 유동, 임동, 광주역 등 격전지를 오가며 시위대를 격려했다. 계림전파사에서 장비를 구입하였으며, 저녁 9시30분경에는 방송장비가 고장이 나자 학운동 동사무소 옥상의 스피커와 앰프를 떼 내어 방송을 하였다.

21일 새벽 2시경, 가두방송 차량이 선도하는 2천여 명의 시위대는 양동복개상가를 거쳐 광주천변을 따라 내려가다 일신방직, 전남방직, 무등경기장을 경유하여 광주역으로 집결했다. 시위대를 향해 실탄까지 발포되는 격렬한 상황에서 전옥주의 방송은 광주역 근처 시위대의 사기를 드높였고, 3공수대원들의 귀에 선명한 각인을 찍어댔다.

■ **광주역 시위, 최초의 집단 발포**

20일 밤 '광주역 시위'는 '금남로 시위'에 이어 사실상 5·18항쟁의 최고 정점을 이루었다. 마치 화산이 폭발하는 듯했다. 5·18기간 중 '최초의 집단발포'가 이날 밤 광주역에서 발생했다. 7명의 시민이 이날 밤 목숨을 잃었고 상당수의 부상자가 발생했다. 공수대원도 시위차량에 부딪혀 1명 죽었다. 대한민국 최정예로 알려진 3공수여단은 발포에도 불구하고 사실상 시위대의 공격을 더 이상 막아내기 어려운 상황에까지 이르렀고, 마침내 21일 새벽 1시부터 2시까지 광주역 사수를 포기하고 도망치듯 황망히 전남대로 퇴각할 수밖에 없었다.

저녁 7시경, 차량 시위가 시작되자 3공수여단은 광주역 부근에 16대대 병력을 본격 배치했다. 저녁 10시경, 이 차량 가운데 일부가 KBS와 중앙고속터미널 등을 거쳐 광주역 부근으로 접근하자 총성이 들렸다. 3공수 12대대와 15대대는 저녁 8시부터 광주역 앞 광장에 바리케이드를 치고 시위대와 대치했다. 16대대 일부는 광주역과 인접한 '신안사거리'를 차단했다. 11대대는 금남로에서 도청에 집결하는 시민들에게 포위된 상태였다. 13대대는 공용버스터미널에서 시위대의 차량공격을 받고 광주시청으로 밀려났다.

밤 9시 무렵, 시위대는 주로 KBS 앞쪽과 신안사거리에서 몰려들기 시작했다. 무등경기장 쪽에서 계속 시내로 밀려오는 차량들이었다. 신안사거리를 지키고 있던 3공수 16대대를 향해 고속도로 입구 쪽에서 차량 100여 대가 일제히 헤드라이트와 경적을 울리며 밀집대형을 갖추고 위협적인 기세로 다가왔다. 16대대가 바리케이드를 치고 시위 차량을 가로막았다.

공수부대는 방송 차량으로 시위대의 해산을 종용했다. 그러나 시위대는 물러서지 않았다. 5분이 지나자 가스탄 10여발을 발사하면서 동시에 "돌격 앞으로!" 기합 소리와 함께 공수대가 시위대를 분산시키기 위해 진압봉을 휘두르며 달려 나갔다. 매캐한 최루가스와 거칠게 휘두르는 진압봉을 피해 차량에 탔던 사람들이 도망치자 차량들로 바리케이드가 만들어져 더 이상 고속도로 방향에서 밀려드는 차량이 광주역 쪽으로 진행할 수 없게 되었다.

밤 10시경, 시위대 공격의 수위가 점차 높아져 갔고, 광주역을 향해 돌진하던 시위대 트럭에 하사관 3명이 중상을 입었다. 화가 치민 12대대와 15대대장은 돌진하는 시위대의 차량 바퀴를 향해 권총을 발사했다.

광주역의 3공수를 향한 시위대의 '무인 차량' 공격은 트럭의 가속기에다 돌이나 쇠뭉치 등 무거운 물건을 동여맨 다음 최대한 경계선에 가까이 몰고 가서 운전대를 고정시킨 채 달리는 차에서 뛰어내리는 방식으로 진행됐다. 돌진하던 차가 분수대를 들이받거나 경계 중인 공수대원을 향하다 도로 턱이나 건물 담벼락에 부닥쳐 멈추곤 했다. 뒤이어 달려가던 차들이 그 뒤를 덮치며 폭발음과 함께 불길이 치솟았다. 무인 차량 공격은 공수대원들에게 '공포' 그 자체였다. 시위대가 계엄군을 공격하는 역 상황이 일어나고 있었다.

차량 4대 정도가 역 앞 로타리에서 곤두박질쳤다. 15대 정도의 화물차량은 적재함에 탑승한 시위대들이 화염병을 던지기 시작했으며, 2~3대가 동시에 돌진했다. 공수대원을 향한 시위대의 차량 공격은 약 20~50회 정도 지속됐다.

16대대가 방어하던 신안사거리에서 시위대의 화물트럭에 깔려 대대장 운전병 정OO 중사가 그 자리에서 사망했다. 트럭이 뒤집히면서 민간인 2명도 그 차에 치여 쓰러졌다. 16대대 본부중대가 곧바로 차량 조수석에 있던 청년 1명을 체포했다. 운전수는 도망쳤고 그 현장에서 붙잡힌 청년은 이금영(17세, 화물차 조수)이었다. 이날 밤 공수대원들은 시내에서 연행돼 온 시민들을 5~6명씩 나일론 줄로 묶어 옷을 벗긴 채 등 뒤에 붉은색 매직으로 '폭도', '운전' 등으로 표시했다. 공수대원들은 전남대로 데려온 이금영을 초죽음에 이를 만큼 두들겨 팼다.

대대장들은 무전으로 실탄 지급을 요청했다. 이때가 밤 10시30분 경이다. 여단장의 지시가 떨어지자 전남대 정문으로부터 약 900여 미터 전방 신안사거리에 배치된 16대대에게 실탄 100여 발을 보급했다. 공수병력 손에 실탄이 지급되고 나서 곧이어 예광탄이 공중으로 길게 포물선을 그었다. 총성이 요란하게 울려 퍼졌다.

M16 자동소총의 연발 사격 소리가 날카로운 파열음을 내면서 콩 볶듯이 울려 퍼졌다. 심야에 발생한 '최초의 집단 발포' 순간이었다. 선두에 섰던 청년들이 픽픽 쓰러졌다. 다시 또 연발 사격의 총소리, 출렁이던 거리는 어둠 속에서 갑자기 얼어붙었다. 순식간에 시위 군중들이 좌악 흩어졌다. 제각기 상체를 구부리고 길 양쪽 빌딩 뒤로 몸을 숨겼다. 길 위에 쓰러진 사람들은 고통스러운 듯 몸을 비틀다 움직임을 멈췄다. 시위대가 흩어지자 공수대 사격도 그쳤다.

20일 밤 광주역 집단 발포로 숨진 사람은 김재화(남, 25세), 김만두(남, 44세), 이북일(남, 27세), 김재수(남, 25세), 신동남(남, 29세), 허봉

(남, 23세), 박세근(남, 35세) 등 7명이다. 김만두와 김재수는 광주역 인근에서 총상을 입고, 시외버스공용터미널 인근 안정남 외과병원으로 후송되었으나 결국 사망했다. 김재화는 총에 맞고 손수레에 실려 서방사거리 인근 노광철 의원으로 후송되었으나 사망했다. 이북일은 광주역 앞에서 트럭에 탑승한 채 계엄군의 바리케이드로 돌진했다가 계엄군의 총격 때문에 사망한 것으로 추정된다. 광주역 인근 여인숙에 거주 중이던 신동남은 5월 20일경 집을 나간 이후 5월 21일 오전 총상을 입은 채 적십자병원에 이송되었다가 다음 날 사망하였다. 신동남은 국립 5·18민주묘지 묘지번호 4-90번에 "무명열사"로 안장되었다가 유전자 확인검사 결과, 41년 만에 신원이 확인되었다

광주역 인근에서 발생한 총상자에 대해 1995년 검찰은 수사 결과를 다음과 같이 기록했다.

― 5월 20일 밤 광주역 일대에서의 시위진압 과정에서 최OO(남, 39세), 김OO(남, 16세), 나순돈(남, 20세), 강OO(남, 20세), 정OO(남, 24세)과 성명불상자(25세~30세) 1명이 총상을 입었음.

위 총상자 나순돈은 5.20일 광주역 인근이 아니라 5.21일 19:00경 광주기독병원의 헌혈자 수송차량(24인용 미니버스)에 탑승하여 이동 중 광주시 동구 소태동 인근에서 화순 방향으로 철수하던 계엄군 차량의 총격을 받고 상해를 입었다. 강OO의 총상 장소는 금남로 일원으로

확인되었으며, '성명불상자(25세~30세)' 1명은 윤OO(1955년생, 남)로 확인되었다. 윤OO은 5.20일 오후 9시 15경 신역 앞 중흥동 원예협동조합 정문 도로상에서 구호를 외치다가 왼발 무릎 부위에 총상을 입고 공용터미널 부근 원정수 외과병원에서 응급 치료를 받고 귀가, 자택에서 치료, 5.30일 광주기독병원 입원하였다. 그 외 총상자가 유OO(1954, 남), 한OO(1963, 남), 여OO(1961, 남) 등 3명이 있다.

2시간 남짓 사투를 벌인 끝에 마침내 21일 새벽 1시경, 3공수여단 모든 병력은 광주역에 합류하여 철수 준비를 하였다. 11대대가 선발대로 통로를 개척하며 시작된 광주역 철수 작전은 새벽 2시부터 시작돼 새벽 4시30분에야 전남대로 퇴각이 완료돼 무려 2시간 넘게 걸렸다. 철수하는 과정도 순탄치 않았다. 앞으로 가로막는 시위대를 돌파하기 위해 진압봉 구타로 1명이 사망하고, 중상 3명, 경상 1명이 발생했다.

밤 11시쯤, 전남대와 조선대, 광주역과 전남도청을 제외한 광주 전 지역이 사실상 시위대에 의해 장악되었다. 최웅 11공수여단장은 예하 부대 모든 병력을 도청 앞으로 집결시켰다. 그때까지만 해도 도청을 중심으로 금남로, 제봉로, 충장로 등 시내 중심권의 주요 지역에 배치돼 있었으나 더 이상 넓은 지역을 방어할 수 없다고 판단했다. 11여단 61, 62, 63대대와 7여단 35대대 등 1,200여 명의 공수 병력이 도청으로 집결했다.

그리고 이날 밤 광주역에서 총소리가 들리자 도청 부근에 있던 11여단 일부 대대장들이 실탄을 분배했다. 11공수 61대대의 경우 밤 10

시경, 62대대는 밤 12시경, 63대대는 뒤늦게 21일 아침 10시30분경 각각 중대장들에게까지 경계용 실탄 15발이 든 탄창 1개씩을 지급했다.

5월 20일, 광주역(집단발포) 이외 지역 총상 사망자로 김경환과 정지영이 있다. 김경환은 전대병원 로터리에서 사망한 채 전남대병원으로 옮겨졌다. 검찰의 「검시보고」에 첨부된 「시체검안서」에는 '후두부의 타박상, 좌견갑부 맹관총상, 배부의 자상' 등의 내용이 기재되어 있어, 「검시보고서」 본문에는 기록되어 있지 않은 총상 기록을 확인할 수 있다.

정지영은 5월 20일 19시 이후 총격 및 진압봉 등 복합적인 수단에 의해 피해를 입고, 전남도청 일대 장소 불상의 지역에 방치되었다가 사망했고, 5월 21일 11:30경 통합병원으로 시신이 이송되었다.

#5월 21일, 국민을 향해 총을 쏘는 군대가 있다니…

■ 광주역의 시신 2구

제11공수여단 61·62·63대대와 제7공수여단 35대대 등 4개 대대는 전날인 5월 20일 야간부터 전남도청을 사수하기 위해 시위대의 차량 공격을 저지하고 있었다. 5월 21일 전남도청 앞 금남로 전면에 제11공수여단 61·62대대를 배치하고, 노동청 방면에는 63대대를, 광주천 방면에 제7공수여단 35대대를 배치했다.

21일 20사단 병력이 광주에 투입되었다. 새벽 2시40분부터 아침 8시50분 사이에 61연대에 이어 사단사령부와 62연대가 차례로 송정리역에 도착했다. 60연대는 21일 밤 광주로 이동했다. 당초 송정리역을 거쳐 광주역까지 병력 수송 열차가 진입하려고 했으나, 광주역은 지난밤 치열한 시위 공방으로 공수부대가 철수하여 접근조차 불가능했다. 20사단은 광주의 상황을 전혀 모르는 상태에서 투입되었다. 21일 새벽 6시25분 500MD 헬기 5대가 전교사에 추가로 내려왔다.

21일 새벽 4시 무렵, 광주역 맞은편 KBS 광주방송국이 화염에 휩싸였다. 여명이 밝아 오면서 광주역 광장은 불에 탄 차량의 잔해들이 앙상한 뼈대를 드러냈다. 마지막까지 남아 있던 시위대들은 공수부대가 광주역을 비우고 완전히 물러간 것을 뒤늦게야 알아차렸다. 시위대는 함성을 지르며 광주역을 향해 내달았다. 그러나 50m 쯤 앞에서 멈

칫했다. 2구의 시신이 눈에 들어왔다. 얼굴이 흉측하게 뭉개진 상태였다. 워낙 급하게 퇴각하느라 계엄군은 미처 시위대의 시신을 치우지 못한 것 같았다. 밤새워 가두방송을 했던 전옥주는 광주역에서 발견한 희생자 2명의 시신을 리어카에 옮겨 싣고 태극기로 덮은 다음 금남로에 있는 광주은행 본점 앞까지 1천여 명의 시위대와 함께 행진을 벌였다.

광주역 3공수의 발포로 희생자가 발생하자 격분한 시위대는 아시아자동차 공장으로 가서 차를 끌고 나와 광주의 참상을 외부에 알리자고 하였다. 정문 경비원들이 시위대 차량의 진입을 완강하게 막았으나 시위대의 기세에 밀려 정문이 열리는 것을 막지 못했다. 시위대는 아무런 제지도 받지 않고 공장에 들어가 군용트럭과 장갑차 등을 몰고 나왔다.

이날 오후까지 시위대는 몇 차례에 걸쳐 아시아자동차 공장에 들이닥쳤는데, 56대의 군용트럭을 포함해 장갑차, 버스, 가스차, 지프 등 총 414대의 차량이 공장에서 시내로 쏟아져 나왔다. 시위대는 아시아자동차공장에서뿐만 아니라 다른 차들도 시위에 동원했다. 고속버스와 시내버스, 각종 화물트럭, 승용차 등 일반차량 529대, 공용차량 83대로 총 1,026대의 차량이 시위에 동원되었다. 그 차들은 사람들을 싣고 시외 지역으로 가서 상황을 알리며 도움을 청하기 위해 돌아다녔다.

21일 오전 시민들이 확보한 차량은 시위의 기동성을 높였고, 시위를 일시에 전남지역으로 확산시켰다. 처음에는 고속도로를 경유하여 전주~서울 방면의 진출을 시도했다. 그러나 계엄군이 장성과 정읍 사이의 사남터널(현재 호남터널) 부근을 차단하고 있었다. 담양~대구와 곡성~순천 등으로 연결되는 호남고속도로 진입로 입구의 광주교도소도 31사단 병력이 지키고 있었다. 북쪽과 동쪽 방향 진출이 어렵자 시위대는 주로 전남 도내 서남부 쪽을 향해 질풍처럼 내달렸다. 나주~함평~무안~목포, 나주~영암~강진~장흥~해남~완도와 화순~송광~보성~벌교~고흥 등으로 뻗어나갔다.

21일 나주지역에서 시위대가 최초로 출현한 상황은 오전 10시43분, 1백여 명이 광주고속 차량을 앞세우고 나주 금성파출소 앞에 집결했다. 군 기록에는 이 차량이 광주에서 시외로 빠져나간 최초의 시위 차량이다.

오전 10시45분경, 나주군 남평 지서 앞에도 광주의 시위대가 탄 버스 1대가 나타났다. 유리창이 깨진 버스나 트럭에 앉아 각목으로 차체를 때리며 구호를 외쳐댔다. 순식간에 사람들이 주위로 모여들었다. 차량 위 청년들은 구호를 외치면서 흥분된 어조로 광주의 참상을 알렸다. 그들은 시가지를 돌다가 영암이나 목포 쪽으로 내려갔다. 시위 차량들은 광주 시내 상황을 지역 주민들에게 알리면서 광주 시위에 동참할 사람을 모집하는 것이 주된 목적이었다. 오전 11시 23분에는 광주에서 내려온 6대의 차에 승차한 2백여 명이 나주 주민들에게 광주의 참상을 알린 후 광주 시내로 들어오기 시작했다.

이날 오전 화순 상황도 나주와 비슷했다. 오전 11시경, 유리창이 깨진 버스와 트럭들이 광주에서 너릿재 터널을 넘어 화순 읍내로 들어오기 시작했다. 유리창이 깨진 차체를 각목으로 두들기면서 구호를 외치는 2백여 명의 청년학생 시위대가 화순읍에 나타났다. 시위대는 '전두환 퇴진' '계엄 해제' '김대중 석방' 등의 구호를 외치며 화순읍 일대를 돌아다녔다.

광주에서 시위대가 왔다는 소식이 퍼지면서 화순 사람들은 순식간에 읍내로 모여들었다. 광주에서 자취하거나 하숙하는 자녀들을 둔 부모들의 걱정은 이만저만이 아니었고, 친척이나 지인들의 안위도 걱정이었다. 그러던 차에 광주에서 시위대가 나타나자 태극기를 흔들며 환호했다. 12시 쯤, 화순읍은 물론 인근 농촌에 있던 사람들까지 읍내로 모여들어 오래지 않아 2천여 명으로 불어났다. 화순 사람들은 시위대에게 물을 떠서 올려주거나 가게에서 빵과 음료수를 사서 주면서 광주 소식을 듣고, 그들과 하나가 되어갔다. 21일 오전까지 나주, 화순, 담양지역에는 시위차량들이 광주 소식을 알리며 돌아다녔다.

■ **애국가 울리며 집단 발포**

아침 9시가 넘어서자 금남로 1가 도청 앞에서부터 금남로 3가 한국은행 앞까지 군중은 눈덩이처럼 불어났다. 10시쯤에는 5만여 명으로 불어나 6차선 도로가 인파로 가득 찼다. 날이 새자 계엄군은 시민들에게 공격행위를 중단했다. 도청 앞 공수부대는 대규모 차량 시위에 이어 끝없이 밀려오는 시위대의 파상적인 공세에 극도의 공포심을 느꼈다. 밤 중 내내 꼼짝 못하고 도청, 노동청 부근만 지키다 아침이 되자 병력을 집결시킨 뒤 도청 주위로만 방어 범위를 좁혀 두텁게 경계 병력을 재배치했다. 11공수여단 61대대와 62대대가 선두에서, 그 뒤 도청 쪽으로는 전투경찰이, 좌우 측방으로는 전투경찰과 63대대 및 7공수 35대대가 대기하면서 유사시에 61, 62대대를 즉각 지원할 수 있도록 전열을 가다듬었다.

시간이 지나면서 시위대와 계엄군의 간격은 서로 숨소리도 들릴 만큼 가깝게 좁혀졌다. 오후 1시 정각, 도청 옥상에 설치된 스피커를 통해 애국가가 울려 퍼졌다. 그 순간 일제히 사격이 시작됐다. 1시 이전 발포가 급작스런 상황에서 이뤄졌다면 1시부터는 명령에 따라 '집단발포'가 시작된 것이다. 아비규환의 현장으로 변해버린 금남로는 순식간에 텅 비었고, 적막감이 감돌았다.

실탄이 아스팔트 위에 툭툭 떨어지고 분수대 주변에 연기가 자욱했다. 노동청을 향해 공수부대 장갑차 한 대가 서 있었다. 장갑차 안에서 탄창이 꼽혀진 탄띠를 공수대원들에게 던져주고, 또 실탄 박스를 내려주는 모습을 훤히 보였다. 잠시 후 공수들은 조준사격을 하기 시작했다. '무릎 앉아 쏴', '서서 쏴' 자세를 취하고 시민들을 향해 총을 쏘았다. 금남로는 순식간에 아수라장이 됐다. 여기저기 피 흘리며 사람들이 쓰러졌다. 잠시 사격이 멈췄다. 그 순간을 틈타 몇 명의 청년들이 쏜살같이 도로에 뛰어나와 쓰러진 시신과 꿈틀거리는 부상자들을 끄집어냈다.

금남로뿐 아니라 노동청 방향에서도 무차별 사격이 쏟아졌다. 이대성(26세)도 노동청 부근에서 교련복을 입은 학생 한 명이 배를 움켜잡고 꼬꾸라지는 모습을 보았다. 온몸에 소름이 끼쳐 바닥에 엎드린 채 골목을 향해 기어갔다. 바로 그 순간 그는 엉덩이에 총을 맞았다. 그 옆에 있던 세 명의 시민도 공수가 쏜 총에 맞고 쓰러졌다.

첫 집단 발포 후 공수대원들은 전일빌딩, 상무관, 도청, 수협 전남도지부 건물 옥상에 배치되었다. 11여단 62대대 소속 한OO 일병은 '관광호텔 옥상에 4명이 1조가 되어 올라갔으며, 사수의 지시에 따라 조준경이 달린 총으로 주동자나 총기를 휴대한 시위대를 조준사격' 했다. 여단별로 M16 조준경이 지급됐는데, 3여단 100정, 7여단 102정, 11여단 81정이 각각 배당됐다.

의무경찰로 시위진압에 참여했던 곽형렬은 장갑차에서 캐리버50을 발사하는 장면을 목격했다. 기관총이 거치된 장갑차와 시위 군중들이 있는 노동청과의 사이는 1백 미터도 안되는 짧은 거리였다.

오후 1시30분, 공수부대 저격병의 발포가 한창인 때였다. 머리에 흰 띠를 두른 청년(김용표, 1957) 장갑차 위에서 윗옷을 완전히 벗어버린 상태로 태극기를 흔들면서 도청 광장으로 돌진해 들어갔다. 저격수들이 그를 향해 집중적으로 총탄을 퍼부었다. 장갑차 위 청년의 머리가 푹 꺾어졌다. 총에 맞아 몸과 목이 따로 움직이는 김용표를 태운 채 장갑차는 도청 광장 옆을 끼고 순식간에 빠져나갔다. 많은 시민들이 이 장면을 목격하였다. 그 충격적인 저격수의 조준사격 장면은 오랫동안 시민들 기억 속에 강렬한 이미지로 새겨졌다.

5월 21일 전남도청 앞 집단 발포 즈음, 전남도청과 수협전남도지부, 전일빌딩 등지의 옥상에서 '저격수'가 시위대를 향해 조준사격을 했다. 당시 저격수 임무는 주로 화기 하사관이 담당하였는데, 화기 하사관은 각 지대(장교1/사병10)별로 1명씩 배치되었다. 최소 7명은 전남도청 인근 건물 옥상에 배치된 저격수의 조준사격에 의해서 사망하였다. 상당수 희생자들이 시위와는 무관하게 고층 건물 내 자신의 집이나 금남로 이면도로 등지에서 계엄군의 총격에 사망했다.

김용대(28세)는 전일빌딩 건물 벽에 붙어서 이 광경을 목격했다. 수협 건물 옥상에 3명의 공수들이 '서서쏴', '무릎쏴' 자세로 조준사격을 하는 모습이 눈에 들어왔다. 그 순간 김용대 자신이 동구청 앞에서 총을 맞고 쓰러졌다. 황영주(17세)는 관광호텔 앞에서 곁에 있던 사람이 입으로 피거품을 쏟으며 쓰러지는 모습을 목격했다. 너무 놀라 광주우체국까지 죽어라 뛰었다. 친구 배준철이 황영주를 살펴보니 옷이 피범벅이 돼 있었다. 가슴에 총을 맞은 것이다. 13:00~16:30경, 이성자(14세, 여)는 전남도청 앞 총격 사망자 중 최연소자로 그날 친구 4명과 같이 홍안과 병원 앞을 지나가던 중 계엄군 조준사격으로 사망했다.

김선호(44세, 남)는 전남도청 인근 무등맨션 거주자였는데, 5월 21일 16:30경 집 밖 사정을 살피기 위해 건물 옥상으로 올라가다가 7층 동편 비상계단 창에서 계엄군의 총격을 받아 사망했다. 피격 장소의 높이와 당일 전남도청·전일빌딩·수협 전남도지부 건물 옥상 등에 저격병이 배치된 정황 등을 고려할 때 조준사격 이외에는 피격 경위를 달리 설명할 수 없다.

조남신(52세, 남)은 5월 21일 15:00경 전남도청 인근 무등극장 건너편 사무실 1층에서 밖을 내다보다 수협 전남도지부 또는 전일빌딩 옥상에 배치된 저격수에 의해 피격된 것으로 판단된다. 조남신과 함께 있던 윤성호는 유탄을 맞고 넘어지면서 그 충격으로 사망한 것으로 판단된다.

황호정(62세, 남)은 5월 21일 17:00~18:00경 도청 인근 건물 5층 자택에서 밖을 내다보는 친척 아이를 떼어내려고 창가에 접근했다가, 진정태(25세, 남), 심동선(30세, 남)도 각각 자택 2층 베란다 및 다방 옥상에서 계엄군의 조준사격으로 추정되는 총격을 받고 사망했다.

2시 55분 광주대동고 3년생 전영진(18세)이 노동청 부근에서 저격병의 M16 총탄에 머리를 맞고 숨졌다. 구 시청 사거리에서도 5~6명의 청년들이 총에 맞아 신음하고 있었다. 동구청 미화원이던 김광영(29세)은 장동 로터리 MBC에서 노동청 방향으로 길을 걷다 곁에 있던 두 사람이 총에 맞아 쓰러지는 것을 목격했다. 한 명은 즉사했고, 부상당한 다른 한 명은 병원으로 옮겨졌다.

공수들은 부상자를 후송하고 의약품과 헌혈액 등을 병원으로 운반하는 등 적십자활동을 하는 사람들에게도 총을 난사했다. 흰 가운을 입고 팔에 적십자 완장을 차고 구호활동을 하는 이광영(27세)이 지프를 타고 '구 시청 사거리' 근처의 부상자를 구하기 위해 다가가는 순간 총탄이 그의 허리를 관통했다. 같은 차에 탔던 5명 중 2명이 현장에서 즉사했고, 2명은 부상, 운전하던 사람만 무사했다. 1989년 국회청문회에서 아래와 같이 증언했다.*

> — 그래가지고 나가서 차를 돌리고 우리는 환자를 끌고 옵니다. 세명 씩 나뉘어가지고 저는 환자 앞을 들고 뒤의 두 사람은 다리를 하나씩 들었어요. 그래가지코 내가 선임자였기 때문에 앞에 딱 올라타서 환자를 끌어올리는 순간에 '빵' 소리를 들으면서 엄청난 통증을 느꼈습니다. 내 척추에 총을 맞았어요. 그래서 저는 우측 다리를 미처 올리지 못한 상태에서 총을 맞았습니다. 그래가지고 의자 밑으로 꼬꾸라졌어요. 이 총을 맞은 사람 보니까 통증을 못 느끼는 사람이 있고 통증을 진하게 느끼는 사람이 있었어요. 저 같은 경우는 척추 중추신경을 맞아가지고 엄청난 통증을 느끼면서 비명을 질렀습니다.
>
> — 그러자마자 갑자기 총소리가 다다다다닥 하고 연사로 계속 납니다. 그러면서 환자들을 버리고 적십자 대원들은 차를 타고 막 출발을 하는데 그 도망가는 차에다 대고 계속 콩 볶듯이 쏘아 버리는 거예요. 그래서 나는 다행히 의자 밑으로 꼬꾸라져가지고 더 이상은 총은 안 맞았습니다마는 뒤에 들어보니까 거기에서 세 명이 죽었다고 합니다.

* 이광영, 제13대 국회 제145회, 『5·18광주민주화운동진상조사특별위원회제13대 국회회의록 제29호』, 16쪽 (1989. 2. 23.), 을 5·18민주화운동진상규명위원회, 「조사보고서, (직가-8) 5·18민주화운동 당시 공권력에 의한 민간인 상해사건 103쪽」 2024. 2.29. 재기술.

이광영은 광주기독병원에서 수술하였으나 '하반신 마비' 상태가 되었고, '욕창'과 '통증', '대소변 배출 이상' 등의 후유증상으로 마약성 진통제 등 투약이 필요했다. 그는 오랜 기간 약물로 진통을 참아오다 2021. 11. 23.에 자살하였다. 이광영은 유서에 "나의 가족에게/어머니께 죄송하고, 가족에게 미안하고, 친구와 사회에 미안하다. 5·18에 원한도 없으려니와 작은 서운함들은 다 묻고 가니 마음이 홀가분하다. 나의 이 각오는 오래 전부터 생각해 온 바, 오로지 통증에 시달리다 결국은 내가 지고 떠나감이다. 아버지께 가고 싶다"고 남겼다.

이날 도청 앞 집단 발포 때 도청 일대에서 41명의 민간인이 사망했다. 이는 5월 21일 희생자 67명의 61.2%를 차지한다. 사인 발생 장소는 크게 ①금남로 일대 ②대로변 안쪽 골목(건물 내) ③노동청 인근 등 세 곳으로 구분된다. 장소 특정이 가능한 사망자 29명 중 19명은 도청 앞 금남로 일대에서 사망하였고, 7명은 자택이나 건물 옥상 등 대로변 안쪽 골목에서 총상을 입었다. 나머지 3명은 '도청 인근'에서 총상을 입고 사망했다. 그 외 도청 일대 사망자가 12명이다.

21일 오후, 조비오 신부는 도청쪽에서 사직공원 쪽으로 이동하는 헬기에서 지축을 울리는 기관총 소리를 듣고 불빛을 봤다. 헬기는 지상 130미터 정도의 높이로 날아갔다. 미국인으로 광주 양림동에서 사목 활동을 하던 개신교 목사 아놀드 A. 피터슨도 헬기의 기총사격을 목격했다. 21일 점심 이후 광주기독병원에서 양림동 집으로 돌아온 뒤, 그는 옥상에 있는 발코니로 올라갔다. 거기서 광주 상공을 날아다니면서 헬리콥터 밑면에서 불빛이 번쩍이는 모습을 사진에 담았다. 또한 도청 앞 전일빌딩 10층에서 한꺼번에 많은 총탄 흔적이 발견됐는데 2016년 국립과학수사연구소 감식과 27일 새벽 전일빌딩에 머무르고 있었던 전일방송 직원, 연행자, 목격자들의 증언, 군 작전내용 등을 통해 확인되었다.

■ **임산부에게 조준 사격**

21일 오전, 시위대는 금남로뿐 아니라 3공수여단이 주둔하고 있던 전남대 앞으로도 수만 명이 몰려들었다. 무더기로 연행된 시민들이 전남대에 억류돼 있다는 말이 파다하게 퍼졌기 때문에 그들을 구출하자며 모여든 것이다. 오전 10시부터 모이기 시작한 시민들의 숫자는 정오 무렵, 정문 쪽 4만여 명, 후문 쪽 1만여 명에 달했다. 시위대는 아시아자동차 등에서 노획한 차량을 앞세우고 정문과 후문, 농대 후문 등 세 방향에서 전남대를 공격하였다.

버스와 트럭, 소방차와 군용 지프 등을 앞세운 채 교문을 사이에 두고 3공수여단과 대치하였다. 정문 수위실 위에 계엄군의 기관총이 설치되었다. 낮 12시경, 갑자기 요란한 총소리가 나고 최루탄 가루들이 하늘에서 우박처럼 쏟아져 내렸다. 방독면을 착용한 공수대원들이 가스 때문에 우왕좌왕하는 시위대 체포를 위해 달려왔다.

정오 무렵, 전남대 앞에서 임산부 최미애(23세)를 비롯 2명이 계엄군의 총탄에 사망하고 5명이 이상이 부상당했다. 임신 8개월째였던 가정주부 최미애는 전남대 정문에서 평화시장으로 들어가는 골목의 맨홀 뚜껑 위에 홀로 서 있다가 공수대원이 쏜 총에 맞아 쓰러졌다.

오후 1시30분부터 3공수가 전남대에서 철수를 시작한 3시경까지 정문 주변 민가와 도로에서 계엄군의 발포와 시위대의 희생이 이어졌다. 전남대 정문 주위에 있는 광성여객 차고로 시위대 몇 명이 뛰어들어 몸을 숨긴 직후 공수대원 20여 명이 사무실로 들이닥쳤다. 작업복 차림에 라면을 먹고 있던 이 회사 직원 8명을 마구 때린 후 그 자리에서 기절해 버린 한 명을 제외하고 나머지 7명을 모두 끌고 갔다.

방위병이던 최병옥(21세)은 전남대 정문 앞 로터리에서 공수들이 몰려나오자 주변 민가의 화장실로 뛰어 들어갔다. 이미 3명이나 그곳에 숨어 있었다. 뒤쫓던 공수대원이 화장실 벽에 뚫린 작은 유리창 문 안쪽에 화염방사기를 발사했다. 최병옥은 얼굴 전체에 화상을 입은 채 전남대로 끌려갔다.

김연태(33세)는 오후 3시경 전남대 앞에서 시민 10여 명과 함께 시위를 하다 공수에게 붙잡혔다. 그가 전남대 본관 안으로 끌려갔는데 이미 많은 시민들이 붙잡혀 있었다. 피가 범벅이 되어 신음하는 사람, 머리가 터진 사람 등 1백 명은 족히 넘을 것 같았다. 30세 정도 돼 보이는 사람은 두개골이 벌어져 차마 쳐다볼 수 없는 참혹한 모습이었다.

장방환(57세, 자영업)과 안두환(46세, 보일러 수리공)은 전남대 정문 근처에 살던 평범한 가장들이고 시위에 참여하지도 않았다. 장방환의 부인이 며칠 동안 남편을 찾다가 전남대 건물 안에서 피와 흙이 범벅이 된 남편의 바지를 발견했고, 열흘 뒤인 31일 교도소에 가매장된 8구 시신들 가운데서 남편을 확인하였다. 검시 결과, 사인은 복부와 머리 '타박사'로 밝혀졌다.

보일러 수리공 안두환(46세)도 전남대학교 정문 앞에 살고 있었는데 21일 오후 자신의 집에서 공수부대에게 끌려가 죽은 후 발견되었다. 갑자기 남편이 사라지자 부인은 기다렸지만 밤새 소식이 없었다. 다음 날 전남대에서 온통 빨간 피로 물든 남편의 옷을 발견하자 실신해 버렸다. 열흘 뒤 31일 광주교도소 울타리 안 구덩이에서 발굴한 8구의 시신 가운데서 남편을 찾았다. 시신은 뒷머리가 움푹 패인 상태로 두개골 뒤쪽이 부서져 있었다.

1995년 검찰에서는 당시 3공수여단의 총격으로 인한 민간인 피해를 다음과 같이 기록했다.

> — 주부 최미애(여, 23세, 임신 8개월)와 성명불상자 2명(운전자와 학생으로 추정)이 총상으로 사망하고, 최OO(남, 18세, 대동고 1년, 대퇴부 및 무릎관절 파편상), 양OO(남, 19세, 우측대퇴부 및 하지 총상), 신OO(남, 15세, 좌측대퇴부 관통상) 등이 총상으로 부상. 최근 위원회 조사 과정에서 5.21일 전남대 인근에서 3공수여단의 총격에 총상을 입은 상해자가 추가로 확인되었다.*

---

* 5·18민주화운동진상규명위원회, 「조사보고서, (직가-8) 5·18민주화운동 당시 공권력에 의한 민간인 상해사건 60-61쪽」 2024. 2. 29.

위원회 조사 결과, 추가 확인된 5. 21. 전남대 인근 총상자

구분	성명	생년, 성	직업	상세 내용
1	강○○	1962년생, 남	고등학생	좌 외과골 골절 및 이물질(파편, 좌발목 관절)
2	국○○	1959년생, 남	직업 미상	좌측 견갑부 파편, 두개골 파손
3	권○○	1959년생, 남	방위병	두부 총상(두피 열상)
4	박○○	1950년생, 남	직업 미상	우두부 연부 조직손상
5	박○○	1955년생, 남	대학생	치골분쇄골절
6	오○○	1950년생, 남	도장공	좌측 팔 총상파면
7	오○○	1963년생, 남	전기공	복부관통상
8	이○○	1948년생, 남	노점상인	우측팔총상
9	이○○	1956년생, 남	석공	좌측 허벅지 총상

■ 우리도 총을 들어야 한다!

21일 오후, 광주 금남로에서 공수부대의 집단발포 소식이 전남 서남부 지역에 나가 있던 차량 시위대에게 알려졌다.

오후 2시경 나주에는 광주에서 내려온 시위대가 격앙된 어조로 계엄군의 발포 사실을 전했다. 계엄군으로부터 광주시민을 보호하기 위해서는 무기가 필요하다고 역설했다. 이 자리에 모여 있던 나주지역 시위대 가운데 젊은이들이 경찰서와 각 면의 지서로 무기를 찾아 나서기 시작했다.

오후 2시20분경 경찰 가스차를 탄 15명 가량의 청년 시위대들이 광주를 출발해 남평 지서에 도착했다. 그들은 주민들이 제공한 도끼로 무기고 문을 부수고 들어가 카빈 20여 정과 실탄 7~8상자를 가지고 광주로 돌아왔다. 도청 앞 총격 이후 차량 20여 대에 탑승한 시위대가 나주에 도착하자 나주 주민 5백여 명이 뒤를 따랐다. 그들은 나주읍 성북동 소재 나주 경찰서에 도착하여 군용 레커차 후미로 무기고를 부수고 카빈, 권총, 공기총 등을 꺼내 광주로 가져왔다. 이어서 차량 시위대는 영산포 영강동 지서에서 탄약 2상자를 획득했다. 또 다른 차량 시위대는 군용 트럭을 뒤로 돌려 나주 금성동파출소 무기고 문을 밀어붙여 권총과 공기총 등을 가지고 나왔다. 그들은 남평 지서를 거쳐 광주로 들어온 뒤 일신방직 무기고로 향했다.

차량 시위대는 계속하여 전남 각 지역 읍면 단위의 경찰서와 지서의 무기고를 훑으며 돌아다녔다. 시위대의 한 갈래는 나주~함평사거리~무안~목포 방면으로 움직였고, 다른 한 갈래는 영암~해남~완도~진도까지 내려갔으며, 일부는 도중에 영암~강진~장흥~보성까지 진출하였다. 나주에서 시위는 23일 이후 소강상태에 들어갔다.

화순에서도 나주와 비슷한 상황이 벌어졌다. 오후 2시가 넘자 광주에서 시위차량 수 십 대가 화순에 도착했다. 시위대들은 흥분한 목소리로 광주의 참상을 전하면서 근처 가까이에 있는 무기고 위치를 물었다. 일부는 화약을 구해야 한다면서 화순광업소 위치를 물었고, 또 몇 대의 차량은 보성 쪽으로 출발했다.

김태헌(19세, 재수생)은 오후 2시쯤 화순읍에 도착하여 텅 빈 화순경찰서 무기고를 부순 뒤 카빈 80여 정을 차에 싣고 광주로 돌아왔다. 안

성옥(17세)은 지원동 다리에서 카빈, M1소총 6~7정을 받아 무장하고 화순 동면 지서 무기고 자물쇠를 총으로 쏘아서 부순 뒤 카빈, M1, LMG 1대, 기관총 1정, 수류탄 2상자 등을 두 대의 차에 싣고 광주로 왔다. 3대의 군용트럭과 지프에 탑승한 30~40여명의 시위대는 동면 지서 무기고를 트럭으로 들이받고 카빈총과 실탄으로 무장했다.

화순 출신 박내풍(23세, 노동자)과 강성남(20세, 가구 노동자)은 역전 파출소와 남면 지서의 무기고에서 1백여 정의 총을 획득하여 광주로 가져왔다. 오후 3시30분경, 신만식(24세, 방위병)은 트럭 4대와 함께 화순광업소에 도착하여 8톤 트럭 한 대 분의 화약을 트럭에 나누어 싣고, 다른 차에 탄 시위대와 함께 도청으로 와서 지하실에다 옮겨놓았다. 화순지역의 차량 시위와 총기 획득 활동은 22일 오후 너릿재 터널이 봉쇄될 때까지 이어졌다.

5월 21일 점심 무렵, 영암군 신북 삼거리에는 각목을 든 시위대를 가득 실은 시외버스 1대와 스피커를 단 지프가 도착했다. 영암 지역 주민들은 빵과 음료수를 가져다주는 등 적극 동조하였다.

오후 2시쯤, 신북 지역 청년 30여 명이 광주에서 내려오던 시위 차량으로부터 금남로에서 공수부대 집단발포 소식을 들었다. 그들은 영암과 영산포를 오가다 버스 2대와 승용차 1대가 합세하여, 오후 6시경 나주 다시면 지서의 무기고에서 카빈, M1, 캐리버50과 실탄을 가지고 나왔다. 그들은 나주 삼거리에서 20여 대의 차량과 수백 명의 시위대를 만나 함께 오후에 광주로 진입하여 무기를 나눠주었다. 21일 오후

4시경 트럭을 타고 광주에서 온 시위대 20여 명이 영암경찰서로 가서 20여 정의 총기를 가지고 광주로 출발했다.

21일 오후 4시경, 3대의 버스에 탑승한 광주 시위대가 강진읍에 도착하여 구호를 외치며 시가지를 행진하자 수많은 강진읍 주민들이 나와 환호하였다. 시위대는 오후 5시경, 강진경찰서 무기고에서 총기 100여 정을 확득하여 차량 5대에 나누어 타고 저녁 7시까지 광주로 돌아가기 위해 강진을 떠났다. 그 후로도 저녁 8시55분, 시위대는 성전면 지서 무기고에서 무기를 가지고 나왔다.

21일 정오 무렵, 광주에서 출발한 시위 차량이 해남읍에 도착하여 급박한 상황을 설명하며 군민의 지원을 호소하였다. 차 앞에 여고생이 태극기를 들고 애절한 목소리로 외쳤다. 해남 읍민들이 모여들어 박수를 치면서 격려했다. '광주에 난리가 났다'는 소식을 듣고 사람들은 구름처럼 읍내로 몰려들었다. 오후 3시경, 광주에서 온 시위대와 약 3천여 명의 군중이 해남읍 성내리 소재 교육청 앞 광장에 모여 성토대회를 열고 시가행진에 들어갔다. 해남읍 교회에서 신도들이 김밥 등 먹을 것, 약국이나 가게에서는 음료수를 시위대에게 건네줬다.

오후 5시경, 광주에서 또다시 시위 차량이 대거 해남으로 밀려왔다. 군용 지프 1대, 군용트럭 2, 버스 2, 트럭 1대가 청년 학생 등 500여 명을 싣고 광주로 향했다. 오후 7시에는 해남 옥천 용동에 숨겨놓은 광주 고속버스를 해남청년회의소 회원들이 끌어오고 대한통운 트럭도 동원하였다. 저녁 8시, 해남읍 중고생들이 뒤따르고 대학생들로 보이는 청년들이 앞장서서 터미널-교육청-해남중고교-고도리를 돌면서 시위를 이어갔다.

저녁 8시50분, 200여 명의 시위대가 차량 25대를 앞세우고 해남읍-현산면-송지면을 경유하여 밤 10시 완도읍에서 시가행진을 하였다. 다음 날 새벽 6시부터 시위대는 해남읍-마산면-황산면-문래면-화원면을 돌며 시위를 벌였다.

장흥에 시위대의 모습이 나타난 것은 22일 오전이었다. 광주에서 온 시위차량은 강진에서 21일 하룻밤 머문 뒤 장흥에 들른 것이다. 이들은 구호를 외치며 장흥읍을 돌고 나서 보성으로 갔다가 다시 장흥으로 돌아온 뒤 강진으로 출발했다. 장흥에서도 주민들이 열렬히 환영했으며 일부 사람들은 시위에 동참하였다. 23일에는 1백여 명의 시위대가 장흥군 장동면 지서를 공격하고, 2백여 명이 장흥을 출발하여 보성에 도착하였다가 다시 순천으로 이동하였다. 장흥고교생을 중심으로 한 400여 명의 시위대가 이들을 환영하였으며, 관산면에서도 버스 1대와 함께 시위대가 합류하였다.

보성지역에 시위대가 처음 나타난 시각은 21일 저녁 8시였다. 총이 아니라 각목을 든 시위대가 택시 2대와 트럭 10대에 나누어 타고 80명은 장흥 쪽으로 30명은 보성역 방향으로 이동하고, 이들은 보성에서 시위를 전개하다 트럭 3대, 택시 2대로 벌교 쪽으로 이동했다. 23일 12시경에는 화순과 경계지역인 문덕면에 시위대 100여 명이 총기 69정, 실탄 560발을 가지고 나타났다. 군과 경찰이 이들 시위대를 공격할 계획을 세웠으나 시위대가 무기를 반납하고 자수하여 충돌은 없었다.

21일 오후 1시경, 고속버스, 트럭 등 10여 대에 분승한 광주의 시위대가 함평읍에 도착하자 함평읍 주민들은 대대적인 환영을 하며 시위를 벌였다. 함평 주민 가운데 일부는 함평에 남아 시위를 하고, 나머지 차량 3대는 목포 쪽으로 이동했다. 오후 5시경, 버스 5대는 영광으로 이동하였다.

영광에도 시위대가 다녀갔지만 별다른 활동은 없었다. 군 기록에는 '21일 밤 11시15분경 영광읍에서 시위대 20~30명 가량이 군부대에 접근 중'이라는 보고와 '21일 밤 11시34분경 송정리에서 온 25명의 시위대가 버스터미널에서 시위' 한다는 보고가 있었다.

21일 오후 2시경 광주에서 시위대 30여 명이 3대의 버스에 탑승하고 무안읍에 도착했다. 무안지역 주민들은 시위대와 합세하여 구호를 외치며 무안군 일대를 돌아다녔다. 이들 중 일부는 목포로 갔고, 나머지는 무안군 내에서 무기를 찾아다니다 광주로 진입을 시도하였다. 광주 진입에 실패한 시위대는 송정리를 통해 영광으로 갔다가 다시 영암으로 가는 등 나주, 영광, 영암, 함평, 목포 등 인근 지역으로 돌아다니면서 계속해서 차량시위를 이어갔다.

담양에는 10대의 차량에 50여 명의 시위대가 탑승하여 담양경찰서에서 무전기와 무기를 획득했다. 오후 4시경 삼륜차, 버스, 트럭 등 약 30~40대의 차량 시위대는 담양경찰서에 갔지만, 경찰도 없고 무기도 없었다.

광주 시내에도 군인들이 미처 대피시키지 못한 예비군 무기고나 민간 기업 일부에는 약간의 총기가 남아 있었다. 21일 오후, 광주 효덕파출소에서는 6명의 청년들이 무기고에서 카빈총을 가져갔다. 박아랑(17세, 고등학생)은 중장비 기계로 백운동 파출소 무기고에서 10여 정의 카빈총을 가져갔다. 홍순희(20세, 대학생)는 광주 대촌 지서에서 M1을, 김광호(21세, 택시기사)는 광주개방대학 오른쪽에 있는 파출소에서 카빈총을 꺼냈다. 그 밖에도 광주 임동에 있는 전남방직, 일신방직, 연초제조창 등에서 직장예비군용 카빈을, 광주 지원동 석산화약고에서 TNT 등을 가져와 도청으로 옮겼다.

■ 퇴각하는 공수부대

무기를 분배하는 시위대나 무기를 받는 시민들의 모습은 비장했다. 오후 3시30분경, 화순에서 무기를 가지고 온 시위대는 광주 지원동 다리와 학동 석천다리 부근에서 M1과 실탄을 분배하였다. 비슷한 시각 나주와 담양에서 유입된 무기는 유동삼거리, 충금지하상가, 한일은행, 광주공원 부근에서 나눠줬다. 총을 서로 갖고자 너도나도 나서는 분위기였기 때문에 차량 위의 총기는 잠깐 사이에 모두 없어졌다.

예비군 중대장 출신 문장우는 총을 분배한 후 총기사고를 방지하기 위한 기초적인 총기 조작법을 알려줬다. 교육을 마친 후 집결지 광주공원으로 모이게 하였다. 유동삼거리에는 아시아자동차 공장에서 가져

온 트럭들과 APC장갑차 2대, 각지에서 무기와 시위대를 싣고 온 차량들로 가득 차 있었다.

시위대가 총기로 무장하면서 오후 3시경부터 시위 형태가 '시민군'과 '계엄군'의 교전으로 바뀌었다. 계엄군은 M16 소총 등 최신식 무기로 무장한 최정예 공수부대였다. 여기에 맞서 평범한 시민들이 카빈이나 M1 등 재래식 소총으로 무장하여 대항했다.

오후 3시30분이 넘어서면서 무장한 시민군들이 속속 도청 부근으로 집결하기 시작했다. 시위대가 예비군 무기고에서 획득한 2정의 LMG가 전남대 병원 옥상에 설치되었다.

오후 5시15분, 계엄군이 모두 빠져나가면서 전투경찰과 일반 경찰관들도 도청 뒷담을 넘어 황망히 피신하였다. 공수부대는 11공수여단 본부가 있던 조선대에 도착했으나 급히 떠나야 했다. 조선대 퇴각 후 재집결지는 화순 방면 길목에 위치한 '주남마을'이었다. 일부는 차량을 이용하여 학동~지원동~소태동으로 이어지는 도로를 이용했고, 나머지 병력은 조선대 뒷산을 넘어 도보로 피신했다.

오후 7시 무렵, 11여단 장갑차 1대가 학동과 지원동을 두 차례 왕복하면서 길 양쪽 주택가에 기관총과 M16소총을 난사하였다. 조선대 부근 양복점에서 일하고 있던 송승석(24세, 양복점 종업원)이 좌측 허벅지에 총상을 입었다. 임수춘(38세, 식료품 상점 운영)은 이때 학운동 자신의 가게 앞 도로에서 철수하는 공수부대의 장갑차에 치어 사망했다. 택시회사에 다니던 전정호(55세)도 귀가하던 중 지원동 부근에서 장갑차에서 쏜 총탄에 맞아 사망했다. 박찬욱(25세, 가구공)은 좌측 어깨 관통상을 입었다.

3공수여단도 오후 4시경, 전남대에서 광주교도소로 이동하라는 명령이 떨어졌다. 이때 전남대 강당에는 붙잡혀온 시민 130명 정도가 억류돼 있었다. 이들은 20일 밤 광주역 전투 때 잡혀온 사람들이 대부분이고, 일부는 21일 오전 전남대 주변에서 체포된 사람들이었다. 강길조(38세, 전남방직 노무계장)는 20일 오후 6시경 신안동 롯데제과 앞 도로에서 광주역을 경유하여 도청으로 진출하려던 시위대를 3공수가 가로막자 가운데 중재자로 나섰다가 전남대로 붙잡혀 왔다.

21일 오후, 퇴각 준비를 하던 3공수는 전남대로 붙잡혀 온 사람들을 포승줄로 줄줄이 묶어서 밀폐된 트럭에다 실은 후 최루탄을 터트렸다. 트럭에 태워진 시민들은 최루탄 가스 때문에 코피를 흘리고 오줌을 쌌다. 그야말로 생지옥을 방불케 하는 상황이었다.

강길조는 숨이 막혀 도저히 참을 수 없는 상태에 이르자 머리로 유리창을 들이받자 유리조각이 머리에 박혔다. 그가 탄 트럭에서만 서너 명의 사망자가 나왔고, 그 외에도 최루탄에 화상을 입어 얼굴이 벌겋게 벗겨진 사람도 있었다.

5월 21일, 사망자 중 4명은 아직 신원이나 장소 등 사망 경위가 밝혀지지 않았다. 대부분 시위가 가장 격렬했던 5월 20일에서 21일 사이 광주역과 금남로 차량시위, 금남로 발포 전후 상황에서 계엄군의 총격 또는 구타에 의해 사망한 것으로 추정된다. 5월 21일 신원 및 장소

미상 사망자 연령은 10대 1명, 20대 2명, 40대(추정) 1명이다. 김정선(방위병)은 소속 부대의 사망 확인 조서에서 5월 21일 사망하여 변사 처리한 기록이 있으나, 자세한 사망 경위는 확인할 수 없다.

김함옥(16세), 정민구(25세) 총상으로 사망, 40세 추정의 남자는 5월 21일 장소 불상지에서 M16 총상에 의해 배흉부 관통 총창(0.5×1), 우하퇴부 관통 총창(0.5×1)으로 사망하였다. 검시 당시 '상의 빨간 잠바, 하의 군복'을 착용하고 있었으며, 신원이 파악되지 못했다.

#5월 21~24일, 광주 봉쇄와 민간인 학살을 살펴보자

■ 광주 봉쇄 작전

21일 오후 5시경, 광주 시내에서 퇴각한 공수부대는 곧바로 광주시 외곽의 주요 도로를 봉쇄하였다. 31사단은 오치에 1개 중대를 배치하여 담양 쪽 진입로를 막았고, 3공수여단은 전체 병력이 광주교도소에 주둔하면서 호남고속도로 순천 방향 진출입로, 즉 광주의 동쪽 방향을 차단했다. 11공수여단과 7공수 33, 35대대는 소태동 주남마을에 주둔하면서 광주의 남쪽 방면 접근로인 화순방향을 봉쇄했다. 20사단은 광주의 서쪽과 북쪽 방면으로 통하는 3군데의 주요 도로 즉, 광주와 송정리 사이 도로를 연결하는 극락교, 광주와 목포를 잇는 백운동 일대, 서울로 향하는 호남고속도로 입구의 광주톨게이트 등에 각각 1개 대대씩 3개 대대 병력을 배치했다.

전두환 반란군부의 가장 큰 관심사는 시위가 서울로 확산되는 것을 봉쇄하는 것이었다. 만약 광주시민의 집단 항거 사실이 서울 등 타 지역에 알려지면 민심이 어떻게 폭발할지 예측할 수 없었기 때문이다.

봉쇄지역 가운데 국군통합병원, 505보안부대, 전투교육사령부, 송정리 군비행장과 광주교도소 등 보안목표가 있는 곳은 경계가 더욱 삼엄했다.

21일 광주의 참상을 전하기 위해 전남 서남부 지역으로 빠져나갔던

외곽 봉쇄작전 부대 및 봉쇄지역(5. 21. ~ 5. 24.)

부대	병력	비고
3공수	265/1,261	광주교도소 경계, 남해안 고속도로 차단
7공수	82/604	광주 – 화순 도로 차단
11공수	163/1,056	광주 – 화순 도로 차단
20사단	308/4,778	60연대 추가 투입, 광주 – 목포 간 도로 차단
31사단	22/294	자대 주둔
전교사	42/746	자대 주둔
계	882/8,739	5개 진입로 — 6개 차단 지역 운영

차량시위대들이 오후 늦은 시각에 광주로 돌아오려고 진입하다가 차단지역 계엄군의 총격에 사상자가 많이 발생했다.

계엄당국은 경고 방송이나 계도 활동 등을 통해 도로 봉쇄 사실을 시민들에게 미리 알리지 않았다. 이들 가운데는 무장한 시위대도 있었지만, 광주에 있는 가족 친지 소식이 궁금해 만나러 들어오거나 혹은 시골로 피난하기 위해 빠져나가던 일반인들이 많았다. 봉쇄지역 주위의 마을 사람들도 계엄군에 의해 큰 피해를 입었다.

22일부터 차량 시위대의 광주 진입이 사실상 불가능한 상태에서 23일 각 지역에서 안전사고를 우려한 주민들에 의해 자발적인 무기 회수 활동이 본격화되면서 24일경 거의 모든 지역에서 시위 차량이 눈에 띄지 않게 되었다.

주요 외곽봉쇄작전 집단학살 사건 발생지*

* 5·18민주화운동진상규명위원회, 「조사보고서, (직가의4-3) 5·18민주화운동 당시 계엄군에 의한 민간인 집단학살사건 11쪽.」 2024. 2. 29

■ 민간인 학살

5월 21일부터 봉쇄작전이 본격화되고, 계엄사령관의 자위권 보유 천명과 '계엄훈령 제11호' 지시 이후 민간인들에 대한 계엄군의 살상행위가 공공연하고 광범위하게 발생했다.

5월 21일부터 5월 24일까지 계엄군의 외곽 봉쇄 작전기간 동안 광주 외곽 등지에서 사망한 희생자는 총 70명이다.

광주-장성 간(광주 요금소 및 광주변전소) 지역에서 4명이 사망했고, 광주-화순 간(주남마을 등)에서 21명이 사망했다. 또 광주-담양 간(광주교도소, 담양)에서 12명이 사망했고, 광주-나주 간(송암동, 나주 등)

에서 22명이 사망했다. 광주–송정 간(통합병원) 지역에서는 7명(방위병 손광식 제외)이, 그 외 전남지역에서 4명이 각각 사망했다고 밝혔다.

■ 광주–나주간 도로 봉쇄작전과 민간인 학살

〈5월 21일〉

21일 15:00경, 남구 대촌 포충사 입구에서 계엄군의 총격으로 래커차가 전복되어 사상자가 사건이 발생했다. 석산고 3년 고재성(18세)은 중학교 동창인 전영진이 21일 도청 앞에서 계엄군의 총탄에 맞아 죽었다는 소식을 듣고 분노를 억제할 수 없어 시위에 참가했다. 고재성은 동창인 정국성(18세), 김재홍(19세, 숭일고 3년)과 함께 효천에서 래커차를 타고 선두의 지프차를 따라 나주 방면으로 출발했다. 남평에 이르기 직전 계엄군의 총격에 선두 지프차와 그들이 탄 래커차가 모두 뒤집히는 사고로 김형관, 안병복이 사망했다. 당시 래커차에는 13명이 타고 있었다. 고재성은 흉골 골절과 오른쪽 엄지손가락의 신경이 절단되고 턱뼈가 깨지는 부상을 당했다. 정국성은 차량 부속에 연결된 쇠파이프가 오른쪽 겨드랑이 밑에 꽂히는 중상을 입었다. 고재성과 정국성은 기독교병원으로 옮겨 치료를 받았다. 김재홍은 오른쪽 다리를 크게 다쳐 무릎을 절단했다. 김재홍은 1981년에, 정국성은 1992년에 모두 후유증으로 사망했다.

그 외 사망자 중에 나주 출신 이종연 사인은 불분명하다. 검시 자료에 따르면, '5월 21일 17:00 데모 차량에 탄 뒤 나주군 왕곡면 소재 국도상에서 동 차에서 추락 사망'하였다고 기재되어 있어 사인 규명이 필요하다.

21일 오후 5시 무렵까지는 차량시위대들이 광주에 무사히 진입할 수 있었다. 그러나 20사단의 배치가 완료되자 사정이 완전히 달라졌다. 20사단(사단장 박준병 소장) 61연대 2대대(대대장 김OO 중령)는 광주 서구 백운동 효천역 부근에 배치돼 광주와 목포 간 도로를 차단했고, 남평에 있는 비행기 비상활주로에는 61연대 1대대 1중대(중대장 조OO 대위) 병력이 출동해 작전을 펼쳤다.

21:00경 계엄군의 배치가 막 시작될 무렵, 남선연탄 공장 앞 도로를 지나던 광주고속버스, 일반 버스, 8t 트럭, 1t 트럭 등 여러 차가 계엄군의 총격을 당했다. 이로 인해 광주고속 버스의 운전자 강복원, 군용 레커 차량 운전자(임종인 추정), 박인천, 양창근 등 4명이 사망했다. 당초 문민규로 알려진 시신이 5월 21일 광주-나주간 도로상에서 총상으로 사망한 것으로 검시 관련 기록에 기재되어 있었는데, 나중에 문민규의 생존이 확인되면서, 이 시신은 무명열사로 분류되었다.

〈5월 22일〉

5월 22일에도 희생이 잇따랐다. 외곽 봉쇄 작전을 위해 투입된 제20사단 61연대 2대대 5중대와 6중대는 실탄을 받은 뒤 효천역 일대에 주둔했으며, 남선연탄 공장 앞에 바리케이드를 설치하여 민간인 차량과 보행자의 통행을 통제하였다. 계엄군의 바리케이드가 설치된 뒤에도 인명 피해가 발생했다. 이날 승용차를 타고 가던 박재영, 왕태경이 사망했다.

박재영은 5월 21일, 지인의 가족을 태운 차량을 운전해서 광주에서 목포로 가던 중 도로 상황이 좋지 않아 효덕동에서 1박하고, 다음날 오전 다시 목포 방향으로 진행 중이었다. 그는 05:40경 나주 남평 광남식당 인근(한두재)에서 61연대 2대대 5·6중대의 총격을 받고 사망했다. 박재영은 총격을 받기 전 송암동 남선연탄 공장 일대에서 외곽 봉쇄 작전을 수행하던 제20사단 61연대 2대대 신원미상(소령)의 허락을 받고 차량을 운전하던 중이었다.

광원여객 차주인 왕태경은 이날 회사 전무의 승용차를 타고 장OO, 해OO, 임OO 등과 함께 강진, 해남 방면을 운행하던 소속 회사 차량의 광주 진입을 막고자 남평 쪽으로 향했다. 그 도중에 09:00경 광주시 송암동 남선연탄공장 입구 국도변에서 제20사단 61연대 2대대 5·6중대의 총격에 사망하였다.

그 근처에서 자취하던 양희영, 양희태 형제도 피해를 입었다. 양희영은 17:00경 백운동 로타리에서 효천역 방향 100m 지점 철길 골목에서 사망한 채 발견되었지만 동생인 양희태는 행방불명되었다. 임동규는 나주에서 고등학교에 다니는 아들의 안부를 확인하고 읍내에 나왔다가 시위대 차량에 치여 사망했고, 황성술은 군납용 레커차를 운전하고, 송정리를 경유 목포 방면으로 가다 차량이 동곡면 하산교 아래로 추락하면서 타고 있던 김영두와 함께 사망했다.

그 외에도 박주삼은 계엄군이 매복해 있던 뒷산을 지나다가 총격을 받아 후유증으로 사망하고, 김재진은 자전거를 타고 지나가다가 총격에 부상을 당했다.

〈5월 23일〉

11:00경 한두재 부근을 지나던 광전교통 버스가 총격을 당해 전복되었다. 이 버스에 탔던 박병률이 머리를 다치고 김선모가 연행되었다. 14:00경 배성진, 박영철, 김대중 등 행인들이 남선연탄 공장 앞에서 계엄군에 체포되어 대검에 찔리는 등 가혹행위를 당했다.

■ 광주-담양 간 도로 봉쇄작전과 민간인 학살

〈5월 21일〉

5.21일 01:45분경, 31사단 96연대 2대대 457(13/444)명의 군인들이 트럭 13대로 이동하여 광주교도소에 도착했다. 이어 11경비대대가 충원되었다. 이들은 광주교도소에 주둔한 뒤 08:50분 차량에 탑승한 시위대 50여 명이 교도소에 접근하자 설득하여 돌려보냈다. 08:58분 400명, 09:05분 100여 명, 10:10분 20여 명, 11:02분 APC 등, 15:00분 중앙고속버스 등, 15:38분 시위대 기동순찰자 등 20여 대의 차량을 목격했다. 31사단 군인들이 주둔한 동안 김병학, 오천수, 김종성은 구타당했으며, 이정용, 김만석은 총상을 입었다.

5.21일 17:35분, 3공수여단이 광주교도소에 도착하여 31사단과 교체되었다. 3공수여단은 교도소에 도착하자마자 전남대에서 이송 전후 사망한 장방환, 안두환, 도착 후 대검을 찔러 사망한 민병렬의 시신을 매장하였다. 그날 최열락, 김태수, 이삼수 등 교도소에 접근하던 시위대 차량의 민간인들이 총격을 받았다. 보일러 수리공 최열

락은 21일 22시경, 시위차량을 타고 가던 중 총격을 받아 사망하였다. 21일 해남 산이면 농민 김인태는 아들 하숙비를 내려고 광주에 왔다가 실종된 후 광주교도소 앞 야산에서 시신으로 발견되었다. 용접공 박노봉은 퇴근 후 귀가하다가 교도소 앞 도로에서 연행되어 구타당한 후 상무대로 이감되었다.

21일 오후 8시경, 담양 대덕면 한 마을 주민 4명이 픽업 차를 타고 광주에 들어갔다 돌아오는 도중 교도소 뒤 고속도로에서 계엄군의 집중사격을 받고 2명이 죽고 2명이 부상당했다. 계엄군은 죽은 2명을 교도소 앞 고랑에 묻었다. 죽은 사람은 마을 이장이자 새마을지도자인 고규석(39세)과 축산업을 하는 임은택(35세), 부상자는 박만천(21세), 이승을(40세)이었다.

〈5월 22일〉

22일 오전 10시경, 트럭에 채소를 싣고 다니며 행상을 하던 김성수(46세)는 아내 김춘화(43세)와 막내딸 김내향(5세)을 자신의 트럭에 태우고, 진도의 집에 가기 위해 광주교도소 근처 진입로로 빠져나가려다 호남고속도로 검문소에서 계엄군의 정지신호를 받았다. 계엄군이 가지 못하게 막자 광주 방향으로 되돌아가려는 순간 뒤쪽에서 총탄이 쏟아졌다. 막내딸은 총에 맞아 하반신 불수가 되고, 부인은 뇌수술을 세 번이나 받았다.

22일 서종덕이 광주—담양간 고속도로에서 피격 사망, 이영진, 이용충은 광주교도소 앞 국도변에서 11대대 1지역대의 총격에 의해 사망하였다. 문화동사무소 공무원 정OO(남, OO세)의 진술에 따르면

5월 22일, 오전 시간대에 문화동사무소에서 담양 방면으로 약 20m 떨어진 지점에서 시민군 10여 명이 탄 차량이 공수부대의 총격을 받았다. 이로 인해 차량 적재함에 타고 있던 남자 1명이 바닥에 떨어진 뒤 죽었으며, 얼마 뒤 계엄군 트럭이 와서 시신 1구를 싣고 이동하는 것을 목격했다. 이후 정00은 희생자 사망 장소에서 희생자의 신분증을 확보하고, 다음 날 동사무소에 연락하여 유족들에게 연락을 취했다. 사망자는 서만오로 판단된다.

영암 신북면에서 차량시위대에 합류하여 5월 22일 전남대학교와 서방 지역에서 시위를 벌인 노경운은 제3공수여단 11대대가 경비하고 있던 광주교도소 입구 문화주유소 인근에서 총을 맞고 사망하였다. 나주 공산면 이재연은 교도소 앞에서 체포되어 31사단 헌병대로 이송, 보성 복내면에 살던 채종일(19세, 회사원)은 시위차량에 탑승하여 서방의 말바우시장 사거리에서 계엄군 총격으로 흉부관통상을 입었다.

시위와 무관하게 교도소 앞 도로를 지나가던 민간인 피해도 많았다. 담양이 집인 김병연은 집으로 가다 3공수 총격에 사망, 버스 운전기사 박경구 총격, 심석수는 총격으로 복부관통상을 입은 후 82년 후유증으로 사망, 양치홍 총창 골절상, 정태중 총격 부상, 최창진 총격 부상 후 교도소로 끌려감, 운전기사 이동진은 대퇴부 총상, 조선대학생 박채영, 나정식은 연행 후 구타 등 피해를 입었다.

〈5월 23일〉

광주교도소에 배치된 제3공수여단에 의한 민간인 희생자는 5월

23일에도 발생했다. 안병섭(22세, 남)은 5. 23일, 오전 아침 광주교도소 앞 주유소 삼거리 부근에서 좌대퇴부에 M16 총상을 당해 사망했다.

■ **광주-화순간 도로 봉쇄작전과 민간인 학살**

21일 오후, 도청에서 철수한 7, 11공수여단은 지원동 주남마을 뒷산에 주둔하면서 22일부터 본격적으로 광주-화순 간 도로를 봉쇄하였다. 22일 새벽 6시경, 11공수여단은 소태동(현재 광주 제2외곽순환도로와 교차하는 소태교 부근)에서부터 화순 방향 국도 주변에 61, 62, 63대대를 차례로 주남마을 앞까지, 7공수여단 35대대 11지역대는 화순쪽 너릿재 터널에 배치하여 도로를 차단했다.

〈5월 21일〉

광주-화순 간 지원동 일대에서 벌어진 민간인 피해는 외곽 봉쇄작전이 본격화되기 전부터 발생하기 시작했다. 21일 오후 조선대에서 주남마을로 이동하던 제11공수여단과 제7공수여단의 총격에 의해 김부열, 박금희, 김호중, 전정호 등 5명이 사망했다. 김부열은 지원동 뒤 산길에서 이동 중이던 계엄군에 의해 사망한 것으로 판단된다. 그는 실종 상태였다가 6월 7일, 지원동 뒷산 상봉(부엉산)에서 시신으로 발견되었다. 박금희는 19:00경 소태동 1번 버스 종점 부근을 주행하던 시위대 측 헌혈 버스에 탑승해 있다가 총격으로 사망했다. 김호중(남, 25세)은 19:30경, 학2동 버스정류장 내 가게에서 광주-화순간 도로 봉쇄 작전을 위해 이동하던 제7공수 33대대 장갑차에서 날아온 총탄에 맞아 사망했다. 전정호(55세)는 퇴근 중 집 앞에서 주남마을로 이동하던 계엄군 차량에서 날아온 총탄에 맞아 사망했다.

〈5월 23일〉

23일 새벽부터 총격이 있어 월남동 주민 손영완, 김남용, 임주윤, 김인섭, 유춘학, 강해중, 문재완이 총상을 입었다. 9시 30분경, 마이크로버스 피격사건이 발생했다.

5월 23일에 16명의 민간인이 계엄군에게 총격을 받고 사망했다. 16명의 사망자는 ①차량으로 이동하다가 계엄군의 공격을 받거나 ②도로를 보행하다가 공격을 받거나 ③총격 부상 후 체포되어 총격에 의해 살해당한 사례로 구분된다.

이날 09:30분, 제11공수여단 61대대와 62대대 4·5 지역대가 매복 활동 중이던 소태동 입구와 채석장 인근을 지나던 마이크로버스가 소태마을 입구에서 총격을 받아 버스 탑승자 최소 13명이 사망하고 1명이 부상을 입었다. 13명 명단은 양민석, 채수길, 김재형, 김정, 김현규, 손옥례, 고영자, 김남석, 김윤수, 김춘례, 박현숙, 백대환, 황호걸 등 13명이다.

피격 직후 홍금숙(여, 17세, 춘태여고 1년) 등 3명의 부상자와 사망자 4구의 시신이 마이크로버스에서 내려졌다. 생존자 3명은 경운기와 손수레에 실려 제11공수여단 본부로 이송되었다. 제11공수여단은 홍금숙을 헬기에 실어 상무대로 후송하고, 나머지 부상자 2명은 헬기장 인근 숲에서 사살한 뒤 가매장하였다. 시신은 나중에 주민신고로 발굴되었는데 추후 유전자 검사 결과 두 사람은 채수길, 양민석으로 밝혀졌다. 마이크로버스 희생자의 시신은 5월 23일 이후 시차를 두고 수습되었다. 5월 28일 수습된 희생자는 김재형, 김정, 김현규, 손옥례 총 4명이며, 5월 29일 수습된 희생자는 고영자(여, 22세. 일신방직 공원), 김춘례(여, 18세. 일신방직 공원), 김남석, 김윤수(남, 27세. 운전사), 박현숙(여, 18세. 신의여상 3년), 백대환(남, 19세. 송원전문대 1년), 황호걸(남, 20세. 방송통신고 3년) 총 7명, 6월 2일 수습된 희생자는 채수길, 양민석으로 총 2명이다.

  5월 23일 15:00경, 현장에서 의료 봉사활동을 하던 구급차 운전원 장재철이 사살당했다. 또 인근 마을 주민인 선종철은 매복 계엄군의 총격으로 사망했다. 산길을 통해 고향으로 가려던 박병현 등 3명이 봉쇄 작전을 벌이던 계엄군의 총격으로 사망했다.

  5월 23일, 사망자 16명의 평균 연령은 22.9세다. 40대 선종철을 제외하면 희생자 모두 10~20대이며, 10대가 5명, 20대가 10명이었다. 성별로는 여성이 4명이다.

■ '국군광주통합병원 확보작전' 사망자

  계엄군이 광주 외곽 봉쇄작전에 들어간 직후인 5월 21일 18:20경, 제20사단 62연대 2대대는 통합병원 입구(서구 화정동) 잿등에 배치되었다.

5월 22일 15:00, 20사단 62연대 2대대는 광주통합병원 앞 도로를 확보하라는 명령을 받았다. 남화맨션 등에 관측지점을 확보한 2대대 5,6,7,8중대는 장갑차 3대를 선두에 앞세우고 17:50 도로를 확보했다. 이 과정에서 민간인 7명(방위병 손광식 제외)이 사살당했으며, 25명이 심각한 총상을 입었고, 29명이 가혹행위로 부상을 당했다.

　총상 사망자는 김영선, 김재평, 양회남, 이매실, 임정식, 조규영, 함광수 등 7명. 확인된 부상자는 54명으로 24명이 총격 피해자이고 29명이 폭행 피해자였다.

　함광수(17세)는 그때 자신의 집 옥상에서 구경하다 총에 맞아 사망했다. 재수생 임정식(18세)은 외삼촌이 다리에 총탄 파편으로 부상을 입자 집으로 데려오던 중 왼쪽 가슴에 총을 맞고 쓰러졌다. 완도 수협 직원 김재평(29세)은 막 출산한 딸을 보기 위해 완도에서 광주에 올라왔다가 변을 당했다. 국군통합병원 부근 벽돌공장에서 일하던 조규영(38세)은 구경하러 나갔다 총에 맞았고, 이매실(68세) 할머니는 쌍촌동 집 안방에서 문을 뚫고 날아온 총알에 우측 턱이 맞아 그 자리에서 숨졌다. 김영선(26세)은 집 앞 골목에서 왼쪽 가슴을 총탄이 관통했고, 석유 배달업을 하던 양회남(30세)은 집 밖에서 나는 신음소리를 듣고 생존자를 구하러 가다 총에 맞았다. 총상으로 죽은 사람들은 군인들이 시신을 가지고 가서 모두 백일사격장에 가매장시켰다. 가족들은 보름쯤 지난 후에야 여기저기 수소문 끝에 겨우 시신을 찾아낼 수 있었다.

　부상자도 많이 발생했다. 통합병원 근처에서 구멍가게를 하던 최복

덕(여, 61세)은 거실로 들어가다 총알이 날아와 얼굴에 박혔다. 총알이 거실 유리창은 물론이고 장롱까지 뚫고 이불에 수없이 박혔다. 가정주부 손제선(여, 30세)은 5살짜리 아들 김철수와 함께 부상을 당했다. 손제선은 한쪽 턱이 떨어져 나갔고 아들은 손목에 총상을 입었다. 최복순(여, 38세)은 2층에서 방문을 열고 아래층으로 내려가려는 순간, 창문을 뚫고 날아온 총알이 어깨에 박혔다. 직업훈련원생이었던 최상언(25세)은 옥상에서 운동을 하다 총탄에 척추부상을 입었다. 노동자 유복동(35세)은 현관 문 새시를 뚫고 들어온 총알이 턱을 뚫고 입을 관통했다. 함께 있었던 그의 딸도 파편에 맞아 얼굴이 온통 피투성이가 됐다. 임신 3개월이던 이00(여, 23세)는 총소리에 놀라 현관문을 열고 밖을 내다보던 중 순간적으로 날아든 총알이 오른쪽 눈가와 귀를 스쳐 부상을 입었다. 그러나 총상보다 더 심각한 상해를 남긴 것은 폭행과 가혹행위였다.

이씨는 5.24일부터 6.20일까지 자택 바로 옆에 있는 국군광주통합병원에 입원하여 치료를 받았는데, 입원 기간 동안 군 수사기관으로부터 폭행과 가혹행위를 당하였다.

― 그러던 어느 날 몇 사람의 명단을 부르는 속에 이00 이름이 불리어 병원 1층 식당 옆에 있는 강당에서 젊은 청년들 여러 명과 수없이 맞아가며 고문을 당하기 시작했다. "했지", "주동자지"하며 청년들을 두들겨 패는 것이었다. 나는 오싹 소름이 끼쳐 몸을 억제하며 긴장하고 있을 때 느닷없이 "앉아 이년"하는 소리와 함

께 막무가내로 두꺼운 각목으로 머리며 어깨, 다리 등을 때리는 것이었다.

— 반문할 겨를도 없이 정신없이 얻어맞다가 "저는 집에 가만히 있다가 총 맞았는데요"했더니 "이년 ×년, ×××년"입에 담지 못할 욕설을 퍼부어대면서 또 때리는 것이었다. 너무 아파 눈물도 나오지 않았다. 임신 중이라고 했더니 구둣발로 배를 차대는 것이었다. 학생이면서 거짓말한다면서 또 때리는 것이었다. 나는 필사적으로 "아니예요, 가정주부예요. 결혼 반지까지 끼고 있잖아요"라고 반문했더니 "이년이 죽을라고 환장했다"며 또 막 두들겨 패는 것이었다. "요년이 Y에서 밥을 해 주고 데모를 했다"며 "어디 학교 다니냐, 온 몸둥아리를 갈기갈기 찢어놔야겠다"며 각목으로 등을 비롯해서 온몸을 인정사정없이 여자라는 것도 잊어버리고 후들겨 패는 것이었다.

— (…중략…) 옷에다 생오줌을 싸고 서러움에 복받쳐 흐느끼고 있을 때 명단을 잘못 불렀다며 다른 사람이 들어왔다. 그때서야 너무너무 억울해하며 울면서 병실로 돌아오는데 다리에 쥐가 나며 굳어버렸다. 통합병원 원장도 나를 보고는 환자들을 조사만 하랬지 저렇게 때릴 수가 있느냐며 수사관들에게 항의했다. 새로 부임한 광주시장, 합동수사반장, 보안대장 등이 차례로 찾아와 변명과 설득으로 이해해줄 것을 너절하게 늘어놓고서는 가버렸다. 그토록 두들겨 놓고 말 한마디로 처리해 버리는 그들은 과연 누구란 말인가?

6. 20일, 국군광주통합병원에서 퇴원한 이씨는 바로 조선대병원에 입원하여 이튿날까지 임신 관계 때문에 진찰과 치료를 받았다. 다행히 태아 상태에 이상은 없었으나, 이 씨 본인이 정신적 충격을 받고 오랫동안 '외상후 스트레스장애' 후유증을 앓았다.

■ 광주–장성간 봉쇄작전과 민간인 학살(광주변전소)

광주—장성 간 도로 차단을 위해 산동교에서 광주톨게이트 사이에 계엄군이 배치되었으며, 보안시설인 운암동 광주변전소에도 배치되었다. 이로 인해 5.22일부터 24일까지 광주변전소와 광주톨게이트 근처에서 민간인이 총격당한 사건이 발생했다.

5.22일, 광주톨게이트를 담당하던 20사단 61연대 3대대에 의해 시위대 김태헌이 총격받아 왼쪽 눈을 잃었다.

5.23일 12:30분, 11경비대대 4중대가 31사단을 출발하여 광주톨게이트를 통해 광주변전소로 향하던 중 금호고등학교 앞에서 민간인 김상태를 사살했다. 검시 기록에 따르면, 김상태는 5월 23일 16:00경 금호고등학교 앞에서 총격으로 사망하였으며, 이후 군 트럭에 실려 제31사단으로 옮겨졌다. 다음날 제31사단 11경비대 4중대원이 김상태의 시신을 31사단 유격장 야산에 매장하였다. 오정순은 같은 날 16:00 금호고등학교 정문 앞 자택 화장실에서 유탄에 맞아 사망했다. 조행권도 같은 날 16:00 동운동 노상에서 총격으로 사망했고, 시신은 위 김상태와 마찬가지로 5월 23일, 제31사단 사령부로 이송되어 가매장되

었다가 조선대 병원에서 검시된 것으로 판단된다. 5월 24일 23시경, 강정배와 그의 친구 1명, 당시 진흥고 수위였던 안00 등 3명이 운암동 변전소 앞에서 총격을 당했다. 변전소 안은 당시 계엄군 숙소로 사용되었는데, 강정배는 변전소 구내에서 사망했다. 강정배의 시신은 변전소 앞 노상에 매장되었다가 5월 25일 31사단으로 옮겨져 검시가 이루어졌다. 검시 결과는 좌견갑부상부관통 총상이다. 사망자 모두 M16 총상에 의해 사망했다.

5.24일 10시경, 20사단 61연대 3대대와 31사단 96연대 3대대 군인들간에 오인전투가 발생했다. 이때 기갑학교 매복지 근처 밭에서 일하던 연제동 외촌리 민간인 김천례(여, 72세)와 이시정(여, 6세)이 총상을 입었다.

■ 전남지역 사망자

〈해남 우슬재, 상등리〉

해남에는 31사단 93연대 2대대가 주둔하고 있었다. 2대대는 22일 14시에 백야리 주둔지 앞에 100명의 방위병을 소집하여 기관총과 클레이모어를 배치했으며, 21시 해리 우슬재에 40명 마산면 상등리에 10명의 무장 병력을 배치했다.

22일 22시경, 해남읍 백야리 31사단 93연대 앞에서 완도에서 오는 2대의 광주고속버스를 타고 광주로 향하던 김보영이 23일 1시에 충격을 받고 파편상을 입었다. 한인석은 연행되었다.

해리 우슬재에서는 영암을 출발한 검은색 관용 지프차 1대와 2.5톤 트럭 1대에 탄 차량시위대가 23일 5시, 31사단 93연대 2대대의 공격을 받아 김귀환이 사망하고 유상준, 강석신(고교생), 구만석, 배상선 등 4명이 총상을 입었다.

마산면 상등리에서는 23일 10시경, 50여명이 탑승한 광주고속버스 2대가 진도를 다녀오다가 총격을 받아 박영천이 사망하고 김병용, 정상덕이 총상을 입었으며, 김영규 등이 체포되어 해남읍 백야리 군부대로 끌려가 구타당했다. 정상덕은 1981년 9월, 총상 후유증으로 사망했다. 광주에서 시위에 참여하던 박문규는 5월 22일, 부친의 권유로 영암 자택에 왔다가 다음날 친구들과 함께 광주로 가던 중 폭행을 당해 사망했다.

〈목포〉

21일 오후 2시15분경, 광주로부터 빠져나온 시위대 2백여 명이 4대의 버스와 택시 1대에 분승하여 나주, 함평, 무안을 거쳐 목포에 도착하였다. 이들은 광주에서처럼 시가지를 차량 행진하며 광주시민의 피해 상황과 계엄군의 만행을 알리는 가두방송을 하였다. '계엄해제' '살인마 전두환 물러가라' '김대중을 석방하라' '구속 시민 학생을 석방하라'는 구호를 외치며 목포시민들의 궐기를 호소하였다.

광주에서 일어난 시위 소식을 듣고 있었던 목포시민들은 시위대를 열렬히 환영하며 삽시간에 1만여 명이 목포역 광장에 운집하였다. 일부 시민은 광주에서 온 시위차량에 '비상계엄 해제' '김대중 석방' 등의 현수막을 만들어서 달아 주기도 했으며, 시위대에게 음료수와 빵들을 실어 줬다. 오후 4시부터는 목포시민들이 자체적으로 조달한 목포의 시내버스 3대와 용달차, 승용차에 분승하여 가두시위를 시작했다. 경찰은 시위를 제지하기 위해 최루탄을 쏘았지만, 이미 불붙기 시작한 시민들의 분노 앞에 위험을 느끼고 사복으로 갈아입은 채 경찰서와 파출소를 비우고 피신해 버렸다.

박정희 유신독재체제반대 민주화운동으로 투옥되는 등 목포지역 민주화운동 재야인사인 안철은 목포역 광장에서 엠네스티 간사 최문(24세)에게 활동 지침을 알리는 방송을 하도록 했다. 최문의 방송 후 박상규(22세), 양지문(23세) 등 15명 정도의 청년·학생들도 목포역 앞 시위에 참여한 후 대책위원회를 꾸렸다. 광주에서 온 시위 차량은 상당수의 목포 청년들을 싣고 다시 광주 방향으로 빠져나갔다. 오후 7시20분쯤 군용 헬기 1대가 10여 분 동안 목포 상공에서 시위대의 동태를 정찰한 후 돌아갔다.

21일, 31사단 군인들이 목포 시내를 벗어난 저수지 근처 아세아자동차학원 앞을 차단하였다. 5.22일, 목포 상락동에 거주한 것으로 추정되는 신원미상자(23세, 추정남)가 시위하던 차량에서 추락하여 뇌진탕을 당했다.

■ 오인 전투와 보복 학살

5월 24일 새벽 1시30분, 주남마을에 주둔해있던 7공수와 11공수는 주둔지를 20사단 61연대에게 인계하고 광주비행장으로 이동하여 기동타격대 임무를 수행하라는 명령을 받았다. 20사단 61연대는 효천역 봉쇄지역을 전교사 보병학교 및 기갑학교 병력에 인계하고 주남마을로 이동했다. 아침 9시경, 7여단은 헬기로 광주비행장으로 이동하고, 11공수는 20사단 61연대와 임무교대를 마치고 육로로 이동하기 위해 출발하였다. 11공수는 장갑차를 앞세우고 56대의 군용트럭에 분승하여 지원동과 용산동 도로를 따라 진월동과 송암동을 거쳐 나주 남평 외곽도로를 타고 광주비행장에 도착할 계획이었다.

오후 1시30분경, 11공수여단 선두가 광주-목포간 도로에 인접한 효덕국민학교 삼거리 부근에 이르렀을 무렵 트럭을 타고 그곳에 와 있던 무장시위대 10여명을 발견하고 총격전이 벌어졌다. 500여 미터 정도 뒤따라가던 11공수 병력은 그 총소리를 듣고 주변을 향해 무차별 총격을 퍼부었다. 이때 진월동 원제마을 앞 원제저수지에서 목욕을 하던 어린이들에게조차 총격을 가하여 중학교 1학년 방광범(13세)이 총상을 입고 숨졌다. 또 효덕국민학교 부근 마을 어귀에서 놀던 어린이들에게도 총격을 가하여 4학년 전재수(10세)가 총상으로 죽었다.

오후 1시55분 경, 선두 11공수여단 63대대가 효천역에서 시내 쪽으로 500여 미터 전방에 다다랐을 때 근처 야산 좌우에 매복 중인 보병학교 교도대가 기습공격을 했다. 보병학교 교도대는 이날 새벽 20사단 61연대와 교체하여 이곳에 투입됐었다. 교도대는 장갑차를 앞세우고 트럭과 함께 접근하는 많은 병력을 시민군들이 무리를 지어 외곽으로 빠져나가는 것으로 착각했다. 즉각 90밀리 무반동총 4발을 발사하여 선두 장갑차와 뒤따르던 군용 트럭을 폭파해버렸다. 뒤이어 M16소총과 대규모 살상용 크레모아 발사, 수류탄 등을 투척하였다. 11공수는 시민군이 땅에다 지뢰를 매설해 놓고 공격하는 줄로 착각했다. 공수부대도 즉각 반격에 나서 30분 넘게 계엄군들끼리 치열한 격전을 벌였다.

　11공수 병력은 선두에 대대장 조OO 중령, 작전과장 차OO 소령, 김OO 병장 등 6명이 타고 있었다. 11공수는 즉시 하차, 산개하여 응사하였다. 곧바로 산 쪽의 매복지로 쳐들어가 1명을 사살하고 7명을 생포했다. 붙잡힌 포로를 조사해보니 전교사 산하의 육군보병학교 교도대였다. 전교사 지휘부는 11공수와 교도대가 서로 적으로 오인하여 벌어진 전투라는 것을 알아차리고 뒤늦게 양쪽에다 공격 중지 명령을 내렸다. 11공수는 63대대는 오인 사격과 교전 과정에서 순식간에 8명이 사망하고, 63대대장 조창구 중령 등 33명이 부상당했으며, APC와 트럭 4대가 파손되었다.

　11공수는 총알이 어디에서 날아오는 줄 몰랐기 때문에 근처 마을 민가에까지 무차별적으로 사격을 가했다. 이로 인해 효덕국민학교 운동장에서 동네 친구들과 놀고 있던 5학년 김문수(11세)도 총에 맞아 부상당했다. 금당마을 하수구에서 박연옥이 사살, 김행남은 총상을 당했다. 길가에 잇던 벽돌제조업체 금당산업에서는 최철진, 김영묵이, 인성고 앞에서는 이용수와 김재명이 총상을 입었다. 같은 시간에 효덕초등학교 앞을 지나던 김평용, 장철석, 송정교가 총격받은 후 후송되었다가 사망했거나 후유증으로 사망하였다.

　11공수는 근처 마을로 뛰어 들어가 주민들을 상대로 보복을 시작했다. 공수부대원들은 군화를 신은 채 민가에 들어가 김승후(19세, 선반공), 옆방에 세 들어 살던 권근립(25세, 노동자)과 임병철(24세, 남선연탄 기사) 3명을 끌어내 철길 부근에서 즉결 처형했다.

　당시 도청에서 효덕초등학교 삼거리로 김종철, 박진우, 이강갑, 이재남, 최영철(20세), 최진수(17세) 등 5명의 시민군을 파견하였다. 오후 2시경, 공수부대가 지원동으로 통하는 좁은 길목으로 장갑차를 몰고 와 총격을 가하자 최영철 등 시민군 일행은 민가에 숨었다. 그러나 잠시 후 계엄군들이 집에 들이닥쳐 모두 체포되었다.

　체포된 다섯 명 중 김종철이 집에서 끌려 나와 62대대 6지역대 군인에 의해 살해당했다. 김종철의 시신은 주민에 의해 동네 외곽에 매장되었다가 5.29일 시청에 신고하여 전남대병원으로 옮겨졌다. **김종철**이 영화로도 만들어졌던 **"김군"**이다.

　군부대 간 오인 사격은 또 있었다. 송암동 오인 사격과 같은 날짜인 24일 오전 9시55분경, 31사단 96연대 3대대 병력 31명(2/29)이 영광으로 복귀하기 위해 고속도로를 진행하던 중 발생했다. 매복중인 전교사 예하 기갑학교 병력 120명(3/117)이 시민군으로 오인하여 31사단 병력에게 총격을 가했다. 31사단 사병 3명이 사망하고, 민간인 2명과 군인 10명이 부상을 입었다.

#5월 22~26일, 광주시민 함께하는 대동세상 꽃피우자

■ 주먹밥 공동체와 시민군

　22일, 공수부대가 광주 시내를 빠져나간 광주는 치안 부재 지역이면서 동시에 자유스러운 해방구가 되었다. 시민들은 모여서 자발적으로 금남로를 치우기 시작했다. 지난밤까지 전투용으로 쓰던 군용 트럭들을 청소 차량으로 사용했다. 차량운반용 크레인으로는 길가에 훼손된 차량들을 끌어냈다. 금남로 바닥 여기저기에 핏물 자국을 물로 씻어냈다.

　시내 곳곳에서는 복면한 청년들이 차량에다 '계엄철폐' '전두환 처단'이라 쓴 플래카드를 붙이고 노래와 구호를 외치며 시가지를 질주했다. 승리하고 돌아온 개선 병사들처럼 의기양양했고 시민들의 환호 또한 열광적이었다. 시민들은 이런 젊은이들을 '시민군'이라 불렀다. 아낙네들은 시위차량을 불러 세우고 주먹밥과 김밥을 부지런히 올려주었다. 어떤 아낙네는 물통을 들고 나와 그들의 얼룩진 얼굴을 닦아 주고, 등을 다독여주었다. 모두 자식이나 동생 같은 사람들이었다. 약국 앞을 지날 때는 약사들이 피로 회복제와 드링크제를 한두 박스씩 차량에 올려주었고, 시민군이 이젠 많이 먹어서 필요 없다고 거절해도 다른 동료들에게도 나눠 주라고 기어코 올려놓았다. 골목 어귀의 슈퍼마켓이나 가게에서는 담배도 몇 보루씩 차 위에 올려주었다.

광주공원에는 지난밤 지역 방어 전투에 참가했던 시민군들이 모여들었다. 이제부터 할 일은 자체 조직과 병력을 정비하여 계엄군 반격에 대비하면서 시내의 치안을 유지하는 일이었다. 광주공원 광장에서는 시민군을 재편성하는 작업이 시작됐다. 너댓 명의 청년들이 차량에 번호를 매기면서 등록시키고, 임무를 부여했다. 공원 근처 꽃집에서 흰 페인트와 붓을 빌려다가 차량 앞뒷면에 큼지막하게 등록 번호를 써주면서, 운전기사의 신분증을 참조하여 수첩에다 차량을 등록했다. 소형차량은 구호와 연락 등의 임무를 부여했고, 대형차량은 병력과 시민 수송, 보급, 연락업무를 맡도록 하였다. 군용 지프는 지휘통제, 순찰 및 상황통제를, 그리고 군용트럭은 전투를 담당토록 했다. 무장 시민군들은 시내 여기저기 흩어져 있다가 연락이 되는대로 광주공원으로 속속 모여들었다. 시내 중심부의 주요 빌딩에도 시민군 경계병을 배치시켰다.

계엄군은 탱크와 장갑차를 동원하여 광주시내 진입로 7개 지점을 차단했다. 가시철조망 바리케이드로 봉쇄했고, 그 주변 야산 일대에 군인을 매복시켜 접근하는 사람들에게 총격을 가했다. 시민군도 이에 대응하여 각 지점에 2백여 미터의 간격을 두고, 바리케이드를 쌓아 계엄군과 대치했다. 시민군은 불에 타버린 차량과 타이어, 교통 철책, 원목, 시멘트, 화분 등으로 이중 삼중의 바리케이드를 치고 계엄군의 시내 진입에 대비하기 시작했다.

시민군은 닷새 동안이나 계속된 시위와 전투에 모두 지쳐 있었다.

그러나 공수특전단을 몰아냈다는 자부심으로 사기가 높았으며 시민들에게 불안감을 줄만한 행동은 스스로 절제하였다. 며칠씩 세수도 못한 채 돌아다니다 보니 얼굴이 시커멓게 되었고, 끼니도 거르고 잠도 모자라 광대뼈가 툭 불거지고, 눈은 움푹 꺼졌다. 대부분은 소외된 기층 민중들이었다. 일부는 자신과 가까운 친인척, 친구, 지인들이 계엄군으로부터 억울하게 입은 피해 때문에 격분하여 투쟁에 참가한 사람들도 있었다.

시민군은 도청을 본부로 정하고 본관 건물 1층 출입구의 서무과를 상황실로 사용하기 시작했다. 계엄군이 반격해 올 때 신속하게 대비할 수 있도록 무장 트럭 20여대가 도청 앞에 대기하였다. 맨 먼저 도청을 지킬 '경비반'이 조직되었다. 도청 건물을 지키고 정문 출입을 통제하면서 시신을 옮기거나 관리하는 일 따위를 담당할 시민군이었다. '경비반'에게는 무기가 지급되었다.

다음은 '기동순찰대'가 조직되었다. 공원에서 등록된 차량시위대가 도청에서 기동순찰대가 되었다. 기동순찰대는 총기를 소지하고 차량을 타고 다니면서 계엄군과 대치하는 지역을 경비하는 임무였다. 이와 더불어 환자 수송과 시민들이 제보해 오는 강도, 절도 혐의자를 체포하는 등의 치안 활동도 담당케 하였다. 기동순찰대에게는 군용 지프, 트럭, 장갑차, 가스차 등이 배정되었다.

기동순찰대는 광천동 공단입구와 교도소 부근, 지원동 등 계엄군과 대치하고 있는 외곽지역을 순회하며 상황을 살폈다. 무전기를 통해 도청과 소식을 주고받으며 시내와 외곽지역을 순회하다가 위급 상황이 발생하면 곧바로 현장으로 출동하였다. 22일부터 25일까지 추진된 무기 회수작업에도 기동순찰대가 동원되었다. 시내를 돌아다니며 무기 회수를 홍보하고, 회수된 무기를 도청으로 운반하는 일을 맡았다.

'경비반'과 '기동순찰대'는 보수가 주어지는 것도 아니고 주유, 근무 시간, 교대, 식사 제공 등도 원활하지 않았다. 식사는 차량이 돌아다니는 도중 시민들이 차에다 올려주는 주먹밥이나 김밥, 빵, 우유 따위로 때우기 일쑤였고, 도청에 들렀을 때 그곳 식당에서 먹는 밥이 그나마 제일 나은 식사였다. 몸을 씻는 일은 엄두도 내지 못하고, 옷을 갈아입거나 머리도 감지 못했다. 옷이나 모자는 계엄군과 경찰, 전경이 도청에서 퇴각할 때 버리고 간 군복, 방석모를 걸쳐 입었고, 고등학생들은 교련복을 주로 입었다. 며칠간 세수를 못해서 얼굴 색깔이 거무튀튀했고, 긴장된 눈빛만 반짝거렸다. 그들은 대다수가 식당 종업원, 자개가구 노동자, 공장 노동자, 자취하던 대학생, 재수생 등이었다.

그들 가운데는 화순, 나주, 담양, 영암, 해남, 함평 등 광주 인근 지역에서 21일 시위 차량에 탑승하여 참여하게 된 청년들도 적지 않았다. 혈기 왕성한 고등학생들도 꽤 눈에 띄었다. 잠깐씩 틈을 내서 집에 들어가서 옷을 갈아입거나 씻고 오기도 했으며, 집에 갔다가 부모에게 붙들려 아예 더 이상 참여하지 못한 학생들도 많았다. 상황실에서는 매일 기동순찰대원을 모집하여 빈자리를 보충하였다. 기동순찰대 가운데 일부는 26일 출범한 '기동타격대'로 흡수되었다.

22일 아침, 일찍 도청에 들어갔던 시민군과 일반 시민들은 질서가 잡히지 않아 우왕좌왕했다. 차츰 시간이 지나면서 일의 순서와 윤곽이 잡혀가기 시작했다. 도청 구내에는 계엄군들이 버리고 간 총기와 방독면, 수류탄, 무전기, 작전지도 등이 뒤섞인 채 책상이나 바닥 위에서 나뒹굴고 있었다. 시민군은 곧 그것들을 정리하고 분류하여 자신들이 사용했다. 학생들은 일의 매듭을 풀어 나가는 데 신속했다.

도청 상황실에서는 도청 정문 기둥 위에 올라가서 사망자 명단과 현재 외곽지대의 계엄군 동향 등을 상황실에 접수되는 대로 육성으로 시민들에게 보고했다. 도청 상황실에는 많은 정보들이 다양한 채널을 통해 접수됐기 때문에 시민들의 눈과 귀는 온통 이곳으로 쏠렸다. 하지만 이런 문제들을 체계적으로 처리할 조직은 아직 준비되지 않은 상태였다.

도청에는 여대생과 여고생도 들어와 활동했다. 스스로 취사실과 상황실, 수습위원실, 방송실 등에서 취사와 행정 지원 업무 따위를 맡았다. 상황실과 수습대책위원회 회의실에 배치된 여학생들은 출입증을 만들거나 사망자 명단을 작성하고, 시민들로부터 모금된 돈을 관리하는 일을 했다. 상황실 옆 방송시설은 도청 옥상의 고성능 스피커와 연결되어 광장에 모여든 시민들에게 사망자의 신원과 인적 사항을 알리는 데 사용했다. 신원이 확인된 희생자의 경우 가족을 찾거나, 수습위원회가 시민들에게 전달 사항을 방송했다.

■ **수습대책위원회**

22일 낮 12시 30분경, 목사와 신부, 변호사, 관료, 기업인 등 15명의 지역 유지들이 참여하고, 독립유공자 최한영을 위원장으로 하는 '5·18수습대책위원회'가 구성되었다. 수습위원들은 오전 내내 토론을 거듭한 끝에 계엄당국에 제시할 다음 7개 항목의 요구사항을 결정하였다.

1. 계엄군의 과잉 진압 인정.
2. 구속학생 및 민주인사 연행자 석방.
3. 시민의 인명과 재산 피해 보상.
4. 발포 명령 책임자 처벌과 국가 책임자의 사과.
5. 사망자 장례식은 시민장으로.
6. 수습 후 시민 학생들을 보복하지 말 것.
7. 이상의 요구가 관철되면 무기 자진 회수 반납 무장해제.

오후가 되자, 도청 앞 광장에서 전남대 송기숙·명노근 교수가 대학생을 모았다. 모여든 학생 중에서 전남대, 조선대에서 각각 5명씩 뽑아 학생수습위원회가 결성되었다. 위원장, 부위원장, 총무, 대변인, 무기관리담당, 총기회수반, 차량통제반, 수리보수반, 질서회복반, 의료반 등의 부서를 두었다. '일반 수습위원회'와 '학생 수습위원회'가 생겼다. 일반 수습위원회는 주로 계엄당국과 협상하거나 시민의 설득에 중점을 두었으며, 학생 수습위원회는 청소, 질서 유지 등 대민 업무를 맡아 보게 되었다.

　오후 1시30분경, 수습위원 중 선발된 협상 대표 8명이 전남북계엄분소를 찾아가 계엄군 측과 협상을 시작했다. 수습위원들은 7개항의 요구조건을 설명하였다. 계엄군은 요구조건을 수용하지 않고 만약 계속해서 계엄군에 대항하여 버틴다면, 탱크 등 중화기를 동원해서라도 진압하겠다며 사실상 '무조건적인 투항'을 요구하였다. 수습대책위가 마련한 시민들의 요구는 물거품이 되고 협상 결과 얻어진 것이라곤 '선별 석방' 외에는 하나도 없었다.

　오후 1시30분경, 출발했던 수습대책위원들이 오후 5시18분이 되어서야 상무대에서 돌아왔다. 수습대책위원회는 전교사의 전남북 계엄분소 방문 협의 결과에 대하여 '협상보고대회'를 개최했다. 시민들은 협상 결과를 목이 빠지게 기다리고 있었다.

　정시채 부지사의 사회로 8명의 수습위원들이 차례로 분수대에 올라가 협상 내용을 이야기하였다. 그런데 장휴동 수습위원이 "우리가 이런 식으로 해서는 결국 폭도밖에는 안 된다. 어서 빨리 무기를 모두 계엄사에 반납하고, 시내 치안 질서 유지권을 군인에게 넘겨주어야 한다."고 말했다. 그러자 이 말을 듣고 있던 시민들 가운데서 동요가 일어나더니 한 청년이 뛰어 올라가 그의 마이크를 거칠게 가로챘다. 돌발적인 상황에 시민들이 술렁거렸다. 갑작스런 사건으로 수습위원들이 황망히 분수대에서 내려갔다. 잠시 후 각 병원에 분산되어 있던 시신들이 도청 앞에 도착했다. 50여 구 정도 되었다. 희생자들의 시신을 본 시민들은 더욱 분노했다. 협상보고대회는 추모대회로 변한 채 끝나고 말았다.

한편 오전 11시경, 도청 뒤쪽에 있는 남동성당에서 홍남순 변호사, 이성학 장로, 김성용 신부, 조아라 YWCA 회장, 이애신 YWCA 총무, 이기홍 변호사, 명노근 교수, 송기숙 교수, 윤영규 선생 등 70년대부터 민주화운동에 앞장섰던 종교계와 학계 등 광주의 원로급 재야민주인사들이 도청 수습위원회와는 별도로 수습 대책을 논의했다.

23일, 확대수습위원회는 계엄사에 요구할 다음 8개 조건을 다시 확정했다.

1. 계엄군, 공수부대의 지나친 과잉진압을 인정하라.
2. 연행자를 석방하라.
3. 계엄군의 시가지 투입을 금지하라.
4. 시민, 학생 처벌 및 보복 엄금하라.
5. 정부 책임 하에 사망자, 부상자의 피해 보상하라.
6. 방송 재개 및 사실 보도를 촉구한다.
7. 자극적인 어휘 사용을 금지하라.
8. 시외 통로를 열어라.

계엄사와 두 번째 협상에 회수된 총기 가운데 1백50여 정의 카빈 소총을 함께 가지고 갔다. 수습대책위원과 계엄사령부는 협상을 하였으나 '예비 검속자' 및 '연행자' 전원 석방 요구에서 결렬되고 말았다. 계엄사령부는 총기회수에 대한 보답으로 연행되었던 34명의 시민들을 석방시켜 수습대책위원들이 데리고 도청으로 돌아갔다.

밤새도록 외곽지대에서는 간헐적으로 총성이 들려왔다. 계엄군은 외곽을 완전히 포위한 채 밤중 내내 봉쇄 작전을 펼쳤다. 23일 아침, 광주 시내는 여전히 해방감과 승리감으로 고조된 분위기였다. 거리의 차량들은 오전까지 통제되지 않은 채 마구 질주했지만, 오후부터는 차츰 질서가 잡혀가고 있었다. 시민들은 각 동별로 모여 여러 군데서 도청으로 행진해 왔다. 새벽 6시부터 고등학생 7백여 명이 시내 곳곳을 청소했으며 시민들도 제각기 자기의 동네와 도로를 깨끗이 쓸어냈다. 시장 주변 길가에는 아침 일찍부터 아주머니들이 솥을 걸고 밥을 지었다. 밤새 경계근무를 했던 시민군들이 차를 타고 시내로 들어와 아무 곳에나 찾아가 주저앉아서 아침식사를 했다. 식사하는 자리에서는 지난밤 곳곳에서 있었던 야간 전투에 관한 소식들을 주고받았다. 상가들도 띄엄띄엄 문을 열기 시작했다.

도청 앞 광장 맞은편 상무관 강당에는 수많은 시신들이 무명천에 덮여 진열되었다. 아직 입관하지 못한 시신도 수십 구였으며 무명천 위로 검붉은 피가 배어 나왔다. 영령을 모시는 분향대가 입구에 설치되어 향이 피워졌고, 시신이 부패하지 않도록 방부제가 뿌려졌다. 분향하려는 시민들이 늘어선 줄은 상무대 바깥 분수대까지 광장을 가로질러 길게 구불구불 이어졌다.

도청에서는 아침부터 가족들의 생사를 확인하려는 사람들이 줄을 이었다. 가족들이 접수한 행방불명자 명단이 여러 병원의 입원 환자와 사망자 명단과 대조하는 일이 시작됐다. '수습대책위원회'라고 적힌 띠를 어깨에 두른 청년들이 도청 정문 출입을 통제했다. 도청에 안치되어 있는 사망자를 확인하기 위해 한 사람씩 신분증을 대조한 후 시신을 보여줬다. 대부분의 시신은 형상을 제대로 알아볼 수 없을 정도로 심하게 훼손돼 있었다. 총상을 입거나 곤봉에 맞아 사망한 시신은 머리와 얼굴이 짓뭉개졌고, 대검으로 난자된 시체는 붓거나 부패했다. 팔이 떨어져 관 속에 따로 놓여 있거나, 목이 잘려서 몸과 분리된 사체, 얼굴이 검푸르게 변색되고 눈알이 튀어나온 비참한 모습들을 본 유족들은 손수건을 입에다 대고 터져 나오는 오열을 억누르거나 관을 붙들고 미친 듯이 통곡하다가 탈진하여 쓰러졌다. 일단 가족이 확인한 시신은 상무관에 옮겨 안치되었다.

학생 수습대책위원들은 무엇을 할 것인지 밤새워 논의한 결과 질서 확립, 홍보, 장례, 무기 회수 활동 등을 하자고 의견을 모았다.

■ 민주 수호 범시민궐기대회

〈제1차〉

23일 오전 일찍 녹두서점에 김영철, 윤상원, 박효선 등 시민사회단체 인사들과 대학생들이 모여들었다. 전날 협상보고대회에서 일어난 사건을 보고 '시민궐기대회'를 추진하는 것이 좋겠다고 의견을 모았다. 시민들의 의지를 결집하여 계엄당국과 협상력을 높이기 위해서는 튼튼한 지도부를 만드는 것이 급하다고 판단했다.

그들은 오후 3시에 제1차 시민궐기대회를 개최하기로 결정했다. 극단 광대의 박효선은 단원들을 모으기 시작했다. 녹두서점에서 모인 청년들은 전남대 스쿨버스를 가져와 스피커를 차량에 설치하여 시내를 돌아다니며 궐기대회 개최 소식을 시민들에게 알렸다.

점심시간이 지나자 도청 앞 광장에 시민들이 구름처럼 모여들기 시작했다. 오후 3시까지 15만 명에 이를 만큼 시민들 숫자가 엄청나게 불어났다. 확성기가 울리자 시민들이 분수대를 중심으로 빙 둘러 모였다. 광대 단원 김태종과 이현주가 분수대 위 연단에 올라가 사회를 봤다. 궐기대회는 항쟁 기간 중 목숨을 잃은 민주영령에 대한 묵념과 애국가로부터 시작되었다. 이어서 시민들 가운데 노동자, 농민, 시민, 학생, 교사, 주부 등 각계각층의 사람들이 차례로 분수대 위에 올라와 발언을 하였다.

대회가 끝났을 때 도청 민원실 앞에 약 2백~3백여 명의 고등학생들이 모였다. 고등학생들은 인원을 나누어서 일부는 식당에서 밥을 하는 여성들의 일손을 도와주게 하고, 나머지는 집집마다 돌아다니면서 시민군들에게 제공할 쌀을 얻어왔다. 궐기대회가 끝나고 시민들이 흩어진 후 시민군들이 시내 요소요소와 외곽지역을 방어하며 밤을 지샜다.

⟨제2차⟩

24일 오후 2시 30분에 시작된 제2차 민주수호 범시민궐기대회에서 시민들이 분수대 위에 올라가 '책임자 처벌'과 '피의 보상'을 외치며 열변을 토했다. 수습위 쪽 대표로 이종기 변호사가 나와서 8개 항의 협상 내용을 발표했다. 전두환 보안사령관 허수아비를 만들어 화형식을 하였다.

시민들이 열광적으로 환호했다. 독일 공영방송(ARD) 힌츠 페터와 미국 NBC 방송기자가 궐기대회 장면을 비디오로 끝까지 촬영했다. 오후 6시경 가두행진을 마지막으로 궐기대회가 모두 끝났다.

외곽에서 계엄군과 대치하던 시민군들 중 상당수는 비가 내리자 방어지역을 떠났다. 그들에게 힘이 될 만한 소식은 거의 없었고, 도청 수습대책위원회는 계속해서 무기를 반납하라고 종용하는 데다 비까지 내리니 분위기는 처연했다. 다음날 시민군 병력 규모는 훨씬 줄었다. 이날 오후 임시 재개된 KBS TV는 도청 앞에 모였던 군중을 여전히 '폭도'라고 몰아붙였다.

⟨제3차⟩

25일 오후 3시, 제3차 궐기대회가 열렸다. 참가한 시민들의 숫자가 5만여 명으로 줄었다. 그렇지만 열기는 오히려 더 뜨거웠다. 각 동별로 피켓과 플래카드를 들고 모여들었다. 여러 가지 성명서가 낭독되었으며, 지금까지 접수된 피해 상황이 보고되었다. 도청 본부의 집계에 따르면, 현재 시내 각 병원에서 사경을 헤매는 중환자가 약 520명, 경상자 2,170명, 사망자는 총 70여 명이었다. 사망자 가운데 신원이 파악된 시신은 상무관에 안치하고, 미확인 시신은 도청 뜰로 옮겨 진열하였다.

궐기대회 도중 외곽에서 온 주민들은 대학생들이 변두리 지역에 각 동별로 한두 명씩이라도 파견되어 자신들의 민원을 처리해 주면 좋겠다고 요청했다. 광주 시내에 비해 시 외곽 변두리 지역의 독립부락이나 계엄군과 전선을 형성하고 있는 경계 지역의 실정은 매우 어려웠다. 계엄군들이 그 지역 주민에게 주는 피해와 생명의 위협 때문에 상당수가 시내의 친척집으로 피난을 나왔다면서 먼저 나온 사람들의 생사 여부를 궁금해 하였다.

〈제4차〉

26일 새벽에 계엄군의 시내 진입 소식이 알려지자 항쟁지도부는 당초 오후로 예정된 궐기대회를 앞당겨 오전에 열기로 했다. 홍보팀은 시내 곳곳에다 대자보를 부착하고, 가두방송으로 오전 중 궐기대회 개최 사실을 알렸다. 오전 11시에 제4차 민주수호 범시민궐기대회가 열렸다. 긴장된 표정의 시민들이 이른 아침부터 도청 앞 광장으로 모여들어 대회가 열릴 때쯤에는 무려 3만여 명에 이르렀다. 계엄군 측이 협약을 위반하고 새벽에 시내로 진입한 사실을 시민들에게 알리며 성토하였다. 그리고 언론인들에게 정확한 보도를 요구하고, 군인들에게는 '권력을 찬탈하려는 전두환 군부의 시녀가 되지 말고, 군 본연의 임무인 휴전선으로 돌아가라.'는 취지의 글을 낭독했다. 이때 7개 항으로 된 '80만 광주시민의 결의'를 채택하였다.

> 1. 이번 사태의 모든 책임은 과도정부에 있다. 과도정부는 모든 피해를 보상하고 즉각 물러나라.
> 2. 무력 탄압만 계속하는 명분 없는 계엄령은 즉각 해제하라.
> 3. 민족의 이름으로 울부짖는다. 살인마 전두환을 공개 처단하라.
> 4. 구속 중인 민주인사를 즉각 석방하고, 민주인사들로 구국 과도정부를 수립하라.
> 5. 정부와 언론은 이번 광주의거를 허위조작, 왜곡보도 하지 말라.
> 6. 우리가 요구하는 것은 피해보상과 연행자 석방만이 아니다. 우리는 진정한 민주정부 수립을 요구한다.
> 7. 이상의 요구가 관철될 때까지, 최후의 일각까지, 최후의 일인까지 우리 80만 시민 일동은 투쟁할 것을 온 민족 앞에 선언한다.

궐기대회를 마친 후 전남대 스쿨버스를 앞세우고 수 많은 시민들이 가두행진에 나섰다. 행진에 참가한 시민들 숫자는 선두가 금남로에서 1km 정도 떨어진 광남로 사거리로 꺾어 들어갈 때까지도 후미는 아직 출발도 하지 못했을 정도로 6차선 도로를 꽉 메웠다.

시민들은 '우리는 싸움을 포기할 수 없다', '무기 반납은 절대로 안 된다', '살인마 전두환을 찢어죽이자'는 구호를 외치며 금남로-광남로-광주공원-양림교-전남대병원-청산학원-계림파출소-광주역-한일은행 코스를 따라 순회한 후 다시 도청 앞으로 집결하였다.

〈제5차〉

오후 3시, 제5차 민주수호 범시민궐기대회가 개최되었다. 오전에 상무대를 다녀온 시민 대표들의 협상 결과가 알려지면서 계엄군 진입이 확실해지는 시점에서 열린 궐기대회였다. 성명서를 낭독하던 종전과는 달리 '시민행동강령'을 채택하여 발표했다. 많은 시민들이 연단에 올라가 계엄군의 만행을 성토했다. 한 아주머니는 교도소 부근에서 공수들에 의해 가족이 몰살당한 얘기를 하면서 말을 제대로 잇지 못하고 통곡했다. 어떤 여교사는 현 상황에서 자신이 해야 될 일이 무엇이냐고 물었다. 시민궐기대회에 처음으로 참가했다는 아주머니는 폭도와 깡패들이 난동을 부린다는 TV 보도를 듣고 무서워서 나오지 않았는데 시내에 직접 와보니 전혀 다르다는 말을 하면서 시외 지역이나 변두리에 와서도 홍보를 해달라는 부탁을 했다. 해방 후 현재까지의 정치, 경제적인 문제점 등을 성토하기도 했다. 오전 4차 궐기대회에서 채택했던 7개항의 '80만 광주시민의 결의'가 다시 낭독되었다.

궐기대회가 끝날 무렵, 학생수습대책위원이 '오늘 밤 계엄군이 공격해 올 가능성이 크다'고 공식 발표하였다. 시민군 이관택(32세)이 연단에 올라서서 '우리는 왜 총을 들 수밖에 없는가!' 라는 제목의 성명서를 낭독했다. 대회가 끝난 후 '끝까지 싸워야 한다!'고 외치며 5천여 명의 군중이 금남로-양동상가-화정동을 거쳐 계엄군과 대치 지점까지 행진하였다. 시민들은 계엄군의 코앞까지 다가가 구호를 외치며 성토한 후 도청으로 되돌아왔다. 그날 밤 YMCA 강당에는 도청을 사수하려는 약 150명의 청년·학생들이 남았다.

■ 푸른 눈의 목격자

5월 23일, 서울 일부 지역에 '전두환 살육작전'이라는 제목의 8절지 크기 유인물이 뿌려지기 시작했다.

"아! 하늘은 어찌 이리도 무심하단 말인가?" 문구로 시작되는 이 유인물은 외부에 뿌려진 최초의 광주 소식이었다. 광주의 참변 소식을 접한 수도권 대학생들이 '광주 알리기'를 전개하기 시작한 것이다.

국내 언론의 침묵과 왜곡 속에 광주의 진실을 전 세계에 알린 건 '외신기자들'이었다. 광주의 참상이 TV전파를 타고 유럽, 미국, 일본 등에 알려지자 전 세계인들은 빗발치는 여론이 쏟아졌다.

5월22일, 광주의 참상을 담은 생생한 영상이 독일은 물론 위성을 통해 유럽과 미국에까지 톱 뉴스로 방영되었다. 광주항쟁의 생생한 현장이 전파를 타고 세계인들에게 알려진 최초의 순간이었다.

독일 공영방송(ARD) 아시아특파원 힌츠페터가 '계엄령 하의 광주에서 시민과 계엄군 충돌'이라는 짧막한 뉴스를 일본 동경에서 접했던 시각은 5월 19일 오전이었다. 곧바로 한국행 비행기에 올라 서울에 도착한 후 자동차를 타고 20일 광주에 도착했다. 20일 항쟁이 절정으로 치닫고 있을 때 광주시민들은 계엄군의 삼엄한 봉쇄망을 뚫고 들어온 외신기자 힌츠페터를 뜨겁게 환영했다. 그는 학살 현장과 병원을 찾아다니며 비디오로 촬영했다. 베트남 전쟁에서 종군기자로 활동했지만 이렇듯 비참한 광경은 처음 보았다. 가슴이 꽉 막히고 흐르는 눈물 때문에 가끔씩 촬영하는 것을 중단할 수밖에 없었다. 21일, 집단발포 현장의 총성도 담았다. 그는 필름을 독일 함부르크에 있는 본사에 보내기 위해 광주에서 서울을 경유하여 일본 동경까지 직접 가지고 갔다. 검문을 뚫고 가는데 무려 22시간이나 걸렸다. 동경 공항에서 필름만 넘겨주고 곧장 다시 광주로 되돌아왔다. 23일부터 그는 해방공간의 시민군 활동과 궐기대회 등 여러 장면을 찍었다. 항쟁 이후 흔히 접할 수 있는 광주항쟁의 현장 동영상 장면은 대부분 이때 힌츠페터가 찍은 영상들이다.

서울에 상주하고 있던 외신기자들은 21일부터 위험을 감수하고 광주에 들어왔다. 21일 새벽 5시, 프랑스 르몽드지 기자 필립 퐁스와 뉴욕타임스 서울 주재기자 심재훈은 렌터카를 타고 서울을 출발, 오전 9시 무렵 서광주 톨게이트에 들어섰다. 그들은 마치 개선장군처럼 시민들로부터 환영을 받았다. "무질서와 폭력이 난무하는 '폭동(violence)'이 일어난 곳이 아니라 여자, 노약자, 어린이 가리지 않고 김밥과 과일 등 음식물을 차에다 올려주는 '봉기(insurrection)의 도시'였다." 시민들의 안내를 받으며 도청 일대와 병원 영안실 등을 취재하고 순천에 가서 서울지국으로 원고를 보냈다. 23일, 그 기사가 뉴욕타임스와 프랑스 르몽드 지에 보도됐다. 유럽과 미주 대륙에서 가장 큰 영향력을 자랑하는 두 매체에 보도되자 광주 소식이 전 세계 여론을 발칵 뒤집어놓았다. 그 후 TV · 방송 · 신문 · 잡지 등 외신특파원이 물밀듯 광주로 밀어닥쳤다.

21일 해질 무렵, 'AP통신' 테리 앤더슨 기자는 '타임'지 로빈 모이어 사진기자와 함께 광주 외곽 10km 지점에 도착했다. 피난민 행렬이 이어지는 가운데 걸어서 광주 시내로 들어왔다. 테리 앤더슨은 한눈에 '광주사태가 사실상 군인들에 의한 폭동'이라고 확신했다.

AP통신 샘 제임슨 기자는 21일 글라이스틴 주한 미국대사가 미국 기자들에게 광주 상황을 처음 브리핑한 장면을 취재했다. 글라이스틴은 "광주 시위가 '완전한 폭동'으로 돌변했으며, 전두환의 계엄령 확대 결정이 '크게 잘못 됐다'고 말했다." 그럼에도 불구하고 '미국은 질서 회복을 위해 한국군의 군대 사용을 지지한다'고 밝혔다. 아시아월스트리트저널 노먼 토프 기자도 21일 광주에 들어와 병원을 돌아다니며 사망자 숫자를 하나하나 세면서 사진을 찍었다. 뒤이어 속속 미국 볼티모아선 특파원 브래들리 마틴, 독일 슈트 도이체 차이퉁 특파원 게브하르트 힐셔, 뉴욕타임스 동경지국장 헨리 스코트 스톡스, 일본의 아사히와 요미우리 신문기자, 미 NBC, ABC 기자 등도 현장 취재를 위해 광주로 내려왔다. 외신기자들은 항쟁의 객관적인 관찰자로서 역사의 증인이 되었다.

■ 질서 회복과 투쟁 역량 비축

해방 기간 나흘째로 접어든 25일, 시내는 질서를 회복해 가고 있었다. 시장과 상점들이 문을 열었고, 경운기로 실어 온 채소가 시내에 공급되고 있었다. 수퍼마켓이나 구멍가게에서는 사는 쪽이나 파는 쪽 모두가 사재기를 방지하려 노력했다. 담배도 한 갑씩밖에 팔지 않았다.

병원에서는 처음 며칠 동안 갑자기 밀려 들어온 부상자들 때문에 피가 모자라서 곤란을 겪었지만, 이 사실이 알려지자 헌혈하려는 시민들이 몰려 피가 남아돌았다.

전기와 수도, 시내전화도 이상 없이 공급, 가동되었다. 금융기관 사고는 거의 발생하지 않았다. 당시 시중은행에 보유하고 있는 막대한 예치금도 아무런 피해가 없었다. 5월 20일 당시 광주시내에는 시중은행 42개의 현금 보유액이 약 1천5백억여 원이었다. 325개 기업체들이 은행에 예치하지 않고 가지고 있는 돈도 상당 액수가 있었다. 도청 회계과 사무실 금고에는 직원들의 급여를 지급하기 위해 찾아둔 현금이 보관돼 있었다. 하지만 누구도 이 돈에 손대지 않았다. 만약 은행권의 현찰이 털렸더라면 일대 혼란이 초래될 수 있는 상황이었다. 그러나 당시 광주시민들은 생사를 넘나드는 상황에서도 금융기관을 습격하거나 절도 행위를 하지 않았다.

〈YWCA, 청년학생투쟁본부〉

전일빌딩 뒤쪽에 자리잡은 YWCA는 해방기간 동안 청년·학생들의 투쟁본부였다. 대자보와 현수막을 작성하고 궐기대회를 준비하기 위해 넓은 장소를 찾다가 도청과 가까운 YWCA를 사용하기 시작한 것이다. YWCA를 근거지로 하여 전남대에서 끌고 나온 스쿨버스를 타고 가두방송을 하였다. 24일에는 광천동 시민아파트의 들불야학 교실에서 투사회보를 제작했던 팀이 YWCA로 옮겨왔다. 이곳으로 옮긴 후부터는 YWCA에서 사용하던 타이프용 등사기 등을 이용하여 하루에 수만 장씩 수월하게 찍어낼 수 있게 됐다. 궐기대회에서 발표한 원고는 투사회보로 인쇄하여 즉각 배포됐다. YWCA는 궐기대회 진행, 대자보 작성, 가두방송, **투사회보** 제작까지 총괄함으로써 명실상부하게 '홍보본부'라 부를 만큼 모양새를 갖추게 됐다.

25일, YWCA에는 여성들도 많은 숫자가 활동을 하고 있었다. 송백회 회원들과 여성 노동자들, 극단 광대의 여성 단원들, 가두방송을 듣고 모여든 여대생과 여고생들, 이들 중 여성 노동자들은 가톨릭 노동청년회 회원들로 호남전기, 일신방직, 전남제사, 남해어망 등에서

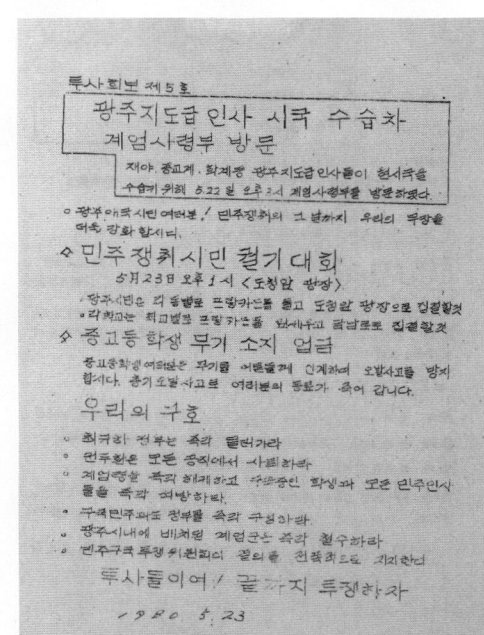

투사 회보 제5호(1980. 5. 23. 일자)는 '우리의 구호'에서 시민들의 요구 사항을 분명히 했다.

일하는 노동자들이었다. 그 가운데 일부는 도청에 투입되어 취사반으로 일하거나, 홍보반에서 대자보를 제작하거나 궐기대회장에서 선전조로 뛰기도 했다.

〈수습대책위원회에 재야인사들 합류〉

25일, 기존의 수습대책위원회에 남동성당에서 모였던 재야인사들이 합류했다. 재야인사들이 합류한 새 수습대책위원회는 도청 부지사실에서 곧바로 회의를 열었다. 이 자리에서 김성룡 신부가 사태수습을 위해 제안한 4가지 사항을 만장일치로 통과시켜 '최규하 대통령 각하께 드리는 호소문'을 채택했다. 여기서 채택된 4가지 사항은 첫째, 이번 사태는 정부의 잘못임을 시인할 것. 둘째, 사과하고 용서를 청할 것. 셋째, 모든 피해는 정부가 보상할 것. 넷째, 어떠한 보복조치도 없을 것 등이었다.

한편 25일 밤에 '학생수습대책위원회'가 해체되고 '민주투쟁위원회'가 결성되었다. '민주투쟁위원회'는 최후까지 투쟁하겠다는 목표를 표방하였다. '민주투쟁위원회'는 시민들의 일상생활을 정상화시키는 방안들도 검토했다. 시내버스 정상운행, 공무원 및 경찰 비무장 근무, 상가 및 시장 문 열기, 동별로 피해상황 파악, 시청 비축미 공급, 전일방송 등 지역 언론 정상 가동, 유류 사용 통제, 시외전화 개통, 치안유지 및 순찰대 재편, 기동타격대 운용 등이었다. 시민생활 정상화 방안을 마련한 뒤, 투쟁 의지를 천명하고, 민주화에 대한 열망을 확산시키기 위해 공식적인 외신기자회견을 갖기로 했다.

26일 오후 2시, 도청 내무국장실에서는 항쟁지도부와 광주시장이 참석한 회의가 열린 후 광주시장에게 9가지 사항을 요구하였다.

1. 1일 백미 1가마씩 제공.
2. 부식 및 연료 제공.
3. 관 40개 제공.
4. 앰블런스 1대 지원.
5. 생필품 보급 원할히.
6. 치안문제는 경찰이 책임지라.
7. 시내버스 운행.
8. 사망자 장례는 도민장으로.
9. 장례비 지원 등.

한편으론, 유족대표 8명과 함께 정시채 부지사와 사회국장 등이 참석한 가운데 장례 절차를 논의하였다. 시신이 부패하므로 빨리 장례를 치러야 한다고 말하자 부지사가 장지를 광주시 망월동 시립공원 묘지로 하고 '시민장'으로 하겠다고 했다. 그 안에 유족들이 동의하자 장례식을 28일에 치르기로 결정하였다.

투쟁위원회가 합동장례식을 치르겠다고 생각하고, 장례 날짜를 28일로 정한 것은 계엄군의 진입을 늦춰보자는 판단이었다. 최소한 장례식을 치를 때까지는 계엄군이 공격하지 않을 것이라고 기대했던 것이다. 그러나 그 예측은 완전히 빗나가고 말았다.

〈죽음의 행진〉

26일 새벽 4시 무렵, 도청이 발칵 뒤집혔다. 계엄군이 광주외곽 봉쇄지역 3군데에서 탱크를 앞세우고 들어온다는 급보가 무전기를 타고 들어왔다. 농성동 통합병원 부근에서는 1킬로미터나 밀고 들어왔다. 백운동 방면은 송암동에서 대동고 앞까지, 운암동 방면은 고속도로에서 무등경기장까지 전진하였다. 계엄당국은 도청의 수습대책위원회에 이런 사실을 전혀 알리지 않았다. 이날 외곽 진입은 27일 새벽 계엄군의 도청 진입작전에 필요한 병력과 장비를 수송하기 위해 공업단지 관통 도로를 미리 장악하려는 계책이었다.

계엄군 진입 소식으로 도청 시민군에게는 비상령이 떨어졌다. 도청에서 밤새워 회의를 하던 수습위원들도 즉각 긴급사태를 논의했다. 이성학 장로, 홍남순 변호사, 김성룡 신부, 이기홍 변호사, 조비오 신부, 이영생 YMCA 총무, 김천배 YMCA 이사, 윤영규 선생, 장사남 선생 등 17명의 수습위원들이 머리를 맞댔다.

김성용 신부가 말했다. "우리들이 총알받이가 됩시다. 탱크가 있는 곳으로 걸어갑시다. 광주시민들이 다 죽어 가는데 우리가 먼저 탱크 앞에 가서 죽읍시다."

이날 결연한 분위기에서 '죽음의 행진'이 시작되었다. 발걸음이 무거웠다. 외신기자들이 우르르 행진 대열을 따라왔다. 길거리에서 지켜보던 시민들이 하나 둘씩 뒤따르기 시작하더니 어느새 수백 명의 대열이 됐다. 일렬횡대로 줄을 지어 도청에서 출발하여 금남로 – 돌고개 – 농촌진흥원 앞까지 약 4km 구간을 1시간 동안 걸어 계엄군의 전차 앞에 멈추어 섰다.

수습위원들은 그곳을 지키고 있던 계엄군 장교에게 군대를 원래의 위치로 물러가라며 책임자를 불러달라고 하자, 잠시 후 검은 세단을 타고 전교사 부사령관 김기석 소장이 나타났다.
　김 소장이 수습위원들에게 상무대에 가서 대화를 나누자고 하자 수습위원들은 먼저 군대를 후퇴시키라고 요구했다. 김 소장이 전차와 군인들을 원래 위치로 후퇴시켰다. 지켜보던 수많은 시민들이 박수를 치며 만세를 불렀다.
　홍남순, 김성룡, 이성학, 이기홍, 김천배, 이영생, 김창길 등 11명의 수습위원들이 상무대 전교사로 갔다. 아침 7시부터 4시간30분 동안 계엄분소 회의실에서 협상을 진행하였으나 결렬되었다. 이들 수습위원들은 5개 항목의 요구조건을 제시했으나 아무 것도 받아들여지지 않았다. 김 소장은 밤 12시까지 수습하지 않으면 군대가 들어갈 수밖에 없다며 최후통첩을 했다. 수습위원들은 계엄군이 '도청소탕작전'에 들어간다는 사실을 눈치챘다.
　반란군부 수뇌부는 이미 5월 27일 새벽 0시1분 이후 '상무충정작전', 즉 유혈소탕작전을 결정한 상태였고, 26일 아침 이 방침에 따라 전교사에서는 작전회의가 열렸다. 병력 이동과 장갑차, 헬기 지원 등 구체적인 작전 지시가 내려가고 있었다.

〈여성 취사 활동〉

　22일부터 여고생과 대학생, 가정주부들이 도청에 들어와 밥 짓는 일을 했다. 많은 사람들이 참여했지만, 하루 세끼 수백 명 분의 밥을 하기에는 인력이 부족했다. 인력뿐만 아니라 대형 솥과 버너, 식기,

수저, 젓가락 등 취사 도구도 부족하고 식사할 장소도 여의치 않았다. 도청 민원실 지하 구내식당을 취사실로 사용하였다. 항쟁기간 중에는 아예 집에 들어갈 수 없는 사람들이 대부분이어서 밥을 먹어야 할 인원이 많았다.

구내식당은 비좁아서 밥만 짓는 취사실로 사용하고, 밥은 2층 강당으로 옮겨 그곳에서 먹도록 했다. 다만 24시간 계속해서 밥을 지어야 했기 때문에 2교대로 조를 편성하여 활동하지 않으면 안 되었다. 1조는 새벽부터 오후 5시까지, 2조는 오후 5시부터 밤 10시 경까지였다. 식기가 부족했기 때문에 주먹밥을 많이 만들었다. 양동시장과 서방시장 아줌마들이 수시로 김치와 김밥을 광주리에 담아 리어카에 가득 실어 도청으로 가지고 왔다.

22일과 23일은 지역방위대들이 경계하고 있던 학동·백운동·산수동·화정동에도 주먹밥을 만들어 보냈다. 해방 기간이 길어지면서 초기에 참여했던 사람들이 지쳐가고 있었다. 취사반이나 상황실, 무기고 등에서 인원 보충을 요청하는 목소리가 높아졌다. 가톨릭노동청년회(JOC)를 중심으로 20여 명의 여성들이 25일 오전 도청에 들어가 3개조로 나뉘어 취사활동을 시작하였다.

양동시장에서 명태 장사를 하던 김양애 씨는 쌀을 거둬 김밥을 만들었다. 쌀이 순식간에 한 가마니나 걷혔다. 식당에서 밥을 쪄내고 양동시장 상인들이 김밥을 쌌다. 양동시장 다른 한쪽에서는 태극기를 만들고, 계란과 물을 준비하여 차를 타고 돌아다니는 시민군들에게 나눠 주었다. 도청의 시민군들은 쌀 한 가마니 분량의 김밥을 순식간에 먹어치웠다. 그녀는 '학생수습위원'이라는 어깨띠를 매고 시신을 관리하는 아들 박병규(19세, 동국대 1학년)를 만날 수 있었다. 그녀는 아들에게 '여기 있다 어떤 변을 당할지 모르니 집으로 가자'고 손을 끌었다. 아들은 엄마의 손을 뿌리치고 그곳에 남았다. 그는 27일 새벽 계엄군의 M16총탄에 맞아 사망했다.

〈가두방송 홍보반〉

항쟁 기간 동안 많은 사람들이 가두방송에 참여했다. 19일에는 시위군중들이 즉석에서 모금하여 방송 장비를 구입하였다. 진압봉과 대검, 총으로 무장한 공수부대와 대항하기 위해서는 스피커가 필요했다. 시위가 한창 고조되던 20일과 21일에는 동사무소 등 관공서에서 방송 장비를 가져와 사용했다.

22일 이후에도 도청을 중심으로 여러 대의 방송차량이 활동을 하였다. YWCA청년학생 홍보본부는 23일부터 전남대 스쿨버스로 가두방송을 하면서 항쟁지도부의 메시지를 시민들에게 전파하였다. 홍보 차량에다 투사회보를 싣고 다니면서 뿌렸다. 홍보 1호차는 4.5톤 페퍼포그 차, 2호차는 2.5t의 경찰 시위진압용, 3호차부터는 도청 승용차를 이용했다.

도청에서 직접 방송을 하기도 했다. 상황실 안 방송실의 고성능 방송 장비를 이용해 22일부터 26일까지 사망자 신원, 행사 일정, 행동 수칙 등을 알렸다. 이경희, 김선옥 등 여성들이 수습대책위원회에서 작성한 메시지를 방송했다. 26일 가두방송을 마치고 도청에 머문 박영순(21세, 여, 송원전문대)은 27일 새벽 도청 상황실에서 마이크를 잡고 계엄군의 침입 사실을 방송했다.

〈기동타격대〉

　26일 오후 2시, 항쟁지도부는 도청 본관 2층 식산국장실에서 기동타격대를 조직하였다. 동안 기동순찰대로 활동하던 시민군 대부분이 지원했다. 대장 윤석루(22세), 부대장 이재호(33세) 그리고 각 조장으로 이어지는 명령체계를 갖춘 본격적인 전투조직으로 구성되었다. 기동타격대의 주요 임무는 외곽지역을 순찰하면서 계엄군의 동태를 파악하고 시내 치안을 담당하는 것이었다.

　출범식은 가입 선서를 하고 분명하게 임무를 부여해 조직원들의 사명감을 고취시켰다. 기동타격대 선서문 낭독도 하였다. 그렇듯 격식을 갖추어 가입 절차가 진행되자 대원들은 자긍심을 갖게 되었다.

　항쟁 기간 시민들은 붙잡은 군인들을 대부분 부대로 돌려보냈다. 5월 19일 광주천변에서 도망가다 부상을 입은 공수대원도 시민들이 적십자병원에 입원시킨 후 나중에 계엄군 통제 아래 있던 국군통합병원에 인계하였다. 21일 아침 광주공단 입구에서 분노한 시민들이 20사단 지휘부 차량 14대를 빼앗았을 때도 군인들은 모두 상무대로 돌려보냈다. 군 기록에는 이때 실종된 병사 1명이 그날 오후 무사히 부대로 복귀한 것으로 나타나 있다. 항쟁기간 중 시민들은 계엄군과 치열하게 전투를 벌였지만 막상 포로가 된 군인들에 대해서는 한명도 고문을 하거나 살상하지 않고 모두 부대로 돌려보냈다. 기동타격대는 결성되고 나서 조별로 순찰 활동을 하였다.

〈외신기자 회견〉

　26일 오후 5시경, 외신기자 회견이 윤상원 대변인 주관으로 도청 본관 2층 대변인실에서 열렸다. 기자출입증 20여 매가 외신 기자들에게만 발부되어 세계의 이목이 광주로 집중된 상황이었다. 외신기자만을 대상으로 한 공식적인 기자회견으로는 처음이자 마지막이 되고 말았다. 그 자리에 참석한 기자들은 뉴욕타임스 동경지국장 헨리 스콧 스톡스, 뉴욕타임스 서울특파원 심재훈, AP통신의 테리 앤더슨, 요미우리신문의 마쓰나가 세이타로, 독일 NDR방송 힌츠페터, 볼티모어 선의 브래들리 마틴, 남부독일신문의 게브하르트 힐셔 등 10여 명이 참석하였다.

대변인 윤상원은 새로 구성된 '민주투쟁위원회'의 입장과 계엄분소와의 협상 결과, 피해 상황 등을 간략히 브리핑했다. 외신기자들에게 특별히 두 가지 사항을 협조해 달라고 요청하였다. 글라이스틴 주한 미국 대사와 연결해달라는 것과 국제적십자사에 구호를 요청해달라는 것이었다.

윤상원은 "우리가 오늘 설령 진다고 해도 영원히 패배하지는 않을 것"이라는 말로 회견을 마무리했다.

외신기자들은 대변인 윤상원에 대해 강렬한 기억을 갖고 있었다. 뉴욕타임스 헨리 스콧은 이때 윤상원이 "순수한 제퍼슨식 민주주의자"로 보였다고 술회하였다. AP통신 테리 앤더슨은 "열정과 설득력 있는 주장을 편 시민군"으로 기억했다. 미국 '볼티모어 선'의 브래들리 마틴이 송고한 5월 28일자 1면 머리기사 제목은 이렇게 시작되었다. "항쟁자의 눈빛은 차분했다. 그러나 죽음을 예고하고 있었다." 훗날 그는 1994년 월간 '샘이 깊은 물'에 당시 상황을 다음과 같이 기고하였다.

"나는 이미 그(윤상원)가 죽을 것임을 예감했다. 그 자신도 그것을 알고 있는 듯했다. 표정에는 부드러움과 친절함이 배어 있었지만, 시시각각 다가오는 죽음의 그림자를 읽을 수 있었다. 지적인 눈매와 강한 광대뼈가 인상적인 그는 '최후의 한 사람까지 싸울 것입니다(We will fight until the last man.)'라고 했다."

26일 오전 9시30분경, 미국 CBS 방송기자는 광주에 거주하고 있던 피터슨 목사를 인터뷰했다. CBS기자는 "이번 사태가 공산주의자나 공산주의 동조자들에 의해 조장되었다는 정부의 주장을 어떻게 생각하느냐"고 물었다. 피터슨 목사는 "이번 사건을 조장한 사람들은 공산주의자가 아니라 군인들"이라고 말했다.

〈지하 무기고 수류탄 뇌관 제거〉

도청 민원실 지하실에 다량의 다이너마이트와 수백 발의 수류탄이 쌓여 있었다. 문용동(29세, 호남신학대 4년, 5.27 사망) 등 무기를 회수하던 10여 명의 청년학생이 관리하고 있었다. 23일 오후, 문용동 등은 도청의 수습대책위 관계자들이 배제된 상태에서 계엄당국 책임자와 협상하여 무기고의 수류탄 뇌관 분리작업을 추진하였다.

24일 저녁 8시경, 그들은 상무대에서 병기근무대 기술문관인 배OO을 데리고 도청으로 돌아와 밤새도록 작업을 하여 수류탄 신관 279발, 최루탄 170발, 다이너마이트 2,100개의 뇌관을 모두 해체하였다.

25일 오후 1시까지 군의 폭약 전문가는 해체 작업을 마치고 항쟁지도부가 눈치채지 못하게 조용히 도청을 떠났다. 제거한 뇌관은 별도의 마대에 넣어 보관했다. 항쟁이 끝난 후 배00은 폭약해체 작업의 공로를 인정받아 보국훈장 광복장을 받았다. 무기고에서 뇌관 해체 작업은 김종배, 박남선, 정상용, 윤상원 등은 뇌관 제거 작업이 진행되고 있다는 사실을 전혀 눈치채지 못했다.

〈독침사건〉

25일 아침 8시, 자칭 정보반 반장 장00(23세, 주점운영)이 도청에서 독침을 맞았다는 소동을 부려 전남대병원으로 옮겨졌다. 시민군 순찰대원들이 수상하게 여기고 전남대병원으로 갔더니 장00는 어디론가 도망치고 말았다.

장00이 찔렸다는 독침은 보통 볼펜심에 핀을 꽂아놓은 것에 불과했다. 삽시간에 '도청에 간첩이 침투했다'는 소문이 돌았다. 하나둘씩 도청을 빠져나가는 사람들도 생겼다. 그날 저녁 TV에서는 전남 도청 안에서 '독침사건'이 발생한 것으로 크게 보도했다. 그 뒤 도청 내부 분위기가 더욱 흉흉해졌다.

#5월 27일, 광주시민 최후 결전의 날

■ 광주시민 소탕, 상무충정작전

23일 오전 9시경, 육군참모총장실에서 황영시 참모차장, 정보·작전·군수 및 전략기획 등 참모부장, 계엄사 참모장, 진종채 제2군사령관 등이 참석한 가운데 외곽으로 철수한 계엄군의 광주 재진입을 본격 논의했다. 계엄 수뇌부는 21일 도청 앞 집단 발포와 광주 시내에서 계엄군 전면 퇴각이라는 충격에서 겨우 벗어나 진압 작전의 전열을 새롭게 정비하기 시작한 것이다.

전두환 보안사령관 등 반란군부 실세들은 '전남도청을 근거지로 하여 저항하고 있는 시민과 학생들을 무력으로 조속히 진압해야 한다'고 지침을 내린 상태였고, 이 지침에 따라 이희성 참모총장이 직접 재진입 작전을 검토하기 위한 자리였다. 이희성 사령관은 '작전 개시' 날짜는 시민들의 무기 반납, 시민과 폭도의 분리, 진입작전부대 지휘관의 준비 등에 필요한 시간 등을 감안하여 '5월 25일 새벽 2시 이후' 명에 의하여 개시하되 작전계획과 작전 개시 시각은 현지 지휘관인 전교사령관에게 맡기도록 결정했다.

23일 오후, 전두환은 특전사령관 정호용에게 '자필 메모'를 써서 주면서 광주에 내려가 소준열 전교사령관에게 전달하도록 했다. 광주 재진입작전에 '다소의 희생을 무릅쓰고라도 광주사태를 조기에 수습해

줄 것'을 당부한다는 메시지였다. 전두환 보안사령관의 방침은 확고했다. 시민들과의 협상을 통해 평화적인 해결책을 찾기보다는 '시민들의 희생'을 전제로 조속한 '유혈진압'을 추진하겠다는 것이다.

23일 오후 3시경, 김재명 육본 작전참모부장은 소준열 전교사령관실에서 '왜 전차와 무장 헬리콥터를 동원하여 빨리 광주사태를 진압하지 않고 미온적으로 대처하느냐'고 다그쳤다. 황영시 참모차장과 똑같은 질책이었다.

25일, 계엄군의 '상무충정작전' 즉, 광주시민 소탕작전이 확정되었다. 서울 육군회관 오찬 회의에서 전두환·노태우·주영복·황영시 등 계엄군 지휘부는 '상무충정작전' 지침을 검토한 뒤 작전 개시일을 '5월 27일 0시 1분 이후'에 실시하기로 최종 결정했다. 회의가 끝나자 황영시 참모차장은 곧장 김재명 작전참모부장과 같이 광주에 내려가서 소준열 전교사령관에게 작전 지도지침을 전달했다. 정호용 특전사령관은 소준열 전교사령관에게 도청·전일빌딩·광주공원 등 주요 목표지점에 침투시킬 공수여단의 특공조를 직접 선정해서 통보해줬다.

24일 3·7·11공수여단은 광주 재진입작전을 위해 교도소, 주남마을 등 외곽봉쇄 지역을 20사단에 넘겨주고 일제히 광주비행장으로 집결하여 출동 대기 태세에 돌입했다. 보안사의 515보안부대는 감청활동을 강화하기 위해 26일 오후 7시에 광주지역으로 이동했다. 또 송정리 비행장과 전교사에 대기 중인 사병들에게 총 6천3백만 원의 금액과 중식용 소 7마리가 제공되었다.

상무충정작전의 최종 목적은 도청과 그 인근 지역을 지키고 있던 시민들을 죽이고서라도 광주를 점령하겠다는 것이었다. 당시 도청과 그 인근 지역에는 수백 명의 시민이 목숨을 걸고 광주 시민의 생명을 지키고 있었다. 전두환 반란군부는 국민의 목숨을 빼앗으면서까지 광주시민소탕작전을 감행한 것이었다. 상무충정작전 과정에서 계엄군의 총격 등으로 사망한 민간인은 총 25명이다.

제3공수여단 11대대 1지역대(1·2·3·4중대), 3지역대 11중대, 대대본부 특공 중대로 편성된 병력은 80년 5월 26일 18:00경 헬기를 이용, 광주비행장을 출발하여 주남마을에 도착해서 대기했다가 01:40경 조선대 뒷산으로 이동했다. 이후 03:00에 목표지역으로 이동했는

계엄군 광주재진입작전 부대별 전개 현황

부대		병력	목표	행동개시	점령완료
특공작전	7공수여단 8·9지역대	38/244	광주 시민공원	01:10	05:06
	11공수여단 61대대 1개 중대	4/33	전일빌딩, 관광호텔, YMCA	01:10	06:20
	3공수여단 11대대 1지역대	14/66	전남도청	01:10	05:21
	소계	56/323	–	–	–
공격부대	20사단	252/4,305	책임지역	02:20	06:40
	31사단	56/693	책임지역	04:00	07:15
	소계	308/4,998	–	–	–
봉쇄부대	보병학교	24/548	외곽선	04:50	05:30
	포병학교	36/620	외곽선	03:40	05:25
	기갑학교	19/354	외곽선	04:48	05:50
	소계	79/1,522	–	–	–

데, 조선대학교(종합운동장) →조대부중 →조대여고 →도내기 시장 → 전남기계공고 →노동청 →도청 후문이 대략적인 이동 동선이다. 부대별 도청 진입 순서를 보면, 3중대 →2중대 →1중대 →특공 중대 → 4중대 →11중대 순이다. 3중대와 11중대는 도청 별관 쪽으로, 4중대와 특공중대는 도청 본관과 회의실 쪽으로, 1중대와 2중대는 도청 후문 쪽에서 경찰국 본국 쪽으로 진격했다.

■ 최후 결전

26일 오후 궐기대회가 끝난 후 '끝까지 도청을 지키자'는 투쟁대열에 2백여 명의 청년·학생들이 자원했다. 마지막 싸움에 참여하겠다는 결사대였다. 궐기대회 후 이어진 가두행진에 5천여 명의 시민들이 참여하였고, 행진이 끝난 후 '광주를 지키겠다!'며 자진해서 남은 사람들이었다. 그들 대부분은 고등학생부터 대학생, 그리고 청년들이었다.

그들을 YMCA 무진관에 대기시켰다. 저녁 8시가 넘어서자 도청에서 박남선 상황실장과 윤상원 대변인이 YMCA에 나타나 비장한 목소리로 계엄군의 동향과 시민군이 해야 할 일 등에 관해 하나하나 설명하였다. 윤상원 대변인은 나이 어린 고등학생이나 여학생들에게 귀가를 강력하게 권유했다.

"학생 여러분들의 충정은 이해합니다. 하지만 이 싸움은 어른들이 해야 합니다. 나이 어린 학생들은 살아남아야 합니다. 오늘 여러분들이 목격한 이 장면을 그대로 다른 사람들에게 이야기해줘야 합니다. 우리가 어떻게 싸우다 죽었는지 역사의 증인이 돼 주시기 바랍니다."

그러나 이 자리에 들어온 학생들은 대부분 집에 돌아가지 않겠다고 그 자리에서 버텼다.

두 사람의 연설이 끝나자 예비역 장교가 나서서 총기 교육을 시켰다. 실탄 장전, 조준, 격발 등 꼭 필요한 총기 사용 요령을 간단히 가르쳤다. 이들은 그곳에서 대기하다 자정이 넘어 비상이 걸리자 도청으로 들어가 총과 실탄을 지급받은 후 도청과 계림초등학교, 한일은행 등 시내 주요 지점에 배치되었다.

계엄군 진입 소식이 알려졌지만 도청에는 아직도 많은 사람들이 남아 있었다. 1층 상황실에는 박남선 상황실장과 조민형, 이용숙, 손남승, 이경희 등이 있었다. 상황실 옆 조사반에는 김준봉, 위성삼, 양승희, 신만식, 여고생 경아와 그녀의 친구 박미숙이 남았다. 가두방송을 마치고 도청에 들어온 홍보반 이흥철과 박영순도 귀가하지 않고 상황실에 머물렀다. 2층에도 항쟁지도부와 기동타격대 윤석루, 이재호, 김태찬 등 2백여 명이 도청을 지키겠다며 최후 항전을 준비하고 있었다.

민원실 지하 무기고는 문용동, 김영복, 박선재, 양홍범, 정남균, 정곤석, 이혁 등이 지켰다. 식당 책임자인 구성주 보급부장은 식자재가 부족하지 않도록 시장이나 시청 등지로 뛰어다니느라 회의에 제때 참석하지 못했다. 식당에는 여고생 주소연과 아주머니들, 그리고 25일부터 가톨릭 쪽에서 합류한 정숙경, 윤청자, 김순이 등 20여 명의 여성들이 남아 있었다.

항쟁지도부 김종배 위원장과 대변인 윤상원, 정상용, 허규정 부위원장, 김영철 기획실장, 이양현, 윤강옥 기획위원, 정해직 민원실장, 김준봉 조사부장, 정해민 총무 등 각 부서 책임자들은 모두 2층과 3층 사무실을 지키고 있었다. 상황실장 박남선과 기동타격대 대장 윤석루, 부대장 이재호, 순찰반장 김화성은 무전기를 타고 들려오는 소식에 대응하느라 바쁘게 움직였다.

밤이 깊어 가는 데 이종기 변호사(63세)가 도청에 나타났다. 모두 깜짝 놀라며 반가워했다. 그동안 함께 했던 어르신들 모두 귀가했는데 유일하게 되돌아 온 것이다. 이 변호사는 "내가 수습위원장을 맡았는데 수습을 못했으니 책임을 져야 하지 않겠느냐?"며 2층 사무실에 자리를 잡았다. 목욕까지 하고 나왔다고 했다.

그 시각, 기동타격대 50여 명이 시내를 순찰하며 돌아다녔다. 기동타격대에 편재되지 않은 시민군은 도청 경비와 지역방위를 담당하고 있었다.

〈계엄군 출동〉

26일 오전 10시30분, 전교사령관실에서는 상무충정작전을 일선에서 직접 수행할 진압작전 지휘관 회의가 열렸다. 20사단장, 31사단장, 3·7·11공수여단장, 전교사 예하 보병학교 교장들까지 모두 참석한 이 작전회의에서 소탕작전에 대한 구체적인 실행 명령이 내려졌다. 공수부대가 '특공대'로 선두에서 도청, 전일빌딩, 광주공원 등 시내 각 목표 지점으로 진입하여 '폭도'를 제압한 다음 '공격부대'인 제20사단과 31사단에게 책임 지역을 인계하도록 했다. 보병학교, 포병학교, 기갑학교 병력은 '봉쇄부대'로 외곽선 차단을 담당했다.

육군본부는 충정작전 지침을 만들어 사전에 내려보냈다. 계엄군의 광주 재진입 작전 경로는 5개 방향에서 접근하여 최종 목표인 전남도청을 점령하고, 도청, 공원, 관광호텔, 전일빌딩 등 4개 주요 지점을 확보하는 데 있었다.

부대별로 임무가 하달됐다. 도청 공격은 3공수여단(여단장 최세창 준장) 11대대(대대장 임OO 중령) 1지역대(지역대장 편OO 대위) 소속 77명(장교 11, 사병 66)이 선발됐다. 전일빌딩과 관광호텔 점령은 11공수여단(여단장 최웅 준장) 61대대(대대장 안OO 중령) 2지역대 4중대(중대장 최OO 대위) 소속 37명(장교 4, 사병 33)에게 맡겨졌다. 광주공원 점령은 7공수여단(여단장 신우식 준장) 33대대(대대장 권OO 중령) 8,9지역대 소속 262명(장교 38, 사병 224)이 투입됐다.

3공수 특공대는 4개 중대에게 각 중대마다 각각 본관 3층, 2층, 1층, 경찰국건물, 무기고와 민원실 등 공략할 목표지점과 임무를 부여했다. 보안사 요원과 정보과 도청 담당요원 등이 와서 도청 건물 배치 및 내부 구조를 자세히 설명했다.

특공대원들에게는 개인당 M16소총 1정과 실탄 140발씩 지급됐고, 중대마다 수류탄 각 3발, 가스탄 2발, 방독면 2개씩 지급하였다. 철모에는 군인들끼리 오인 사격을 방지하기 위해 서로 알아볼 수 있도록 하얀 띠를 둘렀다.

도청 및 주변 지역에 투입할 3공수 11대대, 11공수 61대대 2지역대 4중대 병력은 오후 6시30분 헬기를 이용하여 주남마을로 이동했다. 3공수와 11공수가 주남마을에서 대기하는 동안 각 중대별로 점령할 목표지점을 정해줬다. 도청 후문 차단과 경찰국 건물, 옥상 확보, 본관 1층, 본관 2층, 무기고가 있는 민원실 지하, 그리고 정문 확보 등으로 목표지점을 세분화해서 중대별로 임무를 부여했다. 각 부대 선두에서 시내의 목표지점까지는 광주 시내 지리를 잘 아는 경찰들이 2명씩 안내를 맡았다.

정호용은 밤 9시경 광주비행장에 도착하여 특공대원들을 격려하였다. 그는 이날 오전 서울에서 전두환 보안사령관을 방문하여 재진입작전에 필요한 가발과 편의대 복장, 그리고 마대 등을 지원받았고, 오후 2시경에는 이희성 계엄사령관을 방문하여 특수화학탄 즉, 스턴수류탄(stun grenade)과 항공사진을 수령하여 광주로 가져왔다.

밤 11시 정각, 주남마을을 출발한 3공수는 2시간30분 후인 27일 새벽 1시30분, 임무지원지점(MSS)인 조선대 뒷산에 도착했다. 11공수는 그로부터 15분 뒤에 주남마을에서 출발, 새벽 1시50분에 조선대 뒷산에 도착했다. 이곳에서 1시간30분 정도 머물면서 최종 전투준비를 마친 다음 최종 목표지점인 도청으로 향했다.

〈비상! 비상!〉

계엄군은 작전이 시작되기 직전 광주시와 전남 일원 사이의 전화는 물론 시내전화도 모두 차단해 버렸다. 전화가 끊기자 도청 상황실이 술렁거렸다. 그 순간까지도 '설마'하며 일말의 기대가 있었는데 기어코 계엄군 진입이 시작됐다고 판단되자 도청 안은 긴장된 분위기로 돌아섰다. 자정 무렵부터 외곽지역 순찰을 나간 기동타격대가 속속 도청으로 들어오면서 계엄군의 진입 움직임을 전해 왔다.

기동타격대 6조는 월산동 쪽에서 계엄군이 진입해 오고 있는 상황을 보고했다. 새벽 2시경, 도청 전체에 비상이 걸렸다. 사이렌 소리가 밤공기를 날카롭게 갈랐다. 도청에 있는 사람들은 이때 거의 잠에 떨어져 있었다. 사무실 여기저기 졸음에 떨어졌던 사람들이 모두 일어나 조별로 배치된 위치를 찾아갔다.

시민군은 여성들을 먼저 피신시켰다. 도청 취사실에 있던 여성들은 다음 날 아침 식사 준비를 마친 후 본관 2층 부지사실에서 잠시 눈을 붙이던 참이었다. 여성들은 도청 뒤 남동성당과 동쪽으로 1km 가량 떨어진 동명교회로 피신하였다.

새벽 2시가 조금 지난 시각이었다. YMCA 강당에는 약 2백여 명의 지원자가 10명씩 분대를 편성하여 대기하던 중이었다. 이들은 각 조별로 도청, 전남대의대, 산수동, 계림동 등 배치 지역이 각기 달랐다. 정문 옆 수위실에서 이들에게 카빈소총을 나눠줬다. 나머지 인원은 도청 담벽 주위 금남로 방향으로 경계 지역 초소와 도청 본관의 건물 복도와 민원실에 배치되었다.

YWCA에도 비상이 걸리자 모두 잠에서 깨어났다. 궐기대회와 투사회보를 담당한 극단 광대와 들불야학, 송백회 회원들과 대학생들, 양서조합회원 고등학생들 50여명이 함께 있었다. 계엄군이 진입하고 있다는 소식이 들렸다. 먼저 여성 30여 명을 밖으로 내보냈다. 이들이 빠져 나간 뒤 들불야학 박용준, 나명관, 윤순호, 김성섭, 신병관, 전용호와 고등학생 김향득, 이덕준, 김효석, 그리고 대학생 이규

현, 이연, 서한성, 김상집 등 남자들만 30여 명 정도 남게 됐다.

그런데 YWCA에는 그때 총이 모두 10정밖에 없었다. 들불야학 팀은 그동안 투사회보를 만드느라 총이 필요 없었다. 나명관은 들불야학 팀 10명과 함께 도청으로 총을 받으러 갔다. 박용준이 인솔하였다. 무기고 앞에서 총을 나눠주던 윤상원은 들불야학 제자들이 다가오자 깜짝 놀랐다. 나명관이 윤상원을 본 마지막 모습이었다. 모두 긴장해서 숨소리조차 들리지 않았다. 이마에 땀이 맺힐 때쯤 그들의 손에 카빈소총과 실탄이 쥐어졌다. 그들은 다시 YWCA로 돌아갔다.

상황실장 박남선은 도청 주위에 시민군이 배치된 곳들을 직접 돌아다니며 일일이 경계 상태를 확인하였다. 도청 뒤쪽 후문 담벼락 아래 10여 명을 배치했고, 도청 정문 앞 분수대 부근 화단 주위에다 기동타격대원 50여 명을 집중 배치했다.

기동타격대는 대장 윤석루와 부대장 이재호의 지휘 아래 일사분란하게 움직였다. 새벽 2~3시 무렵 계엄군의 진입이 감지되면서 더 이상 외곽지역 순찰을 지속할 수 없을 정도가 되자 윤석루는 모든 기동타격대원을 도청으로 불러들였다. 각 팀별로 도청 담장 내부 초소, 그리고 도청 앞 광장 분수대 주위에 배치시켰다. 1조 조장 이재춘과 더불어 3조는 도청 정문 앞 광장의 분수대 주위에 시멘트로 만든 화분대를 방패 삼아 경계에 들어갔다. 2조에게는 공용터미널 근처를 순찰하라는 지시가 떨어졌다. 5조는 중흥동, 대인동, 북동 등 광주역과 시외버스 공용터미널 부근의 경비를 담당하라는 지시를 받았다. 6조는 새벽에 비상이 걸리자 도청 밖 상무관 건물 옆 골목에 배치됐다. 7조 조장 김태찬은 도청 본관 2층 복도에 배치됐다.

예비역 대위 송진광은 YMCA에서 50여 명을 별도로 뽑아서 4개 분대로 편성했다. 비상이 걸리자 송진광은 그들을 인솔해서 도청 1층 대회의실로 들어갔다. 그들 각자에게 카빈 소총 1정과 실탄 30발씩을 지급했다. 송진광은 그 가운데 20여 명을 데리고 자신의 지휘 아래 계림동으로 출동했다. 새벽 3시경 기동타격대 7조 조장 김태찬은 이들을 군용트럭에 태워 계림국민학교 육교 앞에 내려주고 도청으로 돌아갔다. 송진광은 각 10명씩 2개 분대로 나눠 1개 분대는 육교 위에서 서방 쪽을 감시하고, 나머지 병력은 학교 안에 배치했다.

광주공원과 외곽지역에 배치되어 있던 지역방위대는 이미 붕괴된 상태였다. 23일과 24일 이틀간에 집중됐던 무기 회수, 그리고 25일 밤중 내내 비가 내리면서 대부분 흩어져버렸다. 일부 지역별로 남아 있던 소수의 시민군들은 이날 밤 초저녁에 미리 도청으로 들어오도록 조치했다. 외곽 방어선이 와해된 상황이다 보니 계엄군은 큰 저항에 부닥치지 않고 손쉽게 광주 시내 중심부까지 진입할 수 있었다. 다만 27일 새벽 비상이 걸리자 월산동과 사직공원, 산수동, 전남대병원, 계림초등학교 등지에 YMCA에 모여 있던 지원병들 가운데 일부를 배치하였다.

새벽 3시30분경, 도청에 머물던 사람들과 YMCA, YWCA에서 들어온 지원자들에게 총과 실탄 지급, 그리고 배치가 모두 끝났다. 27일 새벽 계엄군 진입 직전 시민군 전체 규모는 최소 340명 이상일 것으로 추정된다.

〈마지막 방송〉

새벽 3시50분쯤, 도청 옥상의 고성능 스피커에서는 애절한 여성의 목소리가 흘러나왔다. 박영순(여, 21세)은 도청 상황실 옆 방송실에서 마이크를 잡고 터져 나오는 오열을 삼키며 원고를 읽어 내려갔다.

"시민 여러분, 지금 계엄군이 쳐들어오고 있습니다. 사랑하는 우리 형제, 우리 자매들이 계엄군의 총칼에 숨져 가고 있습니다. 우리 모두 계엄군과 끝까지 싸웁시다. 우리는 광주를 사수할 것입니다. 여러분 우리를 잊지 말아 주십시오. 우리는 최후까지 싸울 것입니다. 시민 여러분, 계엄군이 쳐들어오고 있습니다."

깊은 잠에서 깨어난 시민들은 그녀의 목소리를 듣고서도 밖으로 달려 나갈 수 없었다. 죽음이 두렵지 않은 사람은 없었다. 이날 새벽 그 여인의 피맺힌 절규는 광주사람들의 가슴속에 비수처럼 꽂혔다.

뉴욕타임스 기자 헨리 스콧은 도청으로부터 2백미터 가량 떨어진 여관에서 스피커에서 흘러나오는 그녀의 목소리를 들었다. 무슨 말인지 내용을 구체적으로 알아들을 수 없었지만, 이 외국인 기자에게 그녀의 목소리는 전율스럽게 들렸다.

〈공수특공대 도청 뒤쪽에서 기습〉

새벽 4시 직전, 3공수 11대대 1지역대 선발대가 전남도청 후문에 도착하였다. 그들은 조선대 운동장을 가로질러 도내기시장-순환도로-철도-기계공고-노동청을 거쳐 도청까지 은밀하게 접근했다. 도청 스피커에서 계엄군의 진입을 알리는 여성의 목소리가 들려왔다. 후문과 좌, 우측 담벼락 등 세 방향에서 동시에 기습 침투하되, 정문은 시민군 방어가 견고할 것이라고 예상하여 맨 나중에 공격한다는 계획이었다. 그러나 아직 후미가 완전히 도착하지 않았다. 육00 대위가 이끄는 4중대는 뒷담을 넘어 전남도 경찰국 건물을 점령하기로 돼 있었다.

4시10분경, 시민군이 눈치채지 못하게 정문 쪽만 제외하고 완전히 에워싸면서 공격 개시 준비가 완료됐다. 도청 뒷 골목은 손수레 한 대가 지나갈 정도의 좁은 길이었다. 육00 대위는 총안구에다 총구를 들이민 채 안쪽을 향해 '드르륵 드르륵' 갈겼다. 곧이어 부대원들이 잽싸게 담을 넘었다. 5~6명 정도 시민군들이 좌우로 쫓겨 가는 것이 보였다. 도 경찰국 건물 1층 내부로 달아나던 사람을 한 명 생포했다. 4중대는 도청 뒤쪽을 지키고 있던 수십 명의 시민군을 순식간에 제압하고 담을 넘어 진입하였다.

새벽 4시경, 11공수 특공대는 관광호텔과 전일빌딩을 향하던 중 도청 가까이 도착했다. 충장로 쪽에서 도청을 우회하여 분수대에 이르렀을 때였다. 시민군 기동타격대 1조가 분수대 앞쪽 화단 뒤에 몸을 숨기고 있었다. 11공수 선발대는 M16을 발사하여 시민군 1명을 사살한 후 곧바로 관광호텔로 전진했다.

상무관 건물 옆 골목에 배치됐던 기동타격대 6조는 충장로 1가와 도청 사이의 도로를 따라 이동했다. 그들이 충장로 1가 입구의 건널목을 중간쯤 건널 때 총소리와 함께 불빛이 번쩍였다. 그 순간 한 명이 길바닥에 푹 쓰러졌다. 그리고 잠시 후 등 뒤에서 '손들엇!' 하며 계엄군이 덮쳤다. 무수한 구타가 쏟아져 정신을 차릴 수 없었다. 공수부대는 외신기자들이 머물고 있던 대도호텔을 향해서도 총을 쏘았다.

도청 본관은 3층 건물로, 1층에는 서무과 등 행정부서 사무실, 2층에는 임원실, 3층에는 직능부서 사무실과 회의실이 있었다. 3공수부대 2중대장 김OO 대위는 본관 2층으로 올라갔을 때 6~7명 정도의 시민군들이 복도 창문 옆에 서서 바깥을 향해 총을 겨누고 있는 모습을 보았다. 총을 몇 발 쏘자 복도에 있던 사람들이 총알을 피하기 위해 모두 순식간에 사무실로 들어가 버렸다. 남쪽 별관 건물의 계단에 진입한 2중대는 재빨리 옥상으로 먼저 올라가 옥상을 점령한 다음 위층부터 아래로 훑어 내려왔다.

도청 안 이곳저곳에서 총소리가 요란했다. 2층 창문을 통해 밖을 내려다보니 계엄군들이 이리저리 뛰어다니면서 총을 난사하고 있었다. 한참 후 문이 '쾅당'하고 열리고, 계엄군이 '드르륵' 총을 난사하면서 '나오라'고 소리쳤다. 이 변호사가 "나갈 테니 총을 쏘지 마세요."라고 소리치자 총소리가 멈추었다. "개새끼들, 기어서 나와!" 밖으로 나가자 완전 무장한 계엄군이 다가와 사람들의 허리띠를 풀더니 등뒤로 손을 묶어 2층 복도로 데려갔다. 본관 앞마당에는 그들보다 먼저 붙잡힌 사람 1백여 명 정도가 고개를 땅에다 처박고 있었다.

27일 새벽 공수부대가 본관 건물에 진입하자 사무실 안에 갇혀버린 상태가 된 시민군들은 대부분 붙잡히는 순간까지 공수부대를 대면할 수 없었다. 그 중 몇 명은 밖으로 나가자마자 공수부대가 쏜 총탄에 맞아 사망했다.

노먼 소프 기자가 27일 아침 8시경 찍은 도청 2층 사진에는 교련복을 입은 사망자 2명을 탁구대 위에 얹어 계단을 내려가는 계엄군들의 모습이 담겨 있다. 또한 2층 사무실 가운데 하나로 추정되는 장소에서는 접이식 의자에 늘어진 채 사살당한 청년 한 명의 시신이 사진에 찍혀 있다.

민원실 지하 무기고를 지키고 있던 문용동, 김영복, 박선재, 양홍범은 비상이 걸리자 카빈 소총과 실탄 3발이 든 탄창 한 클립씩을 나눠줬다. 새벽 4시가 넘어서자 본관 1층에서 M16자동소총 소리와 비명소리가 들려오기 시작했다. 잠시 후 그들이 있던 지하실의 문이 열리며 안쪽으로 공수부대가 총을 쏘아댔다. 그 순간 무기고 안쪽, 식당 주방으로 쓰던 곳을 지나 뒷문을 열고 그들 모두 뛰쳐나갔다. 그들은 경찰청 건물로 들어간 다음 다시 그 앞에 있는 창고로 쓰던 허름한 건물로 숨어 들어갔다. 도청은 사방에서 계엄군이 쏘아대는 총소리와 도청 상공에서 헬리콥터가 날면서 '모두 포위되었으니 투항하라'는 방송 소리가 뒤엉켜 아비규환을 이루고 있었다.

문용동은 '항복하라'는 소리가 계속 들리자 빠져나갈 방법이 없다며 총을 버리고 나가자고 했다. 김영복도 그러자고 했다. 문용동이 큰 소리로 '항복!' 하고 외치면서 손을 들고 밖으로 나갔다. 김영복이 바짝 그의 뒤를 따라 나왔다. 그 순간 계엄군이 앞서서 나오는 문용동을 향하여 총을 쏘았다. 문용동은 비명을 지르며 쓰러졌다. 김영복은 재빨리 다시 건물 안으로 들어가 몸을 피했다. 김영복도 유탄을 맞았는지 어디에선가 피가 났다. 잠시 후 총을 쏘지 않을 테니 항복하라는 소리가 여러 차례 들리자 김영복은 항복하고 나와서 체포되었다. 김영복이 나오면서 보니 문용동은 피를 흘린 채 쓰러져 있었다.

　윤상원, 김영철, 이양현은 비상이 걸리자 도청 정문 옆 수위실에서 총과 탄환을 지급받은 다음 식당으로 사용하던 북쪽 민원실 2층 강당으로 올라갔다. 3공수여단 11대대 1지역대 가운데서도 최정예 특공대를 민원실 건물에 투입했다. 도청 앞 분수대 주위에 있었던 기동타격대원들이 민원실 쪽으로 밀려들어갔다. 기동타격대장 윤석루와 부대장 이재호 등도 이곳에 있었다.

　도 경찰국 건물 쪽에서 누군가 황급히 강당으로 뛰어 들어왔다. '도청 후문이 무너졌다'며 다급하게 소식을 전했다. 이양현·김영철·윤상원은 강당 맞은 편을 가로질러 후문 방향 도경으로 연결된 구름다리 쪽으로 이동했다.

　이양현 일행이 경찰청 건물을 바라보고 각자 허리춤 높이의 창틀에 총을 내민 채 서 있을 때 앞 건물에서 불이 번쩍하며 총소리가 들렸다. 그 순간 윤상원이 '아이쿠' 소리를 내며 그 자리에서 픽 쓰러졌다. 김영철과 이양현이 둘이서 쓰러진 윤상원을 강당 안쪽 가운데로 옮겨 바닥에 눕혔다. 이양현이 이불로 감싸주었을 때 이미 의식을 잃은 듯 윤상원은 전혀 미동조차 없었다.

　총소리가 가까이 다가왔다. 이양현 일행은 윤상원을 그대로 남겨둔 채 곧바로 강당 앞쪽으로 쫓겨 1층 계단 복도 입구로 몸을 피했다. 경찰청 건물에서 접근하던 계엄군은 2층 구름다리 통로를 건너 뒤켠 복도를 통과한 다음 강당 안에까지 들어오고 있었다. 투항을 종용하는 마이크 소리가 뒤를 이었다. 계단 복도 쪽에 몰려 있던 시민군은 층계 입구에 있는 화장실, 계단 난간 등으로 간신히 몸을 피했지만 더 이상 버틸 수 없게 됐다. 여기저기서 '항복, 항복'하는 소리가 들렸다. 잠시 후 여기저기 숨어 있던 나이 어린 시민군들이 총을 내밀고 나왔다. 2층에서 붙잡힌 사람들을 모두 베란다의 비좁은 복도에 꿇어앉혔다.

새벽 4시10분경 시작된 3공수 특공대의 도청 소탕작전은 5시15분까지 약 1시간 정도 걸려 끝났다. 이날 새벽 도청에서 계엄군은 단 2명만 부상을 당했고, 사망자는 한 명도 없었다. 이에 반해 도청에서 사망한 시민군은 16명이고, 이들 대부분은 계엄군이 쏜 M16 총탄에 의해 희생당했다.

이 작전 과정에서 도청 구내에 머물고 있던 14명이 계엄군의 총격으로 사망했다. 시신 발견 장소, 시체검안서 등의 기록 등을 종합적으로 검토해 볼 때, 14명의 사망 장소는 도청 회의실(김동수, 윤상원) 2명, 후관동(문용동, 서호빈, 박병규) 3명, 경찰국 본관(문재학, 안종필) 2명, 경찰 민원실(이정연, 홍순권, 박진홍) 3명 등이다. 이강수, 유동운, 민병대, 박성용은 정확한 사망 위치가 확인되지 않았다.

14명 사망자 검시기록 사인은 모두 총상이며, 이 중 단발성(1발) 총상자는 윤상원 등 5명, 다발성(2발 이상) 총상자는 문용동 등 9명으로 나타났다. 사망자 총창의 흔적이 1개라는 것은 당시 계엄군과 시민군 간의 교전이 상상한 것처럼 격렬하게 전개된 것이 아니라 최정예 병력의 압도적 화력에 의해 주도되었음을 반증한다.

윤상원은 5월 27일 새벽 04시~06시 사이, 계엄군의 도청 진입 과정에서 복부에 총상을 입고 쓰러져 의식을 잃은 상태에서 절명한 것으로 판단된다. 이후 계엄군의 진입 과정에서 사용된 섬광탄(스턴

탄)에 의해 불이 옮겨붙으면서 시신이 손상된 것으로 판단된다. 자상에 의한 탈장이 있었으나, 이는 직접적 사인에는 영향을 주지 않았을 것으로 판단할 수 있다. 이는 첫째, 사망 이후 사체의 이동 과정. 둘째, 선행사인이었던 총상(관통)에 의한 상처의 크기. 셋째, 사후 손상 등을 고려한 결과이다.

〈전남도청 인근〉

이 지역은 제11공수여단 61대대 2지역대 4중대 병력이 담당했다. 이 병력은 27일 01:50경 조선대학교 뒷산에서 대기하고 있다가 03:30경 도청으로 우회해서 전일빌딩, 관광호텔, YWCA 회관을 점령했다. 이 작전 과정에서 5명의 민간인이 계엄군의 총격으로 사망했다. YWCA 회관 안에서 2명, YMCA 회관 정문 앞에서 1명, 그리고 YWCA 회관 근처와 시외버스공용터미널 근처에서 1명이다.

전일빌딩과 골목 하나를 사이에 두고 금남로 뒤쪽에 YWCA가 있었다. 새벽 5시15분, 도청의 3공수 지원을 위해 이동하던 11공수 병력이 전일빌딩을 끼고 좌회전하려는 순간이었다. 그때 YWCA 2층 창문에서 총소리가 들리기 시작했다. 도청으로 향하던 11공수는 전혀 예상치 않았던 'YWCA'에서 총탄이 날아오자 즉각 그쪽을 향해 응사했다. 2층에서 계엄군을 향해 시민군 여러 명이 사격을 하였다. 2명의 병사가 부상당했다. 1명은 어깨에, 또 한 명은 다리에 관통상을 입었다. 특공대는 2층을 향해 파괴력이 큰 유탄발사기를 쏜 뒤, 2개 지역대가 좌측으로 우회하여 앵카를 걸고 2층으로 진입하였다.

투사회보, 궐기대회, 대자보 등 홍보본부로 사용되었던 YWCA

회관에서 박용준, 유영선 2명이 공수부대의 총격에 사망하였다. YWCA신협 직원으로 들불야학 회원으로 활동하였던 투사회보팀 박용준은 2층에서 총을 맞았다. 2층 사무실은 박용준의 몸에서 흘러나온 핏물이 흥건히 고였고 양서조합 서가에는 탄환이 무수히 박혔다. 17일 자정 예비검속으로 연행된 유소영(조선대 4년)을 찾아다니다가 시민군으로 도청에 들어왔다가 YWCA에 투입된 유영선(전남대 휴학)도 총격에 산화하였다. YWCA는 순식간에 총소리와 비명소리가 섞여 아비규환을 이루었다. 잠시 후 2층에 들이닥친 계엄군은 박용준의 시신을 1층으로 질질 끌고 내려갔다. 그의 시신에서 흘러내린 검붉은 피가 YWCA 계단을 적셨다.

　YWCA에 남았던 사람들은 모두 체포됐다. 11공수의 YWCA진압작전은 새벽 5시15분에 시작돼 약 1시간 동안 지속된 뒤 6시20분에 종료됐다. 금남로 YMCA 회관 정문 앞에서 김종연은 시민군의 일원으로 계엄군과 대치 상태 또는 교전 중에 계엄군의 총격으로 사망하였다. 시외버스공용터미널내 희생자 권호영은 5월 26일 오후 7시경 비상 출동차 지프를 타고 도청 정문을 나갔는데, 다음날 계엄군의 총격으로 사망했다. 사망자 5인의 직접 사인은 전부 M16에 의한 총상으로 확인되었다.

　5시42분경, 7공수 특공대는 제20사단 제61연대 제1대대와 연결하고 무기회수, 선무활동의 임무를 인계 후 7시25분경 최초 집결지 K-57비행장으로 복귀하였다. 공수부대가 광주시내 3군데 주요 목표지점 만을 타격하는 침투작전을 수행했다면, 20사단은 외곽으로부터 넓은 지역을 압박하면서 저인망식으로 밀고 들어갔다. 20사단은 장교 284명, 사병 4,482명이 투입돼 새벽 2시부터 충정작전을 개시하였다.

〈계림동 인근〉

5월 27일 02:30경, 보병 제20사단 62연대 2대대 6·8중대는 광주교도소를 출발하여 작전통제선을 통과한 이후 03:20경에 계림초등학교와 광주고등학교 인근에 도착하였다. 이 과정에서 도청에서 파견된 20여 명의 시민군과 교전이 벌어졌다.

계림국민학교에서 시민군을 지휘한 사람은 예비역 장교 송진광(28세, 회사원)이었다. 송진광은 계엄군 진입 소식을 듣고 26일 밤 YMCA에서 총기 사용법을 교육시키고, 예비군 49명을 별도로 모아 4개조로 편성한 다음 도청으로 데리고 들어갔다. 1층 회의실에서 대기 중 비상이 걸리자 새벽 3시경 2개조는 남광주시장(전남대의대)과 산수동 쪽으로 각각 보내고, 나머지 20여명은 자신이 직접 데리고 차량을 이용하여 계림국민학교 앞으로 출동했다. 계림국민학교 정문 앞 육교를 방어선으로 잡고 시민군을 3개 분대로 다시 편성하여 육교 위, 육교 밑 오른편, 왼편에 각각 배치하여 계엄군의 예상 진입도로를 차단했다.

부대 배치를 완료했을 때가 4시 무렵이었다. 도청 쪽에서 총소리가 어지럽게 들려왔다. 약 4시30분쯤 갑자기 등 뒤에서 계엄군이 나타났다. 송진광은 이때 계엄군이 쏜 총에 맞아 오른쪽 대퇴부를 관통하는 총상을 입었다. 그는 부상을 입은 상태에서 골목 옆 민가의 지붕 위로 올라가 옆집을 넘고 또 그 뒷집을 넘어 절뚝거리며 피가 흥건한 채 무사히 그 장소를 빠져나왔다.

이충영(21세, 경희대생. 이종기 변호사 아들)은 총소리에 놀라 육교에서 뒤돌아보니 계엄군 3명이 쪼그려 총, 자세로 접근해 오고 있었다. 동료 대원 조재만과 함께 기어서 계림국민학교 쪽으로 도주했다. 그때 곁에서 2명의 시민군이 총에 맞았다. 둘은 하수구에 몸을 숨겼다가 군인들이 하수구 안으로 수류탄을 던지려고 하자 '항복'이라고 소리치면서 손을 들고 나갔다. 허벅지에 총을 맞은 신광성(20세, 무직)도 체포 과정에서 군인 5~6명이 군화발로 얼굴을 무자비하게 짓이겨 기절했고, 결국 실명하고 말았다.

이때 광주고등학교 구내에서 2명, 전남여고 뒤 동계천 부근과 인근 지역에서 2명의 희생자가 발생했다. 4명의 사망자 중 최소 3명은 시민군 활동과 무관한 민간인이다. 광주고등학고 수위 양동선은 숙직 근무 중에 교내에서 사망했다. 조일기의 시신은 양동선과 함께 광주고등학교 교내에서 발견되었다. 조일기는 집단 폭행 및 가혹행위를 당한 끝에 사망했다. 조일기의 시신에서 총상 흔적은 발견되지 않았고, 안면부 등을 비롯하여 전신에 다발성 타박상의 흔적이 발견되었다.

한약방 종업원 이금재는 5월 27일 07시에서 07시 30경 한약방으로 출근하던 중 동구 전남여자고등학교 뒤편 동계천변 근처에서 수색작전을 전개하던 제20사단 62연대 2대대 병력의 총격에 의해 사망했을 것으로 판단된다. 유한양행 직원 오세현은 5월 26일 18:00부터 유한양행 전남영업소에서 숙직 근무 중이었다. 그는 5월 27일 05:30경 계엄군들이 영업소 숙직실의 창문을 부수는 등 침입을 시도하자 위협을 느끼고 이웃 민가로 피신하다가 계엄군에게 노출되어 총격으로 사망하였다.

아침 6시20분 YWCA 점령을 끝으로, 공수특공대는 7시20분에 20사단 61연대에게 도청 지역을 인계하고, 광주비행장으로 복귀했다. 공수부대가 철수 후 오전 7시30분부터 9시30분까지 기갑학교 탱크14대와 장갑차가 금남로→도청→학동→시민회관까지 오가며 무력시위를 하였다. 도청 진압작전이 시작될 때 끊겼던 시내전화는 이 시각 다시 개통되었다.

〈새벽 도청 상황〉

새벽 5시20분경, 20사단 병력은 도청에서 3공수는 도청 내부로 도주한 무장 시위대들을 추적하여 전원 체포하였다. 저항하던 무장 시민군을 사살하고 아침 6시30분경 도청을 완전 점령하였다. YWCA 건물 앞에는 체포된 시민군들이 굴비처럼 포승줄에 묶인 채 아직도 엎드려 있었다. 계엄군은 체포된 사람들의 윗옷을 벗기고 런닝셔츠에다 '극렬분자', '무기소지자', '차량탑승자' 등등 빨강 매직으로 표시했다. 끈으로 조기 엮듯 묶었다. 누군가 조금이라도 몸을 움직이면 군홧발로 머리를 차고 쓰러진 몸을 짓밟았다. 붙잡혀온 사람들은 온몸이 피범벅으로 얼룩졌지만 신음소리조차 낼 수 없었다.

어둠이 가시자 모습을 드러낸 도청의 모습은 인간 도살장과 흡사했다. 7시30분쯤 외신기자들에게만 도청 들어가는 것이 허용됐는데 그때 테리 앤더슨이 도청 건물 주위를 돌면서 자신의 눈으로 직접 확인한 시신이 17구였다. 노먼 소프는 27일 아침 가장 이른 시각 도청 내부 풍경을 자신의 카메라에 담았다.

　국방부장관 주영복은 육군참모차장 황영시, 합참 정보국장 등과 함께 헬기로 도청 앞 광장 한 복판에 내렸다. 도 경찰국과 도청 간부들 50여 명이 도열해서 그들을 영접했다. 잠시 후 전남도경 국장 안병하가 헌병 지프에 실려 현장에서 연행되는 모습이 목격됐다. 중앙의 신문들은 27일자 1면에 '안 전 전남도경국장 지휘 포기 혐의 연행' '안 전 전남도경국장 직무유기혐의 연행'이라는 기사를 실었다.

〈월산동 무진중학교 근처〉

　제7공수여단 33대대 8지역대 첨병 지대는 5월 27일 01시경 광주비행장을 출발하여 통합병원에 도착하였고, 이후 월산동을 거쳐서 점령지역인 광주공원으로 이동하였다. 이 과정에서 월산동 주택가에서 지역방위 활동을 하던 10여 명의 시민군과 교전을 벌였고, 이 과정에서 김성근이 계엄군의 총격으로 사망했다.

〈전남대학교 근처〉

　상무충정작전이 마무리된 이후인 5월 27일 21:40 경에도 계엄군의 총격에 의한 사망자가 1명 발생했다. 여중생 김명숙(14세, 여)은 5월 27일 저녁 전남대학교 정문 근처에 있는 집에서 잠시 외출했다가 집 근처에서 20시경 계엄군의 총격을 받았다. 그는 좌측 골반(치골 부분)에 총창을 입고 통합병원으로 후송되었으나, 21시 40분경 사망하였다. 김명숙은 광주 재진입작전 이후 계엄군의 소탕 작전 최초 희생자다.

25명 희생자의 사망 당시 평균 연령은 26.3세다. 최고령자는 광주고등학교 수위로 근무하던 양동선으로 44세이고, 가장 어린 희생자는 김명숙으로 14살이었다. 25명 사망자 중 7명이 18세 이하의 미성년자이고, 김명숙을 제외한 24명의 희생자는 전부 남성이다. 희생자의 직업별 분포를 보면 13명이 학생이고 (대학생 6, 고등학생 5, 중학생 1, 재수생 1), 나머지는 노동자, 회사원, 자영업자 등이다.

도청에서 500m 이상 떨어진 시내에서 희생된 민간인 6명 중 김성근은 시민군의 일원으로 공수부대(제7공수여단 33대대)에 의해 사망하였다. 그러나 양동선, 조일기, 이금재, 오세현, 김명숙 등 5명은 비무장 상태의 민간인 신분으로 계엄군에게 희생되었다. 사망자 25명 중 24명은 총격 때문에 사망하였고, 광주고에서 시신이 발견된 조일기는 유일하게 총창 흔적이 없으며, 위원회 확인 결과 둔력에 의한 손상이 사인으로 밝혀졌다.

〈27일 상해자〉

5. 27일 발생한 전체 상해자는 228명이다. 전남도청과 그 인근(상무관, 광주YWCA 등)이 88명으로 가장 많았고, 그다음으로 많이 발생한 지역이 상무대로 36명이다. 그리고 광주YWCA에서 14명, 광주고와 계림초등학교 인근에서 12명이, 광주역 인근에서 10명, 공용터미널에서 9명의 상해자가 발생하였다. 228명의 상해자 중 총상자는 25명으로 약 10%를 차지하고 있다. 이 중 관통 총상을 입은 상해자는 12명이다.

■ 비폭력 민주항쟁, 목포

22일, 날이 새면서 목포의 중고등학교는 학교장 재량으로 휴교령이 내려졌다. 아침 7시부터 시민들이 역광장으로 모여들기 시작했다.

9시경에는 역 건물에 '계엄철폐' '000물러가라' '김대중 석방하라' 등의 플래카드를 내걸었다. 오전 중 100여 명의 무장 시위대도 참여한 가두시위가 계속되었으며, 12시경 목사, 목포대 학장, 시장, 재야인사, 정당 대표들이 모여 다음과 같은 사항을 결의했다.

첫째, 무정부 상태 속에서나마 치안은 유지되어야한다. 이를 위해서는 관민이 협력할 것.

둘째, 광주시민 학살 만행을 규탄하고, 군부와 유신잔당의 정치적 음모를 폭로하여 민주헌정 수립을 촉구하기 위한 시민들의 평화적 의사 수렴 및 주장의 실천을 위해 시민들 스스로 시민의 이름으로 궐기대회를 갖도록 해야 한다.

셋째, 위의 내용들이 실행되기 위해서는 다음과 같은 조건을 받아들일 것.

① 이 시간 이후부터 사태에 개입되는 데 대하여 추후라도 정치적 보복이 없을 것.
② 계엄군이 목포에 진입하면 엄청난 유혈사태가 예상되므로 계엄군의 목포 진입을 중지토록 요구할 것.
③ 시장은 시위 학생, 청년들에게 대용식을 제공하고 역 광장에

방송시설을 준비할 것.
　④ 시내에 있는 모든 식량은 외부 방출을 중지하고 비축할 것.

　또 그들은 회의의 명칭을 「시민민주화투쟁위원회」로 정하고, 민주화운동가 안철을 위원장으로 추대하였다.

　오후 2시, 「시민민주화투쟁위원회」 주최로 '제1차 민주헌정 수립을 위한 시민궐기대회'가 역 광장에서 만여 명의 시민들이 참가한 가운데 개최되었다. 이 대회에서 위원장 안철은 "광주시민 학살은 자유시민을 억압하던 유신독재 잔당들과 군인들의 정권욕이 결탁하여 빚어낸 계획적이고 조직적인 반역사적·반민족적 음모에서 비롯된 것"이라고 주

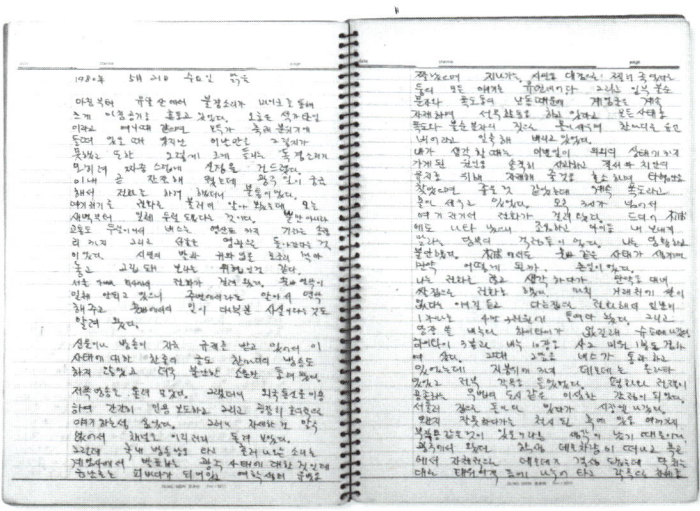

봉쇄작전으로 고립된 도시 반란군부가 동원한 계엄군이 외곽을 봉쇄하면서 광주는 다름 지역과 철저히 고립됐다. 목포 시민 조한금은 당시 목표에서 목격하고 느낀 점을 5월 21일 일기장에 기록했다. (조한금의 오월 일기)

'목포시 민주화투쟁위원회'와 '민주 헌정 수립을 위한 목표시민궐기대회' 결의문
(1980. 5. 22. 정권모 작성, 강수복 낭독)

장하며, 시민 스스로 치안대를 조직할 것과 시위에 이용하기 위해 주인의 허락 없이 타고 다닌 차와 시위대가 소지하고 있는 모든 무기는 '시민민주화투쟁위원회'에 반납해 줄 것을 제안하면서 평화적 싸움으로 이끌어가야한다고 주장했다.

궐기대회가 끝난 후 시민들이 시가행진을 하는 도중 시민들은 김밥, 도시락, 음료수 등을 푸짐하게 제공되었다.

시민궐기대회에서 평화적인 투쟁을 위하여 총기를 회수하자는 안철 위원장의 호소에 본부로 총기가 들어오기 시작했다. 회수된 무기는 대략 4백여정, 특수병기로는 LMG와 수류탄, 다이너마이트 2상자와 권총이 있었다. 오후 6시경 카빈소총, M1 소총 240정, LMG 2정을 포함한 무기를 목포 JC를 통해서 제 3해역에 반납하였다.

궐기대회 후 햇불시위가 벌어졌는데 목포시 전역이 횃불로 가득 찰 정도였으며, 군중 수는 10여 만 정도로 추산되었다.

5월 23일 오전 10시부터 「제2차 민주헌정 수립을 위한 목포시민궐기대회」가 5만여 명의 군중이 운집 한 가운데 개최되었다. 이 대회에서는 '우리 겨레와 세계 자유민에게 보내는 목포시민결의문'을 낭독한 후 만세 삼창과 함께 시가행진에 들어갔다. 오후 3시경에는 각 교회에서 청년회와 대학생회 임원들인 박상규, 양지문, 황인갑, 한봉철 등을 중심으로 목포시민 민주화투쟁위원회 집행위원회가 구성되었다. 이날 궐기대회에서는 "더 이상 김대중 선생을 탄압하지 말라. 김대중 선생은 우리 목포시민이 30년 동안 탄압받으면서 탄생시킨 목포가 낳은 이 민족의 지도자다"라고 주장하면서 오후 8시부터는 태극기를 앞세우고 400여 개의 햇불과 150개의 피켓을 동원하여 10만여 명의 인파가 시가행진을 하였다. 또 안철 위원장은 목포시장과 경찰서장을 만나 시내버스 운행 등 몇 가지 사항을 요구, 일부 요구사항이 받아들여져 24일부터 일부 시내버스가 운행되었다. 햇불시위를 마친 시민들은 밤 10시 40분경 역 광장에 모여 계속 철야농성을 전개하였다.

5월 24일, 비가 많이 내려서 궐기대회가 열리지 않았다. 광주시민 영령들을 위해서 목포역 대합실에 분향소를 설치하였다. 영정이 없었기 때문에 제단만 만들어놓고 영령들의 명복을 비는 형식이었는데 분향 행렬이 계속되었다.

5월 25일, 12시 30분경에는 역 광장에서 '목포시 기독교연합회 비상구국기도회'가 열려 '광주시민혁명에 대한 목포지역 교회의 신앙고백적 선언문'을 채택·낭독하였다.

5월 26일, 오전 10시부터「제4차 민주헌정 수립을 위한 목포시민궐기대회」를 가진 후 시가행진을 계속하였고, 오후 8시부터는 횃불시위

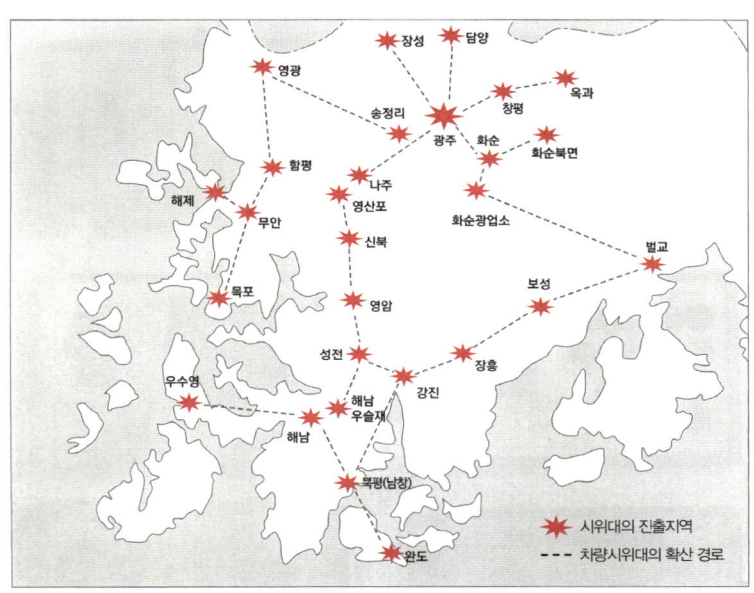

1980년 5월 21일부터 시위대는 나주, 화순 등 전남 서남부 쪽으로 빠르게 퍼져 나갔다.
전남 지역의 시위는 5월 23일 대부분 수그러들었는데, 목포에서는 5월 28일 새벽까지 이어졌다.

를 10만여 인파가 모인 가운데 진행하였다.

    5월 27일, 오전 6시경 광주 도청에 계엄군이 진입하여 점거되었다는 소식에 접한 뒤 오전 11시부터「제5차 민주헌정 수립을 위한 목포시민궐기대회」가 개최되어 '우리 겨레와 세계 자유민에게 보내는 목포시민의 결의문(2)'를 채택하였다. 시가행진 중에는 군 헬기가 시위대를 정찰하면서 전단을 살포하여 자진 해산과 자수를 종용했다. 그리고 횃불시위가 시작되었다. 약 8만 명 정도의 시민이 참여했다. 자정이 다 되어 목포역 광장에는 3천 명 정도가 역 광장을 지키고 있었다. 거의 중·고등학생이었다. 12시 40분, 집행부는 역 앞으로 나가 시민들을 향해, '해산하기로 했다'는 말을 했다. 학생들은 죽더라도 싸우자고 아우성이었다. 집행부원들과 학생들은 그동안 시위가 평화적이고 질서정연했음을 보여주기 위해 30분 동안 거리청소를 했다. 그때 사복경찰들이 목포역 주변을 둘러싸고 시위대를 검거하기 시작했다.

    다음 날부터 검거 선풍이 몰아쳤다. 안철 위원장 박상규 집행위원장을 비롯한 많은 사람들이 연행되어 투옥되었다.

화보

1997년 국가기념일로 지정된 5·18민주화운동

1997년, 국가기념일로 지정된 5·18민주화운동 이후 2002년, 피해자들은 국가 유공자가 됐으며 5·18민주화운동 사망자들이 묻혀 있는 묘지가 국립묘지로 승격되었다. 사진은 희생자들이 처음 매장되었던 5·18구 묘역(위)과 1997년 조성한 국립 5·18민주묘지(아래).

공수부대의 진압 모습 연속 촬영 필름에 담긴 1980년 5월 19일 광주 금남로의 상황은 과잉 진압의 실상을 보여 준다.
(사진 나경택)

전남대 정문에서 전투 경찰과 대치하고 있는 전남대학교 학생들(1980. 5. 8. 사진 나경택)

1980년 5월 19일, 광주가톨릭센터 앞에서 불타는 차량을 사이에 두고 대치한 시민과 공수대원들 (사진 나경택)

금남로 시위군중과 11공수여단이 불타는 차를 가운데 두고 대치하고 있는 모습 (1980. 5. 19. 사진 나경택)

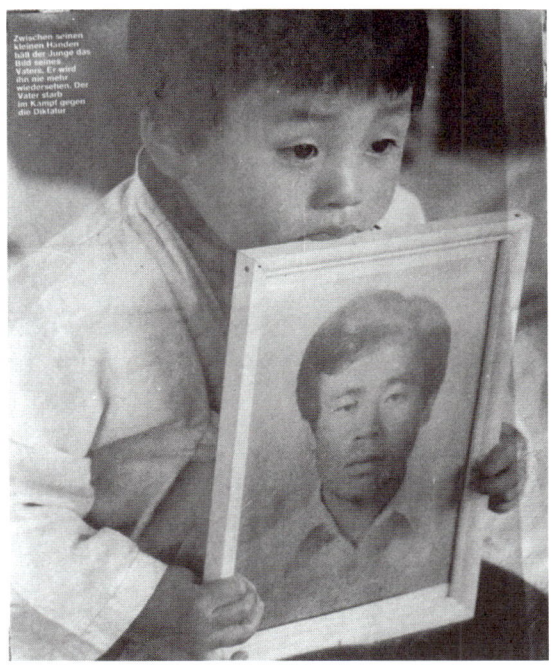

아버지 영정 사진을 들고 있는 어린이 전남도청 앞 집단 발포 당시 희생된 아버지(조사천 34세, 건축업) 영정사진을 들고 있는 어린이 (독일 QUICK지 26호, 1980. 6. 19)

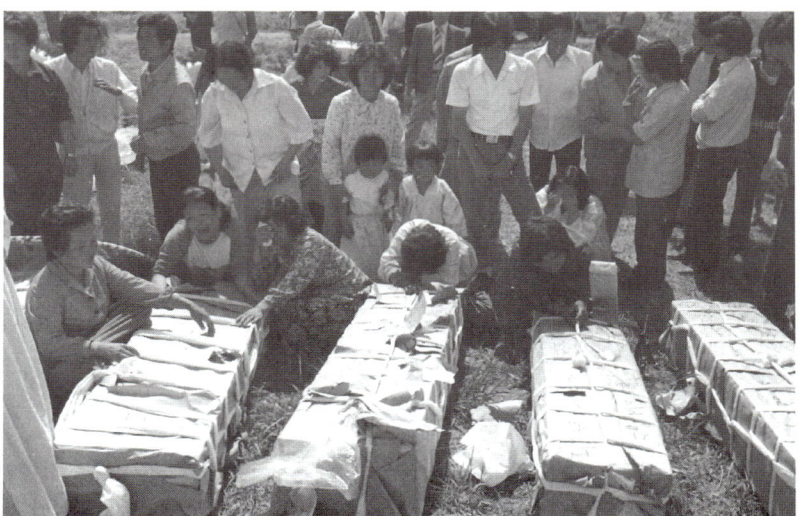

오열하는 유가족들 광주시립제1망월묘지에서 희생자의 유가족들이 애통해 하고 있다. (1980. 5. 29 사진 나경택)

전일빌딩 3층 옛 전남일보 편집구 유리창에 난 총탄 구멍들 1980년 5월 27일 오전, 반란군부가 동원한 계엄군의 기습 진압 당시 유리창에 생긴 총탄 흔적들이다.

붙잡혀 가는 시민들 1980년 5월 27일 새벽, 시민 생존자는 극렬 가담자나 특수 폭도 등으로 분류되어 군부대로 끌려갔다. (사진 나경택)

광주시립제1망월묘지에 집단 매장된 사망자들 1980년 5월 29일, 희생자 129구의 시신이 청소차에 실려 광주시립제망월묘지 제3묘역에 안장되었다. (사진 나경택)

해남에 도착한 시위대 1980년 5월 21일 시위 차량이 해남읍에 도착하여 '광주에 난리가 나 형제들이 죽어간다'는 소식을 전하자 해남 군민들이 구름처럼 모여들어 박수를 치면서 격려했다. 청년 일부는 이날 오후 3시40분경 지서 무기고에서 획득한 칼빈 소총을 들고 시위 대열에 합류했다. (사진, 5·18민주화운동기록관 자료)

광주 소식을 알리자 1980년 5월 21일 오전 아시아자동차(현 기아자동차 광주공장)과 버스회사에서 대거 쏟아져 나온 차량을 타고 시위대는 전남 도내 각 시와 군으로 내달았다. 광주의 소식을 주변 지역에 알리고 지원 세력을 확보하기 위해서였다. (사진 나경택)

길거리에서 밥 짓는 여성들 5·18민주화운동 기간 동안 시민들뿐 아니라 반란군부가 동원한 계엄군들조차도 자식처럼 생각하여 그들에게 식사를 제공하였다. 사진은 충장로 옛 무등극장 골목에서 밥 짓는 풍경.
(1980. 5. 22. 사진 나경택)

전남도청 옥상에 조기 게양 1980년 5월 22일 정오 무렵 전남도청 옥상에는 항쟁 과정에서 희생된 시민들을 애도하기 위해 태극기와 검은 색 천으로 만든 조기가 게양됐다. (사진 나경택)

대자보에 모인 시선들 광주는 다른 지역과 단절되고, 신문이나 방송마저 중단된 상태였기 때문에 자그마한 소식 하나하나에도 시민들은 민감하게 반응했다. (1980. 5. 23 사진 나경택)

민주수호범시민궐기대회 시민들은 1980년 5월 23일부터 5월 26일까지 5차례에 걸쳐 민주수호범시민궐기대회를 열었다. (1980. 5. 24. 사진 나경택)

1980년 5월 21일 오전, 금남로에서 차량 지붕까지 가득 채운 시민들과 반란군부가 동원한 계엄군이 대치하고 있다. (사진 나경택)

철조망 바리케이트 반란군부의 계엄군은 광주시 외곽의 주요 도로마다 마치 삼팔선처럼 철조망을 설치하여 광주를 외부 세계와 갈라놓았다. 5월 23일 광주와 송정리 간 도로의 화정동 국군광주통합병원 앞에 설치된 바리케이드 모습. (과거진상규명위원회 자료 인용)

전두환 화형식 1980년 5월 24일 오후 제2차 민주수호범궐기대회에서 광주 학살의 주범으로 지목된 보안사령관 전두환의 허수아비가 불태워지고 있다. (사진 나경택)

5·18민주화운동 군사 재판 장면 상무대 전투 교육 사령부의 군사 법정은 교실 한 칸보다 약간 넓은 공간이다. 피고인 20~30명씩이 수갑에 묶인 채 비좁게 앉았고, 총으로 무장한 헌병들이 가족과 피고인들 사이에서 경계를 섰다. (사진 광주일보 자료실 제공)

광주시립제1망월묘지의 매장 풍경 울부짖는 가족과 함께 영문도 모른 채 슬퍼하는 아이의 표정. (1980. 5. 29. 사진 나경택)

그날이 오면 1987년 5월 광주가톨릭센터에서 공개적으로 처음 5·18사진전 '그날이 오면' 현장에서 발견된 사진이다. 누군가 몰래 사진과 필름을 노란 봉투 속에다 넣어 두었다. 5월 27일 새벽, 기자들의 접근이 허용되지 않은 시각 전남도청 안 장면. (사진 천주교 광주대교구 정의평화위원회 제공)

5·18민주화운동 군사재판 장면 상무대 전투 교육 사령부의 군사법정은 교실 한 칸보다 약간 넓은 공간이다. 피고인 20~30명씩이 수갑에 묶인 채 비좁게 앉았고, 총으로 무장한 헌병들이 가족과 피고인들 사이에서 경계를 섰다. (사진 광주일보 자료실 제공)

김대중 내란음모사건 군법회의 재판과 판결문 목차 1980년 5월 17일, 반란군부는 비상계엄 조치를 전국으로 확대하면서 김대중과 재야인사 24명을 내란음모 등의 협의로 구속, 기소 하였다. (사진 김대중 평화센터 제공)

1980년 5월 20일 오전 금남로에 투입된 11공수여단이 장갑차와 함께 충장로로 향하고 있다. (사진 나경택)

민족·민주화성회
1980년 5월 14일 오후, 전남도청 앞 광장의 민족·민주화성회에 100여 명의 전남대학교 교수들이 동참하였다.
(사진 나경택)

민족·민주화성회에 참가하기 위해 단체로 이동하는 고등학생들 (1980. 5. 15. 사진 나경택)

금남로를 뒤어덮은 시위 차량들 1980년 5월 20일 오후 5~7시경. 공수부대는 밀물처럼 밀려오는 차량 대열을 향해 최루탄을 자욱하게 쏘아 댔지만 소용없었다. 차량 시위를 분기점으로 이 날 밤부터 광주 시내는 용광로처럼 뜨겁게 달아올랐다. (사진 나경택)

(1980. 5. 21. 사진 나경택)

전일빌딩 헬기 사격 흔적 '1980년 5월 21일 오후 금남로에서의 집단 발포 직후 헬기 기총 사격'을 목격했다는 증언자들이 여럿이지만 군 당국은 지금까지도 헬기 사격을 완강하게 부인하고 있다. 아래 사진은 전일빌딩 10층 사무실 내부에서 발견된 헬기 총탄 자국으로 추정되는 흔적들 (「전교사 충정작전계획」 22쪽, 1980. 5. 25)

광주 시내에 배치된 탱크들 반란군부의 계엄군은 시민들이 최후까지 저항하던 전남도청과 YMCA를 기습 공격한 후 광주 시내에 계엄군 탱크들을 배치했다. (1980. 5. 27. 사진 나경택)

3

날짜·시간대 별로 보는 5·18민주화운동 일지

■ 5월 17일 (토요일, 맑음)

〈전두환 군사반란, 비상계엄 전국확대 조치〉

- 11:00   전군 주요지휘관회의, '비상계엄 전국확대방안' 합의
- 21:42   비상국무회의에서 '비상계엄 전국확대' 의결
- 23:00   김대중 등 야당 및 재야민주인사 19명 자택에서 연행
- 23:40   비상계엄 5월 17일 24:00를 기해 전국 일원 확대 발표
- 24:00   공수부대, 20사단, 해병대, 지역향토사단 군인들 전국 31개 대학 점령, 학교에 있던 학생들 체포, 동시에 전국 대학교 학생회 간부들과 운동권 학생들 수배와 예비검속 시작

■ 항쟁 1일째 │ 5월 18일 (일요일, 맑음)

〈살인 면허, 공수부대 투입〉

- 01:40   전북대 학생 이세종, 학생회관 바닥 시신 발견
- 10:00   전남대 정문, 대학생 200여명 집결, 7공수부대와 충돌
- 11:00   금남로, 충장로 등 시내 일원 대학생 가두시위

- 15:40 7공수여단 33대대(45/321) 유동3거리, 35대대(39/283) 금남로 1가 출동 살인적인 폭행 시작
- 19:00 7공수여단 금남로 진압작전 종료(173명 체포)
- 21:00 광주지역 통행금지

■ 항쟁 2일째 │ 5월 19일 (월요일, 오후 비)

〈분노한 시민들〉

- 04:00 11공수 시내 배치
- 10:50 도청, 금남로 장갑차 4대로 시위대 3천여 명 포위 압축
- 11:00 가톨릭센터 앞 시위학생 200여 명 연행, 오후1시까지 108명 추가 연행
- 14:00 공수부대 금남로 결집 진압, 분노한 시민들 시위 합세
- 15:00 11공수부대 34/277명 금남로 출동
- 16:50 최초 발포, 김영찬(조대부고3) 총상
- 23:08 3공수여단 광주에 증파 결정
- 시간미상, 청각장애인 김경철(26세), 광주 최초 사망자 발생

■ 항쟁 3일째 │ 5월 20일 (화요일, 오전 비)

〈전면적인 시민항쟁〉

- 06:00 7, 11공수 재배치(금남로, 충장로, 계림동 일대)
- 07:00 3공수여단 1137/255명 탄약 휴대하고 광주역 도착
- 07:20 서2동 전남주조장 공터에서 김안부(36세) 변사체 발견
- 10:20 가톨릭센터 앞, 남녀 30여 명을 속옷만 입혀진 채 기합과 심하게 구타

- 12:30　3공수 시내 배치
- 15:00　금남로사거리, 시위군중 5천여 명 연좌 농성
- 18:00　무등경기장, 택시 100여대 금남로 이동 차량시위, 시위대 2천여 명 뒤따름
- 19:00　버스 8대, 택시 50여대, 10톤 화물트럭 1대, 동구청 앞 도착
- 19:30　시위대 1만여 명 공용터미널에서 금남로 시위대와 합류
- 21:05　노동청 앞, 시위대 버스에 치여 경찰 4명 사망
- 21:30　시위대 광주역 3공수를 포위, 노동청 앞 버스 3대 전소
- 21:30　광주MBC 방화
- 22:00　광주역 앞, 3공수 12,15대대 시위대의 차량 공격에 바퀴 향해 권총 사격
- 23:00　광주역 집단 발포, 시청 앞, 도청 주변, 조선대 앞 발포 총성

■ 항쟁 4일째　|　5월 24일 (수요일, 맑음)

〈국민을 향해 총을 쏘는 군대〉

- 00:35　노동청, 시위대 2만여 명 계엄군과 공방전
- 01:30　KBS방화, 광주세무서 방화
- 02:00　3공수, 광주역에서 전남대로 퇴각, 광주 전화 단절
- 04:00　시위대 광주역 광장에서 시체 2구를 리어카에 싣고 금남로 이동
- 04:20　20사단 61연대 85/1413명 광주송정역 도착
- 08:00　시위대 광주공단 입구에서 20사단 지휘차량 14대 빼앗음
- 09:00　시위대 아시아자동차공장에서 장갑차 4, 차량 56대 등 획득(1차)
- 12:00　신안동 굴다리, 3공수 13대대 시위차량에 사격

- 13 : 00　도청 앞 집단발포, (도청에서 애국가, 오후 5시까지 조준 사격 지속)
- 13 : 20　나주 다시 지서, 시위대 최초 총기 획득(오후 2시경부터 나주, 비아, 영광, 영산포 무안 영암 화순 장성 등지에서 무기 획득)
- 14 : 40　시위대 지원동의 탄약고에서 다이너마이트 획득
- 15 : 30　나주, 화순 등지에서 시위대가 획득한 무기 광주로 반입, 시가전 전개
- 16 : 00　공수부대 도청에서 철수 지시, 작전통제권 전환(31사단에서 전교사로)
- 17 : 00　7,11공수 도청에서 조선대로 철수, 3공수 교도소로 철수
- 19 : 00　광주 외곽 봉쇄(31사 오치, 3공수 교도소, 7,11공수 주남마을, 20사단 극락교 백운동 톨게이트, 통합병원)
- 22:10　효천역 부근 계엄군, 무장시위대 교전

■ **항쟁 5일째** | **5월 22일 (목요일, 맑음)**

〈광주 봉쇄와 민간인 학살〉

- 00 : 05　시위대 전남 서부지역 확산(나주, 목포, 영암, 강진, 완도, 함평, 영광, 무안)
- 11:00　외곽도로 완전봉쇄
- 13:30　시민수습대책위 상무대 전남북계엄분소 방문, 7개 항의 수습안 전달
- 17:00　도청 앞 광장, 수습대책위원 상무대 방문 결과 보고 대회
- 17:00　20사단 62연대 2대대, 통합병원 확보작전
- 18:00　학생수습위원회 구성(질서유지, 무기회수, 헌혈 활동 등 전개)

■ 항쟁 6일째 | 5월 23일 (금요일, 맑고 한때 흐림)

〈광주시민 대동세상〉

- 08 : 00   학생, 시민 금남로 일대 등 자발적 청소에 나섬, 상점 영업 개시
- 09 : 30   11공수 61대대 총격에 10여명 탑승 마이크로버스 피격사건 발생
- 10 : 00   시민 5만여 명이 도청광장에서 집회
- 15 : 00   제1차 민주수호 범시민궐기대회(5만여 명) 개최.
- 19 : 00   교도소 3공수여단 접근하는 시민군에게 사격(5회 이상 사격)

■ 항쟁 7일째 | 5월 18일 (토요일, 오후 비)

〈계엄당국과 협상 교착〉

- 13 : 30   11공수 원제마을 저수지에서 무차별 사격 (중학생 방광범 등 2명 사망)
- 13 : 55   11공수 광주비행장 이동 중 효천역 부근 전교사 교도대와 오인전투(공수대원 8명 사망, 33명 중상, 장갑차 5대 파손)
- 14 : 00   송암동 주민 학살(청소년 2명, 주민 4명, 시민군 1명 사망)
- 14 : 50   제2차 민주수호 범시민 궐기대회(도청 앞)
- 20 : 30   도청 지하 무기고에서 군 폭약 전문가 뇌관 제거 (24일 20:30~ 25일 13:00)

■ 항쟁 8일째 | 5월 25일 (일요일, 비)

〈항쟁지도부 등장〉

- 08:00 　도청 내 '독침사건', 계엄당국 프락치 침투시켜 교란작전 전개
- 15:00 　제3차 민주수호 범시민궐기대회(5만여 명)
- 17:00 　청년학생시민군 의용대 1차 모집(70여 명)
- 18:10 　최규하 대통령 광주 상무대, 특별담화 발표
- 22:00 　항쟁지도부 '민주시민투쟁위원회' 결성

■ 항쟁 9일째 | 5월 26일 (월요일, 아침 한때 비)

〈최후 통첩, 상무충정작전 개시〉

- 04:00 　계엄군 외곽봉쇄선 압박 탱크 진입, 화정동 농촌진흥원 앞 진출
- 08:00 　'죽음의 행진'(시민수습대책위원 17명, 도청~화정동, 계엄군 진입 저지)
- 10:00 　제4차 민주수호 범시민 궐기대회(3만여 명, 계엄군 유혈 진압 규탄)
- 14:00 　기동타격대 조직(대장 윤석루, 70여 명)
- 15:00 　제5차 민주수호 범시민 궐기대회(80만 광주시민 결의 채택) 청년학생시민군 의용대 2차 모집(150여 명)
- 17:00 　민주시민투쟁위원회 대변인 윤상원, 외신기자들에게 광주상황 브리핑(주한 미 대사 면담 요청)
- 19:00 　항쟁지도부, '계엄군이 오늘밤 침공' 발표(학생 및 여성 귀가 조치)
- 19:00 　광주거주 외국인 207명 광주공항 집결 후 비행기로 서울행
- 24:00 　시내 전화, 전기 단절

■ 항쟁 10일째 | 5월 27일 (화요일, 맑음)

〈광주시민 최후 결전〉

- 01:00 공수특공대 이동(3공수 도청, 11공수 전일빌딩, YWCA, 7공수 광주공원)
- 02:00 20사단 이동(102/3,030)
- 03:50 도청 방송실 마지막 방송
- 04:00 3공수 특공대 도청 주변 포위, 침투 공격, 무차별사격
- 05:10 3공수 도청 진압작전 종료
         (무장 헬기 도청 상공 무력 시위)
- 06:00 '시민들은 거리로 나오지 말라'고 경고 방송, 탱크 18대 도청 진입
- 07:00 3,7,11공수부대 20사단 병력에게 도청 인계 후 광주비행장으로 철수
- 08:50 시내전화 통화 재개
- 09:30 도청 500여 명 직원 출근
- 10:00 주영복 국방부장관, 황영시 참모차장 도청 방문

---

* 27일 피해 현황 : 시민군 등(사망 25명, 상해자 228명, 연행 295명)

4

광주는 말한다… 무엇이 그날의 참상인가!

　1980년 5월 18일부터 27일까지 광주와 전남 일원에서 국가를 지키는 군인이 국민을 향하여 총을 쏘아 살해한 사건이 발생했다. 이에 격분한 국민들이 무기고에서 총을 획득하여 반격을 가했다. 결국 군인들이 탱크와 헬기까지 동원하여 총을 들고 반항하는 국민들을 살상하면서 제압하였다.

　그런데 5월 18일부터 27일까지 광주에서 무기고를 습격하여 총과 실탄을 탈취하여 군인들과 전투를 벌이고 교도소를 습격하고, 전남도청에 폭약을 쌓아놓고 군인들에게 대항하는 폭동이 일어났다는 주장이 제기되었다.

　"계속 해산시켜도 하룻밤 사이 4~5번이나 다시 뭉쳤다"며, "일반 시민이 그렇게 조직될 수 없다", "일반 시민은 총도 쏠 줄 몰랐을 텐데 의아하다."

서슬 퍼렇게 용맹스런 공수부대원들이 진압봉으로 두들기며 해산을 시켜도 다시 모여서 데모를 하고 하룻밤 사이에 너댓번 씩이나 다시 뭉쳐 데모를 하는 것을 보니 분명히 뒤에 누군가 있다. 거기에 예비군 무기고를 털어 총기를 꺼내서 군인들하고 총격전을 벌이는 국민이 어디에 있겠는가? 분명히 그 배후에 조직적으로 움직이는 누군가 있었을 것이다. 라고 의심하는 사람이 나타났다.

5·18민주화운동에 대한 당연한 의문이다. 어떻게 보통 국민들이 죽음을 각오하고, 시위를 하고, 총을 들고 총격전을 벌일 수 있겠는가? 도저히 믿을 수 없는 이야기다.

그럼 거꾸로 공수부대 등 군인들이 광주·전남 국민들을 몽둥이(진압봉)로 때려서 죽이고 총을 쏘아 죽였다는 사실은 믿을 수 있는가? 당신의 눈앞에서 군인들에 의하여 형제자매가 몽둥이로 두들겨 맞아 죽고 다치는 상황이 벌어졌다면 당신은 어떻게 하겠는가?

한번 가정을 해보자.

당신이 겁쟁이라면 무서워서 도망가겠지요. 그러나 조금이라도 용기가 있다면 반항하겠지요. 왜 때리냐고요! 그러나 당신까지 몽둥이로 마구 때린다면 당신은 어떻게 하겠나요? 겁쟁이 당신은 집에 들어가 나오지 않겠지요.

그러나 너무 화가 난 사람들은 어떻게 하겠어요. 집 밖으로 나와서 무언가 행동을 하겠지요. 반항을 하고, 나무막대기라도 들고 싸우겠지요.

1980년 5월 18일부터 27일까지 광주 일원에서 대한민국 정규군인들이 국민을 향하여 총을 쏘도록 한 사람들은 누구인가? 또한 국민을 향하여 총격을 가하여 죽이면서까지 획득하려고 한 목표는 무엇이었을까요?

국민을 향해 군인들이 총을 쏜 이유는 그 이후 과정을 보면 명확하다. 전두환과 반란군부세력이 정권을 탈취하기 위해 수많은 국민들을 죽이고, 그 피바다를 딛고 대통령이라는 권좌에 앉은 것이다.

전두환은 5·18광주학살의 주범으로 1997년 내란·뇌물수수 등의 혐의로 대법원에서 무기징역과 추징금 2,205억 원 확정 판결을 받았음에도 단 한마디의 사죄도 하지 않았다. 오히려 5·18광주민주화운동을 폭동이라 폄훼하고 전 재산이 29만원밖에 없다고 유가족과 국민을 우롱했다. 추징금 또한 전체 추징금의 41%인 922억 원을 미납한 채 사망할 때까지 여행, 골프 등 호화로운 생활을 즐겼다.

그는 "광주는 총기를 들고 일어난 하나의 폭동"이라고 말했다. 이어 "계엄군이기 때문에 진압하지 않을 수 없었다. 군대라는 것은 지휘계통에 의해서 움직이는 것"이라며 "나는 계엄사령관의 부하로 보안사령관이다. 보안사령관은 보안사만 지휘한다"라고 했다. 덧붙여 "그 외의 것은 지휘권이 없다"라며 본인 지시사항이 아니라고 부인했다.

하지만 역사는 엄정하게 말한다.

1980년 5월항쟁 기간 광주에 와서 취재한 AP통신 테리 앤더슨 기자가 "이는 사실상 군인들에 의한 폭동이었다"고 말했다. 공수부대가 시위 진압을 위해 폭력을 쓴 게 아니라 체포를 위해 폭력을 썼다. 대법원은 '계엄군이 난폭하게 광주시민의 시위행위를 진압한 행위가 내란죄의 구성요건인 폭동의 내용으로서의 폭행·협박에 해당'한다고 판결했다. '시위 진압이라는 행위가 사실상 폭동'이었다는 것이다.

단언하건대 전두환이 대통령이 되기 위해 그냥 정치권에서 무혈로 반란을 일으켜 대통령이 되었다면, 일반 국민들은 관심이 없어 그냥 넘어갔을 것이다. 그렇지만 수천 명의 목숨과 상처를 빼앗으면서 권좌에 앉은 대가는 반드시 받을 것이다. 이를 그 누가 부인한단 말인가!

#12·12 쿠데타 체계도

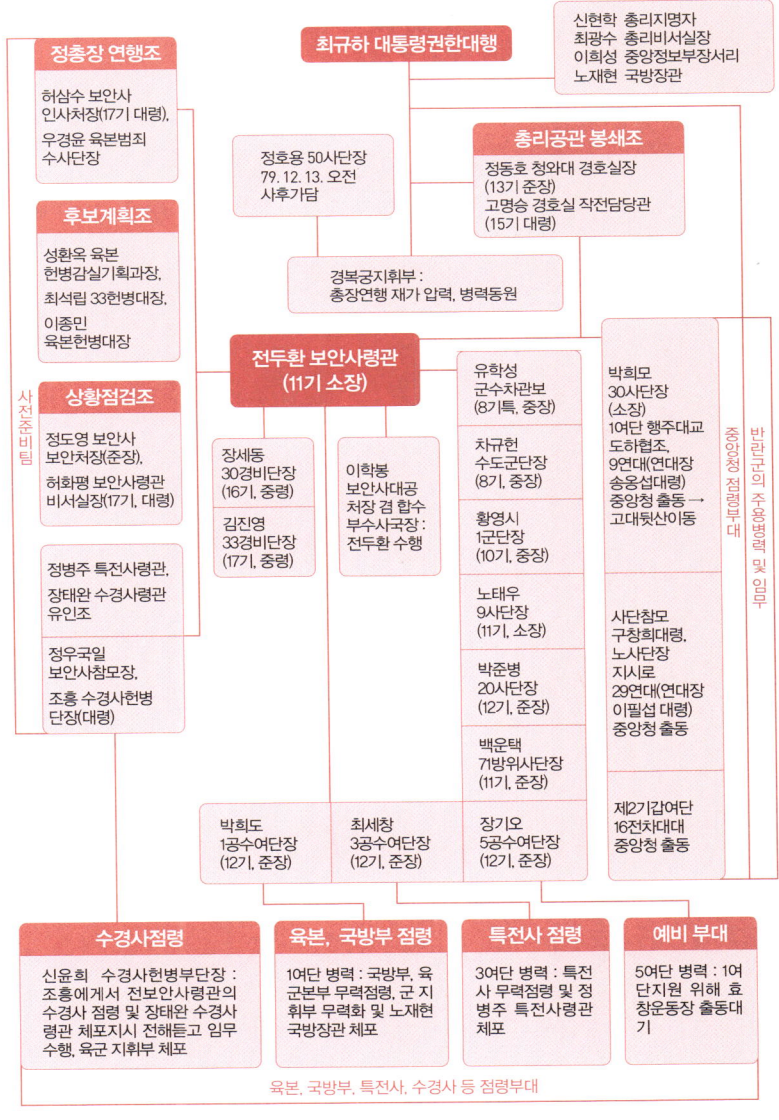

#광주진압군 지휘 체계도

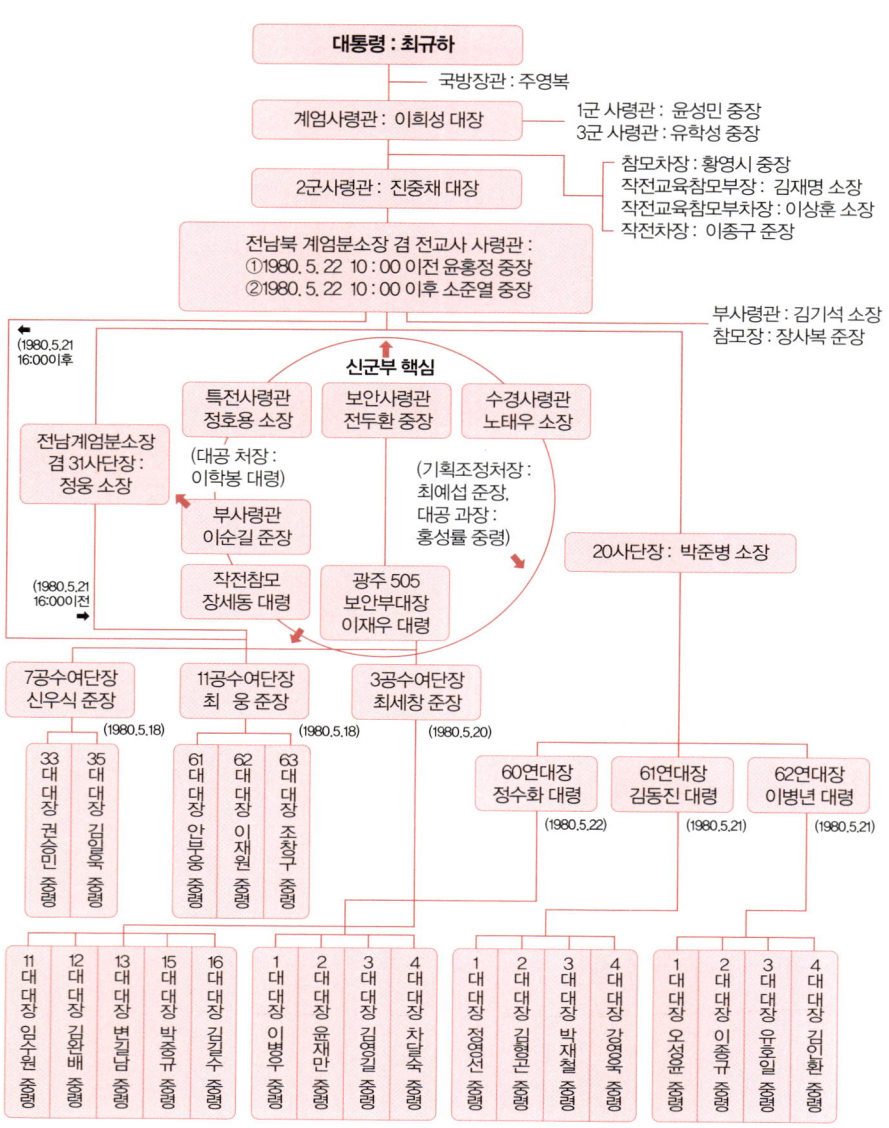

#5·18기간 동안 투입된 군인들

5월 18일부터 27일까지 10일 동안, 계엄당국은 광주에 공수부대 3개 여단 10개 대대를 포함 총 47개 대대 병력 26,332명을 투입했다.

단계별 투입 병력 규모

단계/구분	병력(장교/사병)	장비
1단계 / 5.17. 이전	경찰 : 87/1,118	
2단계 / 5.18~21	20사 : 87/1,633 31사 : 150/1,430 특전사 : 504/2,901 계 : 741/5,946	UH 1H : 10대 500MD : 7대
3단계 / 5.22~23	20사 : 146/2,863 31사 : 150/1,440 특전사 : 267/1,768 학교(3) : 78/1,971 계 : 641/8,032	UH 1H : 10대 500MD : 7대 G-1기 : 5대 코브라 : 2대
4단계 / 5.24~26	20사 : 146/2,863 31사 : 150/1,140 특전사 : 267/1,768 학교(3) : 78/1,971 계 : 641/7,742	UH-1H 10대 500MD 7대 O-1 5대
5단계 / 5. 27.	20사 : 102/3,080 31사 : 39/693 학교(3) : 99/839 계 : 2262/26,332	

5·18민주화운동의 진상 규명

Part 3

#노태우와 6·29선언

#전두환 백담사 보내다

#전두환·노태우 법정에 서다

#전두환 학살자…전우원(전두환 손자)의 고백
 "우리 할아버지는 광주시민 학살자입니다"

■맺는말 | 5·18학살…역사가 증명해 주고 있지 않은가?

#노태우와 6·29선언

1987년 6월 29일 발표한 이른바 '6·29선언'은 국민들의 민주화와 직선제 개헌 요구를 받아들여 집권당인 민주정의당 대표 노태우가 전격 발표한 선언을 말한다.

그 주요 내용은 '국민의 기본권 신장, 언론 자유 창달, 지방자치제 실시, 대통령 선거 제도' 등 8개항*이었다. 이 선언 이후 같은 해 말 개헌을 통해 지금의 대통령 선거 직선제, 대통령 임기 5년 단임제가 정착되었다.

---

* 6·29선언의 8개항 : ①여야 합의하에 조속히 대통령 직선제 개헌을 하고, 1988년 2월 새 헌법에 따른 대통령 선거를 통해 정권을 이양한다. ②자유로운 출마와 공정한 경쟁이 보장되도록 대통령 선거법을 개정한다. ③김대중의 사면·복권을 포함하여 시국사범 등을 석방한다. ④인간의 존엄성을 존중하기 위해 새 헌법은 기본권을 강화하는 방향으로 수정한다. ⑤언론 관련 제도와 관행을 개선, 언론 자유를 최대한 보장한다. ⑥사회 각 부문의 자치·자율을 최대한 보장하고, 이를 위해 지방자치 및 교육자치를 실시하고, 대학도 자율화한다. ⑦자유로운 정당 활동을 보장하고, 대화와 타협의 정치 풍토를 조성한다. ⑧밝고 맑은 사회 건설을 위해 사회 정화 조치를 강구한다.

이런 6·29선언에 대해 각계각층에선 '국민의 뜻'을 받아들인 것으로 이해하고 환영했다. 특히 김영삼·김대중 전 대통령이 환영한 것이다. 민주주의 발전을 위해서는 대통령 직선제 선거제를 수용하는 것을 제외하고는 다른 출구가 보이지 않았기 때문이다.

그 당시 전두환은 "대통령 직선제 논의를 88서울올림픽 이후로 하겠다"고 했지만, 노태우 대통령은 이를 거부하고 독단적으로 6·29선언을 한 것이다. 더불어 만약 전두환이 이 선언을 받아주지 않는다면, 저는 "대통령 후보와 모든 공직에서 사퇴하겠다"고 발표하자 각계각층에선 큰 박수를 보냈다. 결국 전두환이 이를 수용하게 됨으로써 '6월민주항쟁'에서는 어느 때보다도 정치인과 재야인사, 학생들간에 민주적 대연합이 잘 이루어졌다.

당시 정치 상황은 이러하다.

1987년 4월 13일 전두환이 대통령 선거 간선제(체육관 선거)를 유지하겠다는 '4·3호헌조치'가 마침내 국민의 분노를 일으켰다. 이로 인해 6월 항쟁의 불길이 전국적으로 확대, 전 국민의 민주화 요구가 거세졌다. 이에 경찰의 **박종철 고문 치사 사건** ―〔서울대 3학년생 박종철이 치안본부 남영동 대공분실에서 조사받던 중 갖은 고문으로 사망한 사건〕―이 6월 항쟁의 직접적인 도화선이 되었다. 이어서 '박종철 고문살인 은폐 조작 규탄 및 민주헌법쟁취국민대회' 결의대회에서, 경찰이 쏜 최루탄을 맞은 연세대 학생 **'이한열 피격사건'**이 6월 항쟁을 임계점으로 끌어올린 동인이 되었다.

이와 같은 과정을 거쳐 6월 항쟁 이후 개정된 새 헌법에 따라 국민직선제로 치러진 최초의 대선인 제13대 대통령 선거—〔민주화과정에서 동반자였던 통일민주당 김영삼과 평화민주당 김대중이 분리되고, 신민주공화당 김종필이 각각 후보에 출마함으로써 사상 유례 없는 지역 대결 구도로 흘러 1노3김의 대선이란 말이 유행하였다〕—에 민주정의당인 노태우가 '보통사람들의 위대한 시대'라는 슬로건을 내걸고, 36.6%득표로써 김영삼(28%), 김대중(27%)을 누르고 1988년 2월 25일 제13대 대통령에 취임, 대한민국 **제6공화국**을 출범시켰다.

노태우는 대통령에 취임한 이후 군사 독재국가를 민주주의 국가로 변화시키는 등 다수의 긍정적인 평가를 받는 반면, 그러나 부정적인 면에서 전두환의 제2인자로서 정권 탈취 과정에서 주도적으로 제일선에 나섰다는 점이 큰 오점으로 남을 수 밖에 없었다. 아무튼 노태우 정권은 '광주학살, 5공비리 진상 규명 및 책임자 처벌'에 대한 시대적 상황으로부터 벗어나기엔 도저히 용서받을 수 없는 죄인이었다.

따라서 김영삼 문민정부는 5·18정신을 계승한 정부임을 천명하고, 노태우 전 대통령을 12·12군사반란 및 5·17내란을 주도한 혐의 등으로 1995년 전두환과 함께 구속·기소하였다.

1997년 4월 17일, 그 죗값으로 대법원에서 17년 징역형과 추징금 2,688억 원을 선고받았다. 복역 중 같은 해 12월 22일 특별사면되었고, 이후 추징금 2,688억 원을 납부하였다. 김대중 국민의정부 출범 직후, 동서 화합을 명분으로 김대중은 노태우를 복권시켰다. 그러나 전직 대통령에 대한 예우는 박탈당했다.

노태우는 사면·복권 이후 건강이 악화되어 특별한 정치적 행보를 보이지 않았다. 다행스레 지난 날 "5·18피해자 유족에게 상처를 준 점을 미안하게 생각한다"며 자신의 광주 망언에 대해 공식적으로 사과하기도 했다.

노태우는 오랜 투병생활 끝에 2021년 10월 26일, 향년 89세로 병상에서 사망. 정부는 노태우 전 대통령의 장례를 국가장으로 치렀다. 장지는 고인의 뜻에 따라 경기도 파주시 실향민 묘역인 동화경모공원에 안장되었다.

#전두환 백담사 보내다

1979년 12월 12일, 바로 이날 전두환이 쿠데타군부 세력을 이끌고 군사반란을 일으킨 날이었다면, 1988년 11월 23일은 그 죗값으로 '백담사 유배생활'이 시작된 날이었다. 백담사 유배생활은 '5공청문회' 등으로 악화된 여론을 무마시키기 위해 노태우 전 대통령이 전두환에게 권유를 해서 자의반 타의반으로 1990년 12월까지 2년여 동안 문자 그대로 유배생활, 귀양 보낸 시간이었다.

당시 정치 상황은 이러하다.

1988년 4월 26일, 제13대 국회의원 선거에서 여당인 민정당은 125석을 확보하여 과반에 못미친 '여소야대' 국회였다.

그러므로 국회에선 (5공 청문회를 수용해야 한다는) 야당의 빗발치는 요구를 받아들여 5공청문회를 열 수밖에 없었다. 다른 한편, 노태우 정권의 입장에선 5공청문회의 압력을 통해 전두환 세력을 무력화시켜 정국의 주도권을 확보하는 데 힘을 기울여 나갈 수 있었다.

이 과정에서 전두환 내외는 백담사로 들어가게 되었고, 이른바 5공청산·광주청문회가 개최되었다. 이들 청문회의 광경이 텔레비전으로 전국에 방영되었고, 증인으로 출석한 당사자들의 증언을 통해 사건의 진상을 밝힘으로써 5공 독재세력의 증언이 모두 거짓이었음이 드러났다. "기억이 잘 나지 않는다"는 증언자들의 일관된 답변은 비록 진상을 규명하지는 못했지만, 초라한 행색으로 국민 앞에 불려와 비굴한 변명을 하는 것을 보면서 청문회의 위력을 보여 주었다.

■ 백담사 유배생활

백담사(百潭寺)는 만해(萬海) 한용운 선생―〔만해는 호, 일제 강점기때의 승려. 시인·독립운동가로 활동. 저서 '님의 침묵'이 있음〕―이 칩거했던 사찰이다.

전두환이 이곳에 머물러 유배생활을 함으로써 (관광지로) 더욱더 유명해졌다. 전두환은 이곳에서 죄인의 몸으로 유배생활을 하면서도 행락객을 만나 마치 유배온 은둔자인 것처럼 생활하며 시간을 보냈다. 특히 백담사 내 화엄실(수행하는 장소)에 그의 옷과 유배 당시 사진을 정리해 놓고 '대통령 왔다 감'이란 문구를 걸어 놓아 두어 빈축을 사기도 했다. 이에 관광객들과 인제군 일부 의원들은 "백담사는 죄인의 은둔지가 아니다"라고 힐란하기도 했다.

전두환은 1990년 12월, 백담사 유배생활에서 벗어난 이후 부역자들과 함께 호화로운 생활을 즐겼다. 김영삼 문민정부가 탄생된 이후 훗날 5·18광주민주화 법정에서 12·12군사반란 주범 전두환과 노태우가 손을 꼭 붙잡고 서 있는 장면이 텔레비전을 통해 공개되면서 역사의 심판이 얼마나 큰 위력을 보여 주는가를 실감케 하기도 했다.

■ 5공·광주청문회 과정

1988년 11월 18일, '5공비리진상규명 및 광주특위청문회'가 국회에서 시작되었다. 청문회 기간 중 텔레비전으로 전국에 생중계되어 노무현 의원 등 청문회 스타를 배출하면서 연일 40%를 넘는 시청률을 기록하였다.[*]

원래 전두환은 박담사에 들어갈 당시엔 몇 개월 정도 머무를 것이라 생각하고, 노태우의 상왕 노릇을 하려고 착각했던 것이다. 그러나 노

---

[*] **노무현과 청문회** : 당시 노무현은 초선 의원으로 '명패투척사건'으로 청문회 스타로 부각되었다. 이 사건은 1988년 12월 31일, 노무현 통일민주당 의원이 광주특위 및 5공특위 연석회의 도중 증인으로 출석한 전두환이 의원들의 질문에는 답변하지 않고 변명조의 연설만 하자, 전두환 퇴장 후 자신의 명패를 팽개쳐 버린 사건이다. 이날 전두환은 5·18광주민중운동에 대한 물리적인 대처가 정당한 자위권 발동이었다고 했다. 또한 (평화민주당·통일민주당·신민주공화당) 등 야당의 질문에 대해서는 묵비권으로 일관했다. 이후 전두환이 불리한 입장에서 끝까지 묵비권만 행사하다가 퇴장하자, 특위위원 중 한 사람인 노무현 의원이 분을 참지 못해 명패를 집어 땅에 내팽개쳤던 것이다. 이날 (전두환의 묵비권 행사로 인해) 아무런 대답도 듣지 못했지만, 이 결과 전두환 내외는 백담사로 들어가고 실질적인 유배생활이 시작되었다. 혹자는 전직 대통령에 무례한 행동이었다는 이유로 노무현을 비판하는 경우도 있었지만, 이는 군사정권의 부역자들이 행한 불만에 지나지 않는다.

태우 정권은 전두환을 백담사에 보내는 대신 전두환의 친동생 전경환의 새마을협회 비리를 캐내면서 그의 일가친척(一家親戚)들만 구속하는 선에서 마무리하려고 했다. 후일담이지만, 전두환은 노태우에게 "그런 식으로 하면 대통령이라도 귀싸대기 맞는다"는 말을 한 것으로 전해졌다.

이 같은 치부 속에 5공 청산·광주청문회에 대한 전 국민의 열기는 노태우 정권에 커다란 정치적 부담을 안겨 주었다.

이에 따라 노태우 정권은 전두환의 사과 성명과 노태우의 대국민 특별담화를 발표하고, 여야 지도자들 사이의 협상과 타협을 통해 (청문회에 나타난 문제점들을) 정치적으로 해결하여 하였다. 이후 노태우 정권은 1989년 1월, 검찰에 5공비리 특별수사부를 설치하여 5공 청산을 청산하기로 하는 것으로 종결한다고 주장했다.

#전두환·노태우 법정에 서다

1996년 8월 26일 수의를 입고 선고 공판을 기다리는 두 전직 대통령— 전두환(우)과 노태우(좌).

박정희 — 전두환 — 노태우로 이어져 온 30여 년에 걸친 군사독재 정권이 끝나자, 5·18 진상규명과 책임자 처벌을 요구하는 목소리가 높아졌다.

1992년 김영삼 문민정부가 출범하자 국민들은 이에 큰 기대를 걸었지만, 김영삼 정권의 검찰도 국민들의 기대에 부응하지 못했다. 이런 가운데 김영삼 정권은 1995년 11월 30일, 12·12 및 5·18 특별수사본부의 발족과 함께 검찰의 재수사를 결정했다.

2019년 3월 11일, 전두환은 우리 역사에서 절대로 용납할 수 없는 인물로 다시 법정에 섰다. 광주지법(형사8단독)은 "5·18광주민주화운동 당시 헬기 사격을 목격했다"고 증언한 고(故) 조비오 신부의 명예를 훼손한 혐의(사자 명예훼손)로 기소된 전두환의 첫 공판을 연 것이다.

공소 요지는 "80년 5월 광주 일대에서 헬기 사격이 있었음이 군 내부 문서, 국립과학수사연구원 감정, 국방부 조사 등으로 확인됐는데도 허위 사실을 적시한 전두환 회고록(2017.4월 출간)을 만들어 전국에 배포해 조비오 신부의 명예를 훼손했다"고 밝힌 내용이다. 또 검찰은 "5·18 당시 보안사령관, 합참본부장 등의 직책을 수행 중이어서 상황을 파악하고 있었고, 회고록 출간 전에도 다수의 헬기 사격 탄흔이 확인된 만큼 허위 사실을 특정 다수인에게 고의로 유포해 고인의 사회적 평가와 명예를 훼손한 책임이 있다"고 강조했다.

이에 전씨측은 헬기 사격이 사실인지, 조비오 신부에 대한 표현에 고의성이 있었는지 등을 다투는 전략으로 변명했다. 이날 전씨는 "발포 명령을 부인하느냐"는 취재기가의 질문에 "이거 왜 이래"라며 신경질적인 반응을 보였고, "광주 시민에게 사과할 용의가 없느냐, 헬기 사격을 인정하느냐"는 물음에는 아무 대꾸도 하지 않았다. 다음 공판은 4월 8일 열린다. 증거 정리를 위한 공판 준비 기일로 진행되는 만큼 전씨는 출석 의무가 없다로 끝났다.

조비오 신부의 헬기기총 사격 증언 – "기관총 소리가 거기 불로금쪽 상공에서 드드드득 세 번 울렸다"고 증언했다.

이후 2020년 4월 27일, 전두환은 두 번째재판에 참석했지만 불성실한 태도 때문에 맹 비난을 받았다. 이어 2020년 11월 30일, 세 번째 재판에서는 "자신을 비난하는 시위대에 말 조심해 이놈이라고 소리지르고, 재판 중에도 여전히 불성실한 태도로 공분을 샀다." — 이날 전두환에게 징역 8개월에 집행유예 2년이라는 판결이 내려졌다.

전두환은 이후 (다발성골수종 확진으로) 건강이 악화되어 2021년 11월 23일 연희동 자택애서 사망. 전두환은 "나 죽으면 화장해서 북녘이 보이는 최전방 지역에 그냥 뿌리라"는 유언을 남겼지만, 그 유골함은 아직까지 자택에 안치된 상태.

■ 전두환 유골함 안치, 추징금 환수 문제

'천불이지불수(天不貽地不受)'라는 풍수 격언이 있다.

이 말은 악한 일을 행한 자에게는 '하늘이 땅을 주지도 않고, 땅은 그 사람을 받지도 않는다'는 뜻이다. 전두환은 사후 2년쯤 되던 해 2023년 11월, 자손들에 의해 파주에 묘지를 쓰려 했으나 파주 시민단체 11개업체 등의 반대에 부딪혀 묻힐 자리가 없는 처지가 되었다.

그러나 이에 반해 '서울의 봄'을 지키고자 했던 장태완 당시 수도경비사령관의 무덤은 대전현충원 장군 묘역에서 (가장 좋은 곳에) 자리잡고 있다. 이는 '덕을 행하면 하늘이 반드시 길지로 보답한다'는 풍수지리설에 입각해 쓰여진 말이 아닐까, 하고 생각된다.

 또 전두환의 마지막 추징금 55억은 환수가 확정되었으나 그의 사망으로 더 이상 추징할 수 없게 되었다. '전두환추징3법'이 국회를 통과하면 추징이 가능해진다고 하지만, 소급 적용을 둘러싼 위헌 논란이 벌어질 수 있다는 점이 문제시된다. 한편, 노태우씨는 사망 전 "5·18피해자 가족에게 상처를 준 점을 미안하게 생각한다"며 지난 날 자신의 광주 망언에 공식 사과했다. 또 아들 노재현을 '5·18광주민주화묘지'에 보내어 더 깊은 사과 의사를 표명케 한 점은 사과의 눈물 한방울 없이 사망한 전두환과는 대조적인 다른 면이 있었다. 이 점 여러분의 생각은 어떠십니까, 하고 묻고 싶다.

#전두환 학살자… 전우원의 고백
"우리 할아버지는 광주시민 학살자입니다"

전우원(전두환의 손자, 전씨 차남 전재용의 아들)은 2023년 3월 31일, 전두환 가족과 주변인들의 범행을 폭로한 일로 세상을 떠들썩하게 한 내부 고발자이기도 하다. 그는 인스타그램, 유튜브 라이브를 통해 자신의 할아버지인 전두환씨에게 "학살자, 지옥에서 영원히 고통받을 것이다"라고 비난했습니다.

이 같은 사실은, 공영방송 KBS와 MBC뉴스를 비롯한 여러 군데의 매스컴 미디어에서도 특종으로 보도·방송케 되는 사례를 남겼다. 비단 이뿐만이 아니었다. 전우원은 '광주민주화운동 피해자들'에게 사죄하는 행보와 자신의 재산 대부분을 참회의 눈물로 기부하여 할아버지를 대신해 용서를 빌기도 했다.

전우원은 ─ 〔출생:1996년생. 서대문구 연희동 / 국적:대한민국 /

학력:뉴욕대학교 경영학과 졸업 / 종교:기독교 / 병역:육군 부사관학교 병장으로 만기 전역 / 직업:뉴욕 EY 회계법인 재무전략팀 근무]— 2023년 3월 28일, 한국으로 귀국. 전우원은 한때 마약 투약 혐의로 기소되어 징역 2년6개월에 집행유예 4년형을 선고받았다.

이후 광주를 찾아가 '5·18기념문화센터'에서 유족과 피해자들을 직접 찾아 사죄하고 회견을 가졌다. 그리고 국립묘지를 방문해 무릎 꿇고 외투로 비석 위를 쓸어 닦으며 참배한 '전두환 일가 중 처음으로 참회'한 유일한 인물이다.

그 후 언론들과 인터뷰를 진행하며 전두환의 비자금 폭로와 가족의 치부를 드러내 보여 화제가 되기도 했다.

전두환씨 집은 4개 필지에 3개 건물로 이루어진 약 500평 규모의 집에서 경호원들의 보호를 받으며 살고 있는 큰 집이다. 전우원은 집안의 내부 구조를 하나씩 설명하며 일가의 비리와 부정축재로 숨겨진 재산을 공개하기도 했다. (KBS시사직격 「5·18 특별기획」과 MBC PD수첩 「전두환의 숨겨진 재산」 프로에서 방영됨)

■ 맺는말 | 5·18학살…
역사가 증명해 주고 있지 않은가?

이 책 Part 1 첫 장에서 밝혔듯 한국 민주주의의 역사적 뿌리는 깊다. 그 역사 시대 변천 과정에서, 한국인들은 자율적인 훈련 과정을 통해 주권재민, 주권자치 의식을 길러오면서 민주주의를 이룩하였다. 이는 미국과 같은 외부 세력의 힘이 가져다 준 것이 아닌 순전히 우리 국민들의 축적되어 온 힘의 결과로 이뤄낸 소산이었다.

대한민국은 1919년 3·1운동 시기에 건국되어 이후 남한에서 한반도 유일의 합법정부로 수립되었다.

대한민국 헌법 전문에서도 "… 우리 대한민국은 3·1운동으로 건립된 대한민국 임시정부의 법통과 불의에 항거한 4·19민주이념을 계승한다"고 밝힌데 이어 '5·18정신'을 삽입·추가해야 한다'는 주장을 밝혔다. 다행히 최근에 윤석열 정부에서도 선거 공약으로 '5·18정신'을 헌법 전문에 넣겠다고 했으니 5·18민주화운동은 우리의 뿌리 깊은 역사에서 면면히 이어져 내려온 5·18민중항쟁의 전통을 계승·발전시킨 결과로서 자리매김할 것이 확실시되고 있다.

이제 5·18민주화운동은 우리 민족사에 무엇을 남기고, 우리 후손에게 어떤 역사 의식을 심어주었는가, 하는 역사관을 극명하게 보여 주었다고 평가된다.

최근 5·18민주화운동진상규명조사위원회(약칭5·18조사위)가 1980년 5·18민주화운동 당시 민간인들을 상대로 자행된 계엄군의 발포 지시 책임과 관련해 전두환씨의 핵심 측근들로부터 전씨가 주도적이고 중심적인 역할을 했다는 증언을 확보했다고 발표했다.

송선태 5·18민주화운동진상조사위원장에 의하면,

① 전두환씨를 5·18민주화운동의 최초 발포자로서 '발포와 진압 작전에서 전씨의 주도성·중심성에 대한 증언'을 그의 핵심 측근들로부터 확보했다.
② 당시 진압군으로 투입됐던 군부대가 전부 '하나회 출신(사령관들)'인데 전씨가 하나회 출신들과 별도의 지휘·지시·보고 체계를 확보하고 있었다는 증언을 확보했다.
③ 충정작전(시민군의 최후 항쟁지인 전남도청을 무력 진압하는 계엄군의 작전명)과 관련해 전두환이 참여해 작전 계획을 주도했던 것과 함께 (작전계획 회의에) 배석했던 장군들의 필적을 국립과

> 학수사연구원에서 확인했다.
> ④ 1980년 5월 23일치 '광주권 충정작전 간 군 지시 및 조치사항' 문건에는 '각하께서 굿 아이디어(Good idea)'라는 손 글씨가 적혀 있다.
> ⑤ 이 밖에 북한군 5·18투입설 등을 제기했던 북한이 탈북주민 등을 직접 조사해 5·18민주화 기간 중 북한군 투입설은 아무런 근거가 없다는 점도 밝혔다.

정리하면, 대한민국 현대사는 그 시대 배경을 나누어 보면, 크게 4·19혁명 → 부마항쟁 → 5·18광주민주화운동으로 이어지면서, 그 토양 위에서 6월항쟁, 촛불집회의 역사적 사건을 토대로 한국인의 민주주의 의식이 더욱더 성장한 것이라고 볼 수 있다.

어떤 학자는 민주주의의 부활을 곧 5·18광주민주화운동 = 피의 학살로 비유하곤 한다. 전두환은 8년 남짓의 대통령 자리에서 쿠데타 동지 노태우에게 정권을 물려준 뒤 온갖 사회적 압력에도 불구하고 양심의 가책은커녕 '광주학살진압데모' 발포자가 아니라고 발뺌을 했다. 여기에 "전두환은 광주의 폭동과는 직접 상관이 없다"고 주장했던 어느 검사 출신의 정치인과 그의 부역자들이 행세하는 사회가 아직도 존재하고 있으니… 역사는 결코 그들의 죗값을 용납하지 않을 것이다, 라고 하는 교훈을 주고 있다.

최근에는 5·18민주화운동을 폄훼하는 정치인 중 허식 인천시의회 의장의 "5·18은 디제이(DJ)세력과 북이 주도한 내란"이라는 기사를 동료 시의원들에게 돌린 일이나 도태우 변호사의 "5·18 북 개입설을 주장"한 망언까지 공공연하게 이슈화되고 있으니, 한편으론 이를 단순히 진영간의 논리로 치부해도 좋은 것인지 자문해 보고 싶다.

일찍이 고대 그리스 철학자 아리스토텔레스는 그의 저서 《정치학》에서 "국가의 목적은 시민의 행복을 성취하는 것이다"라고 설파했다. 또한 대한민국 헌법 제1조 ①②항에서도 "대한민국은 민주공화국이다. 모든 권력은 국민으로부터 나온다"하고 규정하고 있다.

그렇다면, 두말할 나위 없이 대한민국 대통령은 누구를 위해 대통령이 되었는지 의구하는 마음이 풀리지 않는다. 대한민국 대통령들은 왜 불명예스럽게 마지막을 마쳤는지 되짚어봐야 할 것이다.

이승만 전 대통령은 사실상 쫓겨났고, 영구집권을 꾀했던 박정희는 만찬석상에서 피살됐고, 쿠데타군부로 정권을 쥔 전두환은 부패·독직 등 다양한 죄목으로 구속되지 않았는가!

이제는 대한민국 근·현대사 초기 40여 년의 정치사는 그들 전 대통령들의 죗값으로 인해 어떤 결과를 초래했는지를 역사 속의 팩트를 통해 배울 수 있지 않겠는가!

역사는 도도히 흐르는 강물처럼 퇴색하거나 변질되지 않는다. 올바른 역사관(歷史觀)은 사실을 흐리거나 왜곡하지 않는다. 그러나 현실은 그렇지만 않다는 데 문제점이 따름다. 일부 극우 유튜버들이나 극우

보수라고 자처하는 자들, 또 자신들의 이해 관계에 따라 변절하는 일부 정치인들이 서슴없이 역사적 팩트를 왜곡하면서까지 인생을 즐기고 있음을 본다. 그들은 언젠가 대한민국 국민으로부터 죽비를 맞게 될 것이다. 이젠 진실 왜곡은 지양돼야 하며, 더 이상 거짓선전이나 불의에는 침묵해선 안 될 것이다.

이 책 《전두환 쿠데타군부가 쏘아올린 바벨탑》 속의 역사적 팩트는 '5·18민주화운동'에서 보여 주는 생생한 증언들을 통해서 '전두환의 죽음까지도 용서하지 않는다'는 교훈을 가르쳐 주고 있다.

天不貽地不受 천불이지불수
바닥민심은 참으로 무섭다
❝악한 일을 행한 자에게는 하늘이 땅을 주지 않고
땅은 그 사람을 받지도 않는다.❞

전두환 쿠데타군부가 쏘아올린 바벨탑

2024년 4월 9일 인쇄
2024년 4월 16일 초판 1쇄 발행

지은이_ 전용호 · 이재석
편집 디자인_ B&D
편집 구성_ 이우석
교정_ 전용호 · 이우석

펴낸이_ 이재석
펴낸곳_ Good Book 울림사
등록번호_ 제2018-000044
주소_ 03376 · 서울 은평구 녹번로 33-20 2층A
전화_ 02)736-4464 | 010-3773-3508
팩스_ 02)736-4467
이메일_ woolimsa1016@naver.com

ISBN 979-11-981441-8-8   03340
ⓒ 이재석, 2024

＊잘못된 책은 교환해 드립니다. 값은 뒤표지에 있습니다.
　이 책은 저작권법에 따라 보호받는 저작물이므로 무단전재와 무단복제를 금합니다.